शिक्षण-अधिगम प्रक्रिया तथा विशिष्ट आवश्यकताओं वाले अधिगमकर्ता

Teaching-Learning Process and Learners with Special Needs

एस. गुप्ता

जे. सी. अग्रवाल

SHIPRA

(2011Reprint, First Published 2009)

Rs. 800; US$ 32

ISBN: 978-81-7541-495-2

2023 Impression

Shikshan-Adhigam Prakriya tatha Vishisht Aavashyaktaon Wale Adhigamkarta

Published by:

SHIPRA PUBLICATIONS

LG 18-19, Pankaj Central Market
I.P. Ext., Patparganj, Delhi 110092, India
+91 11 2223 5152/6152; 9650028065
info@shiprapublication.com
www.shiprapublication.com

भूमिका

पुस्तक को मुख्यतः दो भागों में बांटा गया है। प्रथम भाग में अधिगम प्रक्रिया तथा दूसरे में विशिष्ट आवश्यकता वाले छात्रों की समस्याओं पर विचार किया गया है।

अधिगम तथा इस से सम्बन्धित सभी महत्त्वपूर्ण अवधारणाओं तथा पक्षों पर गहन तथा विस्तृत समीक्षा करने का भरपूर प्रयास किया गया है। अधिगम को प्रभावी बोधगम्य स्फूर्तिदायक, निर्माणात्मक तथा सृजनात्मक बनाने के लिए ठोस सुझाव पुस्तक में दिए गये हैं। अधिगम तथा शिक्षा के गहरे सम्बन्ध मूल पर विशेष चर्चा की गई है। अधिगम को प्रभावित करने वाले घटकों का उजागर किया गया है।

मुख्य सफल अधिगम विधियों की समीक्षा की गई है तथा उनकी शिक्षा उपयोग्यता पर पर्याप्त प्रकाश डाला गया है।

पुस्तक के दूसरे भाग में विशिष्ट प्रकार के बच्चों की समस्याओं का गहन अध्ययन किया गया है। इस बात पर बल दिया गया है कि वे समाज के अभिन्न अंग है तथा उन के प्रति हमारा विशेष कर्तव्य है। अतः उन की शिक्षा तथा प्रशिक्षण की समुचित व्यवस्था की जाए।

जहां तक सम्भव है, पाठ्य सामग्री को चित्रों द्वारा प्रदर्शित करने का प्रयास किया गया है।

लेखक उन सभी प्रकाशकों तथा लेखकों के आभारी हैं जिन के प्रकाशनों से पुस्तक लिखने में सहायता ली गई है।

विषय सूची

भूमिका iii

इकाई I
शिक्षण अधिगम प्रक्रिया
(Teaching Learning Process)

1. **अधिगम तथा शिक्षण के प्रत्यय तथा प्रकृति** 1
(Concept and Nature of Learning and Teaching)

1.1 अधिगम (सीखने) का प्रत्यय (अर्थ)
1.2 सीखने की परिभाषा
1.3 सीखने की प्रकृति 2
1.4 अधिगम के प्रकारः ज्ञानात्मक, मनोवैज्ञानिक तथा भावात्मक 4
1.5 शिक्षण की अवधारणा 6
1.6 शिक्षण की परिभाषाओं का विश्लेषण 7
1.7 शिक्षण की प्रकृति तथा विशेषताएँ 8
1.8 शिक्षण प्रक्रिया के कार्य अथवा तत्त्व 9
1.9 शिक्षण के सोपान/चरण/अवस्थाएँ 10
1.10 शिक्षण तथा अधिगम का पारस्परिक सम्बन्ध 10
1.11 शिक्षण अधिगम के चार तत्त्व 12
1.12 प्रभावी शिक्षण-अधिगमः शिक्षण-अधिगम प्रक्रिया में मुख्य तत्त्व तथा उनका परस्पर सम्बन्ध 12

2. **अधिगम को प्रभावित करने वाले कारक** 14
(Factors Affecting Learning)

2.1 अधिगम को प्रभावित करने वाले कारक 14
2.2 अधिगम को प्रभावित करने वाले कारकों का वर्गीकरण 14

2.3 महत्त्वपूर्ण कारकों का संक्षिप्त विवरण 14
2.4 अधिगम को प्रभावित करने वाले व्यक्तिगत कारकों का वर्गीकरण 16
2.5 अधिगम को प्रभावित करने वाले अध्यापक संबंधी कारक 18
2.6 अधिगम को प्रभावित करने वाले वातावरण संबंधी कारक 20

3. अधिगम के अध्ययन के उपागम अथवा अधिगम के सिद्धान्त 22
(Approaches to the Study of Learning or Theories of Learning)

3.1 अधिगम उपागमों अथवा सिद्धान्तों का अर्थ 22
3.2 अधिगम के सिद्धान्तों का वर्गीकरण 23
3.3 थॉर्नडाइक का अधिगम संबंधी प्रयास एवं त्रुटि सिद्धान्त 23
3.4 थॉर्नडाइक द्वारा प्रतिपादित अधिगम के नियम 25
3.5 थॉर्नडाइक के प्रयास एवं त्रुटि सिद्धान्त की शैक्षिक उपयोगिता 27
3.6 अनुबन्धन द्वारा प्रशिक्षण का उपागम अथवा सिद्धान्त 29
3.7 शास्त्रीय अनुबंधन सिद्धान्त की शैक्षिक उपयोगिता 31
3.8 सक्रिय अनुबन्धन का सिद्धान्त 32
3.9 सक्रिय अनुबंधन सिद्धान्त की शैक्षणिक उपयोगिता 33
3.10 शास्त्रीय अनुबंधन सिद्धान्त तथा सक्रिय अनुबंधन सिद्धान्त की तुलना 34
3.11 सूझ अथवा अन्तर्दृष्टि द्वारा सीखने का सिद्धान्त 36
3.12 अन्तर्दृष्टि या सूझ सिद्धांत की शैक्षिक उपयोगिता 36
3.13 सीखने के सिद्धान्तों का मूल्यांकन 38
3.14 प्रयत्न/प्रयास तथा मूल सिद्धान्त एवं अन्तर्दृष्टि सिद्धान्त की तुलना 39
3.15 शब्दावली 40

4. नैपुण्य अधिगम 41
(Mastery Learning)

4.1 नैपुण्य अथवा मास्टरी अधिगम का अर्थ 41
4.2 नैपुण्य अधिगम का उद्देश्य प्राप्त करने की परिस्थितियाँ 41
4.3 नैपुण्य अधिगम अवधारणा के प्रवर्त्तक 41
4.4 मास्टरी अधिगम की प्रक्रिया 42
4.5 मास्टरी अधिगम के मुख्य सिद्धान्त 42
4.6 मास्टरी अधिगम तथा बाल केन्द्रित अधिगम सिद्धान्त 42
4.7 मास्टरी अधिगम तथा सतत् तथा व्यापक मूल्यांकन का सिद्धान्त 46
4.8 मास्टरी अधिगम तथा अभिक्रमित अनुदेशन का सिद्धान्त 47
4.9 प्रणाली उपागम 47
4.10 प्रणाली उपागम के पद 48
4.11 अनुदेशात्मक प्रणाली प्रयोग के पद 48
4.12 शिक्षण अधिगम के मनोवैज्ञानिक सिद्धान्त 51

4.13 शिक्षण अधिगम के सामान्य तथा मनोवैज्ञानिक सिद्धान्त एवं शिक्षण अधिगम सूत्र 54
4.14 बच्चों की प्रकृति तथा अधिगम 54

5. अधिगम के निर्धारक: परिपक्वता, अभिप्रेरणा तथा तत्परता (Determinants of Learning: Maturation, Motivation and Readiness) 60

5.1 अधिगम के तीन निर्धारक 60
5.2 परिपक्वता 60
5.3 परिपक्वता का अर्थ 60
5.4 परिपक्वता का महत्त्व 61
5.5 परिपक्वता तथा सीखने का सम्बन्ध 61
5.6 परिपक्वता और सीखते में अन्तर 62
5.7 अभिप्रेरणा 63
5.8 थॉर्नडाइक का तत्परता का नियम 64
5.9 तत्परता का अर्थ 64
5.10 तत्परता नियम की विशेषताएँ 64
5.11 तत्परता नियम की शैक्षिक उपयोगता 64

6. अभिप्रेरणा (Motivation) 66

6.1 अभिप्रेरणा का महत्त्व तथा अर्थ 66
6.2 अभिप्रेरणा की परिभाषाएँ 67
6.3 अभिप्रेरणा की विशेषताएँ 67
6.4 अभिप्रेरणा के रूप: आन्तरिक तथा बाह्य 68
6.5 अभिप्रेरणा को प्रभावित करने वाले कारक 68
6.6 अभिप्रेरकों का वर्गीकरण 68
6.7 शिक्षक के अभिप्रेरणात्मक कार्य 69
6.8 छात्रों को अभिप्रेरित करने के उपाय 70

7. धारण तथा विस्मृति (Retention and Forgetting) 74

7.1 समृति का अर्थ 74
7.2 स्मृति की अवस्थाएँ 74
7.3 स्मृति के प्रकार 75
7.4 तत्कालिक स्मृति तथा अल्पकालिक स्मृति की तुलना 75

7.5 अल्पकालिक तथा दीर्घकालिक स्मृति की तुलना 77
7.6 अच्छी स्मृति के लक्षण तथा इसे प्रभावित करने वाले कारक 78
7.7 स्मृति प्रशिक्षण 79
7.8 धारणा अथवा धारण करना 81
7.9 धारणा/धारण करने का अर्थ 81
7.10 धारणा को प्रभावित करने वाले कारक 82
7.11 धारणा, स्मृति के मापन का आधार 82
7.12 धारणा के मापन की विधियों का वर्गीकरण 83
7.13 विस्मृति 84
7.14 विस्मृति का अर्थ तथा परिभाषाएँ 84
7.15 विस्मृति की प्रकृति 84
7.16 इबिनहास का विस्मृति वक्र 85
7.17 विस्मरण के कारण तथा इसे कम करने के तरीके 86

8. प्रशिक्षण अथवा अधिगम का स्थानान्तरण 92
(Transfer of Training or Learning)

8.1 सीखने का स्थानान्तरण : अर्थ तथा प्रकार 92
8.2 अधिगम के स्थानान्तरण के प्रकार 93
8.3 प्रशिक्षण के स्थानान्तरण के सिद्धान्त तथा शिक्षण अधिगम में उपयोगिता 93
8.4 अधिगम स्थानान्तरण की परिस्थितियाँ 95
8.5 अधिगम-स्थानान्तरण में अध्यापक की भूमिका और इसकी शैक्षिक उपादेयता 95

इकाई II
विशिष्ट आवश्यकताओं वाले अधिगमकर्त्ता
(Learners with Special Needs)

9. विशेष अथवा विशिष्ट आवश्यकताओं वाले अधिगमकर्त्ताओं की अवधारणा 97
(Concept of Learners with Special Needs)

9.1 विशिष्ट आवश्यकताओं वाले अधिगमकर्त्ताओं का अर्थ 97
9.2 विशेष बच्चों की परम्परागत परिभाषाएँ तथा अवधारणा 97
9.3 विशिष्ट बच्चों का वर्गीकरण 99
9.4 विशिष्ट आवश्यकताओं वाले बच्चों की नयी अवधारणा–प्रथम पीढ़ी के अधिगमकर्त्ता बालक 100

9.5 विशिष्ट बच्चों की शिक्षा: प्रजातन्त्र में शिक्षा में समान अवसरों का महत्त्व 101
9.6 विशिष्ट बच्चों की शिक्षा की आवश्यकता 103
9.7 क्षतिग्रस्त तथा वंचित वर्गों की सामाजिक तथा भावात्मक समस्याएँ 104
9.8 सामाजिक तथा भावात्मक समस्याओं के कारक अथवा कारण 104
9.9 असाधारण बालकों की शिक्षा के निर्देशक सिद्धांत 104
9.10 राष्ट्रीय शिक्षा नीति (1986 तथा 1992) एवं विकलांगों अथवा क्षतिग्रस्त बच्चों की शिक्षा 107
9.11 विकलांगों की संख्या 107
9.12 जनगणना 2001 के अनुसार विकलांग की परिभाषा 108
9.13 विकलांगों की सुविधाओं के लिए सरकारी प्रावधान 109
9.14 गैर-सरकारी संगठन तथा विशिष्ट आवश्यकताओं वाले छात्रों के लिए सुविधाओं का प्रावधान 110
9.15 निर्योग्यताओं वाले व्यक्तियों के लिए राष्ट्रीय नीति (2006) 112

10. विशेष आवश्यकताओं वाले बच्चों की पहचान तथा विभिन्न वर्गों का उत्तरदायित्व 114
(Identification of Special Children and Role of the Various Sections)

10.1 विशेष आवश्यकताओं वाले बच्चों की पहचान की आवश्यकता 114
10.2 दोषग्रस्त बच्चों के पहचान की विधियाँ अथवा उपकरण 114
10.3 विशिष्ट छात्रों की विशिष्ट स्कूलों के लिए पहचान 117
10.4 क्षतिग्रस्त बालकों के समायोजना की समस्याएँ तथा विभिन्न वर्गों का उत्तरदायित्व 118
10.5 विशेष विद्यालयों की उचित व्यवस्था 118
10.6 अध्यापकों का उत्तरदायित्व 118
10.7 माता-पिता का उत्तरदायित्व 119

11. प्रतिभाशाली बच्चों की शिक्षा 121
(Education of the Gifted Children)

11.1 प्रतिभाशाली बालक का अर्थ 121
11.2 प्रतिभाशाली बालकों का टरमन द्वारा दिया गया वर्गीकरण 122
11.3 प्रतिभा-सम्पन्न छात्रों की सामान्य विशेषताएँ तथा उनकी पहचान 122
11.3 प्रतिभाशाली छात्रों की विशेषताओं का वर्गीकरण 123
11.4 क्लार्क (1988) द्वारा दी गई प्रतिभाशाली बालकों की विशेषताएँ 123
11.5 प्रतिभाशाली छात्रों की शिक्षा की आवश्यकता 125

11.6 उपलब्ध प्रतिभा की खोज एवं उसके विकास के लिए बहुत कम किए जाने वाले प्रयत्नों के कारण 125
11.7 समस्या पर चिन्तन का संक्षिप्त विवरण 126
11.8 प्रतिभाशाली छात्रों की पहचान के तरीके 127
11.9 प्रतिभाशाली छात्रों की शिक्षा के लिए कार्यक्रम 128
11.10 भारत में प्रतिभा विकास सम्बन्धी कार्य 133
11.11 उत्कृष्ट बुद्धि तथा मन्दबुद्धि बालकों की तुलना 133

12. धीमी गति से सीखने वाले तथा उपलब्धि में पीछे रह जाने वाले बालक 135
(Slow Learners and Under Achievers)

12.1 धीमी गति से सीखने वाले बालकों तथा उपलब्धि में पीछे रह जाने वाले बालकों का अर्थ 135
12.2 पिछड़े बालकों की विशेषताएँ 136
12.3 पिछड़े बालकों की पहचान 137
12.4 पिछड़े बालकों की पहचान के लक्षण 137
12.4 पिछड़ेपन के कारण 137
12.6 पिछड़े बालकों की शिक्षा 138
12.7 धीमी गति से सीखने वाले तथा उपलब्धियों में पीछे रहने वाले छात्रों की शिक्षा संबंधी सामान्य दिशा-निर्देश 140

13. अधिगम अयोग्यताओं/निर्योग्यताओं वाले बच्चे 141
(Children with Learning Disabilities)

13.1 अधिगम अयोग्यता/निर्योग्यता का अर्थ 141
13.2 अधिगम निर्योग्यता छात्रों की विशेषताएँ 142
13.3 अधिगम अयोग्यता वाले बच्चों के अवधारणा तथा अतिक्रियाशीलता की समस्याएँ 142
13.4 अधिगम निर्योग्यता के कारण 143
13.5 अधिगम निर्योग्यता का मापन 143
13.6 विशिष्ट क्षेत्रों में अधिगम अयोग्यताएँ 143
13.7 पठन निर्योग्यता की विशेषताएँ अथवा पठन निर्योग्यता के लक्षण 144
13.8 उपचारात्मक उपाय 144
13.9 अधिगम निर्योग्यता बच्चों की सामान्य हस्तलेखन त्रुटियाँ 144
13.10 हस्तलेखन के अधिगम अयोग्यताओं को दूर करने के उपाय 145
13.11 अधिगम अयोग्यताओं वाले छात्रों की चिन्तन तथा तार्किक योग्यता के सुधार के उपाए 146

13.12 अधिगम निर्योग्यता वाले बच्चों सम्बन्धी उपयोग की जाने वाली शिक्षण अधिगम व्यूह रचनाएँ 146
13.13 अधिगम निर्योग्यताओं वाले बच्चों सम्बन्धी प्रामाणिक परीक्षण 147

14. मानसिक क्षति वाले तथा संवेगात्मक समस्या वाले बालक (Children with Mental and Emotional Problems) **148**

14.1 मानसिक क्षति वाले अथवा मानसिक रूप से पिछड़े अथवा मन्दबुद्धि वाले बच्चे तथा उनकी शिक्षा 148
14.2 मन्दबुद्धि वाले बालकों से अभिप्राय 148
14.3 मन्दबुद्धि अथवा मानसिक रूप से पिछड़े बालकों की बुद्धि-लब्धि 148
14.4 मानसिक मन्दता के उत्तरदायी कारक 148
14.5 मन्दित बालकों के प्रकार तथा शिक्षा 149
14.6 मन्दबुद्धि बालकों की शिक्षा सम्बन्धी दिशा-निर्देश 150
14.7 विशेष विद्यालयों की उचित व्यवस्था 151
14.8 माता-पिता को शिक्षित करना 151
14.9 संवेगात्मक समस्या वाले बच्चों की शिक्षा 151
14.10 संवेगों का बालक के जीवन में महत्त्व 152
14.11 स्कूल में संवेगात्मक कुसमायोजन के कारण 152
14.12 संवेगों का नियन्त्रण अथवा प्रशिक्षण 152

15. दृष्टिदोष, श्रवण दोष तथा हड्डी दोष बच्चों की शिक्षा (Education of Visually, Hearing and Orthopaedically Impaired Children) **154**

15.1 संवेदनतंत्रीय: दृष्टि-दोष तथा श्रवण दोष बच्चों का निर्देशन 154
15.2 दृष्टि-दोष से युक्त बालकों की परिभाषा 154
15.3 दृष्टि-दोष से ग्रस्त बालक 154
15.4 उपचारिक सुझाव 155
15.5 अन्धे बच्चों की शिक्षा 155
15.6 ब्रेल लिपि (ठतंपससम) 157
15.7 श्रवण-दृष्टि से ग्रस्त बालक 162
15.8 श्रवण क्षतियुक्त बालकों की परिभाषा 162
15.9 श्रवण क्षतियुक्त बालकों के प्रकार 162
15.10 श्रवण क्षतियुक्त बालकों की विशेषताएँ 162
15.11 श्रवण दृष्टि से ग्रस्त बालकों के लक्षण अथवा पहचान 162
15.12 श्रवण क्षतियुक्तता के कारण 163
15.13 श्रवण क्षतियुक्त बालकों की शिक्षा तथा उपचारात्मक उपाय 163

15.14 अस्थिबाधित बालक 165
15.15 अस्थिबाधित बच्चों की पहचान 166
15.16 अस्थि बाधित छात्रों की शिक्षा 166

16. विशिष्ट बच्चों के लिए शिक्षण-अधिगम चक्रव्यूह तथा विशेष शैक्षिक प्रावधान 168
(Teaching Learning Strategies and Special Educational Provision for Special Children)

16.1 पाठ्यक्रम समायोजन तथा अनुकूलन 168
16.2 पाठ्यक्रम का अर्थ 168
16.3 विशिष्ट बच्चों की शिक्षा के लिए पाठ्यक्रम निर्माण करने के निर्देशक सिद्धांत 169
16.4 राष्ट्रीय शिक्षा नीति (1986 तथा 1992) एवं विकलांगों की शिक्षा 170
16.5 क्षतिग्रस्त बच्चों के सन्दर्भ में कक्षा-कक्ष प्रबन्ध 171
16.6 समुदाय साधनों अथवा स्रोतों की पहचान तथा दोषग्रस्त बच्चों की शिक्षा में उनका उपयोग 172
16.7 विकलांग/क्षतिग्रस्त बच्चों के लिए प्रस्तावित कार्यक्रम 172

17. स्कूल की मुख्य धारा में विशिष्ट बच्चों की व्यवस्था करना 176
(Main Streaming or Integration of Special Children)

17.1 विशिष्ट बच्चों की शिक्षा का मुख्य धारा की व्यवस्था का अर्थ 176
17.2 एकीकरण अथवा मुख्या धारा अवधारण का मूल आधार 176
17.3 एकीकरण के मुख्य पक्ष 176
17.4 विशिष्ट बालकों के अधिगम के लिए छात्र-केन्द्रित प्रविधियाँ 177
17.5 संसाधन कक्ष 179
17.6 भारत में विकलांग बच्चों के लिए समेकित योजना 179

इकाई I
शिक्षण अधिगम प्रक्रिया
(Teaching Learning Process)

1

अधिगम तथा शिक्षण के प्रत्यय तथा प्रकृति
(Concept and Nature of Learning and Teaching)

1.1 अधिगम (सीखने) का प्रत्यय (अर्थ)
[Concept (Meaning) of Learning]

सीखना जीवन की एक मूल प्रक्रिया है। कहा जाता है कि सीखना तब से प्रारम्भ हो जाता है जब बच्चा अपनी माता के गर्भ में होता है। व्यक्ति जब से सांस लेना शुरू करता है, तब से उसके सीखने की प्रक्रिया शुरू हो जाती है तथा सांस बन्द होने पर ही यह प्रक्रिया भी बन्दी हो जाती है। व्यक्ति शैश्वावस्था के शुरू में बिल्कुल असहाय होता है। उसका जीवन दूसरों पर आश्रित रहता है। परन्तु धीरे-धीरे वह अपने को वातावरण के साथ अनूकूल बनाने का प्रयास करता है। उसकी यह क्रिया 'सीखना' ही है।

सभी जीव अनुभव से सीखते हैं। यदि अनुभव व्यक्ति के लिए गम्भीर प्रकृति का हो तो उस की छाप भी गहरी पड़ती है। वास्तव में मस्तिष्क की रचना विभिन्न छापों का एक संग्रह है। इस संग्रह का कुछ भाग तो पारम्परिक होता है और कुछ भाषी व्यक्ति के अपने अनुभवों की छाप से बनता है। जब भी कोई नई छाप मस्तिष्क की रचना में संगठित हो जाती है, तो उसे स्थायी स्थिति मिल जाती है। यही संगठन मानसिक स्थिति का मूल आधार है। इसलिए सीखना पुराने तथा नवीन अनुभवों का संगठन है। व्यक्ति के जीवन में यही संगठित अनुभव तथा संस्कार परिवर्तन लाते रहते हैं। यही प्रक्रिया 'सीखना' कहलाती है।

1.2 सीखने की परिभाषा (Definition of Learning)

सीखने के अर्थ को भली-भांति समझने के लिए निम्न परिभाषाएं दी जा रही हैं:

1. *गेट्स* (*Gates*) के अनुसार "अनुभव द्वारा व्यवहार में रूपान्तर लाना ही सीखना है।"

2. *पील* (*F.A. Peel*) के अनुसार "सीखना व्यक्ति में एक परिवतन है जो उसके वातावरण के परिवर्तनों के अनुसरण में होता है।"

3. *गेगने* (*Gagne*) ने सीखने की परिभाषा इस प्रकार की है, ''सीखना मानव संस्कार अथवा क्षमता में परिवर्तन है।''

4. *वुडवर्थ* (*Woodworth*) के विचार में ''किसी भी ऐसी क्रिया को जो कि व्यक्ति के (अच्छे या बुरे किसी भी तरह के) विकास में सहायक होती है और उसके वर्तमान व्यवसाय और अनुभवों को जो कुछ वे हो सकते थे, उनसे भिन्न बनाती है, सीखने की संज्ञा दी जा सकती है।''

5. *किंगस्ले एवं गैरी* (*Kingsley and Garry*) का कथन है–"अभ्यास अथवा प्रशिक्षण के फलस्वरूप नवीन तरीके से व्यवहार (अपने विस्तृत अर्थ में) करने अथवा व्यवहार में परिवर्तन लाने की प्रक्रिया को सीखना कहते हैं।"

6. *क्रो व क्रो* (*Crow and Crow*) ने सीखने को इस प्रकार परिभाषित किया है। ''सीखना आदतों, ज्ञान और अभिवृत्तियों का अर्जन है। इसमें कार्यों को करने के नवीन तरीके सम्मिलित हैं और इसकी शुरुआत व्यक्ति द्वारा किसी भी बाधा को दूर करने अथवा नवीन परिस्थितियों में अपने समायोजन को लेकर होती है। इसमें माध्यम से व्यवहार में उत्तरोत्तर परिवर्तन होता रहता है। यह व्यक्ति को अपने अभिप्राय अथवा लक्ष्य को पाने में समर्थ बनाती है।''

7. *हिलगार्ड* (*Hilgard*) ने लिखा है–''सीखना या अधिगम वह प्रक्रिया है जिसके द्वारा कोई क्रिया आरम्भ होती है अथवा परिस्थिति से सामना होने पर प्रतिक्रिया द्वारा परिवर्तित की जाती है बशर्ते कि क्रिया में होने वाले परिवर्तन की विशेषताओं को मूल प्रवृत्तियों, परिपक्वता या प्राणी की अस्थायी अवस्थाओं (जैसे थकावट अथवा औषधि के प्रभाव इत्यादि) के आधार पर नहीं समझाया जा सके।''

8. *गार्डनर मरफी* (*Gardner Murphy*) ने सीखने के बारे में इस प्रकार विचार व्यक्त किए हैं–''सीखने या अधिगम शब्द में वातावरण संबंधी आवश्यकताओं की पूर्ति के लिए व्यवहार में होने वाले सभी प्रकार के परिवर्तन सम्मिलित हैं।''

उपसंहार: सीखने में निम्नलिखित तत्त्व शामिल हैं:

1. सीखने को परिवर्तन, सुधार, विकास, उन्नति तथा समायोजन की संज्ञा दी जाती है।
2. सीखना नए अनुभव ग्रहण (Acquisition) करना है।
3. सीखना नए अनुभवों को धारण (Retention) करना है।
4. सीखना अनुभवों का क्रमवार (Step by Step) है।
5. सीखना नए अनुभवों का सुधार है।
6. सीखना नए अनुभवों की रचना करना है।
7. सीखना नए तथा पुराने अनुभवों का संगठन, संयोग तथा एकीकरण है।

1.3 सीखने की प्रकृति (Nature of Learning)

1. सीखना सार्वभौमिक है (Learning is Universal): सीखने का गुण केवल मनुष्य में ही नहीं पाया जाता है। वस्तुत: संसार के सभी जीवधारी पशु-पक्षी और कीड़े-मकोड़े भी सीखते हैं। परन्तु इन दोनों के सीखने में बहुत अन्तर है।

2. सीखना विकास है (Learning is Development): व्यक्ति अपनी दैनिक

क्रियाओं और अनुभवों के द्वारा कुछ न कुछ सीखता है। फलस्वरूप, उसका शारीरिक और मानसिक विकास होता है। सीखने की इस विशेषता को पेस्टालॉजी (Pestalozzi) ने वृक्ष और फ्रोबेल (Froebel) ने उपवन का उदाहरण देकर स्पष्ट किया है।

3. सीखना अनुभवों का संगठन है (Learning is Organisation of Experiences): सीखना न तो नये अनुभव की प्राप्ति है और न पुराने अनुभवों का योग, परन्तु नये और पुराने अनुभवों का संगठन है। जैसे-जैसे व्यक्ति नये अनुभवों द्वारा नई बातें सीखता जाता है, वैसे-वैसे वह अपनी आवश्यकताओं के अनुसार अपने अनुभवों को संगठित करता चला जाता है।

4. सीखना अनुकूलन है (Learning is Adjustment): सीखना, वातावरण से अनुकूलन करने के लिए आवश्यक है। सीखकर ही व्यक्ति नई परिस्थितियों से अपना अनुकूलन कर सकता है। जब वह अपने व्यवहार को इनके अनुकूल बना लेता है, तभी वह कुछ सीख पाता है। गेट्स एवं अन्य (Gates & Others) का मत है: "सीखने का सम्बन्ध स्थिति के क्रमिक परिचय से है।"

5. सीखना नया कार्य करना है (Learning is Doing New Thing): वुडवर्थ (Woodworth) के अनुसार–सीखना कोई नया कार्य करना है। पर उसने उसमें एक शर्त लगा दी है। उसका कहना है कि सीखना, नया कार्य करना तभी है, जबकि यह कार्य फिर किया जाए और दूसरे कार्यों में प्रकट हो।

6. सीखना उद्देश्य सहित है (Learning is purposeful): सीखना, उद्देश्यपूर्ण होता है। उद्देश्य जितना ही अधिक प्रबल होता है, सीखने की क्रिया उतनी ही अधिक तीव्र होती है। उद्देश्य के अभाव में सीखना असफल होता है। मर्सेल (Mursell) के अनुसार, "सीखने के लिए उत्तेजित और निर्देशित उद्देश्य की अति आवश्यकता है और ऐसे उद्देश्य के बिना सीखने में असफलता निश्चित है।"

7. सीखना विवेकपूर्ण है (Learning is Intelligent): मर्सेल (Mursell) का कथन है कि सीखना, यांत्रिक कार्य के बजाय विवेकपूर्ण कार्य है। उसी बात को शीघ्रता और सरलता से सीखा जा सकता है, उसमें बुद्धि या विवेक का प्रयोग किया जाता है। बिना सोचे-समझे, किसी बात को सीखने में सफलता नहीं मिलती है।

8. सीखना सम्पूर्ण जीवन चलता है (Learning is Continuous): सीखने की प्रक्रिया आजीवन चलती है। व्यक्ति अपने जन्म के समय से मृत्यु तक कुछ न कुछ सीखता रहता है।

9. सीखना परिवर्तन है (Learning is Modification): व्यक्ति अपने और दूसरों के अनुभवों से सीखकर अपने व्यवहार, विचारों, इच्छाओं, भावनाओं आदि में परिवर्तन करता है। गिलफोर्ड के अनुसार "सीखना, व्यवहार के परिणामस्वरूप व्यवहार में कोई परिवर्तन है।"

10. सीखना सक्रिय है (Learning is Active): सक्रिय सीखना ही वास्तविक सीखना है। बालक तभी कुछ सीख सकता है, जब वह स्वयं सीखने की प्रक्रिया में भाग लेता है। यही कारण है कि डाल्टन प्लान, प्रोजेक्ट मेथड आदि शिक्षण की प्रगतिशील विधियां, बालक की क्रियाशीलता पर बल देती हैं।

11. सीखना व्यक्तिगत व सामाजिक, दोनों है (Learning is Individual as

Well as Social): सीखना व्यक्तिगत कार्य तो है ही, पर इससे भी अधिक सामाजिक कार्य है। योकम एवं सिम्पसन (Yoakam & Simpson,) के अनुसार, ''सीखना सामाजिक है, क्योंकि किसी प्रकार के सामाजिक वातावरण के अभाव में व्यक्ति का सीखना असम्भव है।''

12. सीखना वातावरण की उपज है (Learning is Product of Environment): सीखना रिक्तता में न होकर, सदैव उस वातावरण के प्रति प्रतिक्रिया के रूप में होता है, जिसमें व्यक्ति रहता है। बालक का सम्बन्ध जैसे वातावरण से होता है, वैसी ही बातें वह सीखता है। यही कारण है कि आजकल इस बात पर बल दिया जाता है कि विद्यालय इतना उपयुक्त और प्रभावशाली वातावरण उपस्थित करे कि बालक अधिक से अधिक अच्छी बातों को सीख सके।

13. सीखना खोज करना है (Learning is Discovering): वास्तविक सीखना किसी बात की खोज करना है। इस प्रकार के सीखने में व्यक्ति विभिन्न प्रकार के प्रयास करके स्वयं परिणाम पर पहुँचता है। मर्सेल का कथन है, ''सीखना उस बात को खोजने और जानने का कार्य है, जिसे एक व्यक्ति खोजना और जानना चाहता है।''

14. सीखना स्थानांतरण है (Learning is Transferable): एक क्षेत्र में सीखना दूसरे क्षेत्र में काम आता है।

15. सीखना त्रयी प्रक्रिया है (Learning is three Dimensional Process): सीखना संज्ञात्मक (Cognitive), भावात्मक (Affective) तथा क्रियात्मक (Conative) है।

16. सीखना अभिप्रेणात्मक है (Learning is Motivational): सीखना अभिप्रेरणा पर निर्भर रहता है।

1.4 अधिगम के प्रकार: ज्ञानात्मक, मनोवैज्ञानिक तथा भावात्मक (Types of Learning: Cognitive, Psychomotor and Affective)

शिक्षा के प्रति रूढ़िवादी दृष्टिकोण बहुत ही संकीर्ण था और उसके अनुसार बौद्धिकता पर ही ज्यादा जोर था। शिक्षा का उद्देश्य बच्चों को विद्वान और पण्डित बनाना था। बच्चों का सम्पूर्ण व्यक्तित्व बनाने की ओर बहुत ही कम ध्यान दिया जाता था। किसी कला में निपुणता प्राप्त करने की शिक्षा को हेय समझा जाता था। इसी प्रकार रुचि के विषय में भी मतभेद था। परन्तु शिक्षा का नया उद्देश्य बहुत ही विकसित तथा प्रगतिशील है। अब हम हृदय, हाथ तथा मस्तिष्क, इन सबके विकास को ही शिक्षा का उद्देश्य समझते हैं।

मनोवैज्ञानिक अनुसंधानों के फलस्वरूप पाठ्यक्रम को देखते हुए सीखने के तीन प्रकार के रूप होते हैं। इन तीन प्रकार के पाठों के लिए तीन प्रकार की क्रियाशीलताएं हैं। तीन प्रकार के सीखने के पाठ इस प्रकार हैं :

मानसिक	*मानसिक क्रिया के पहलू*	*पाठ का प्रकार*
1. ज्ञान	ज्ञानात्मक (Cognitive)	ज्ञान का पाठ
2. कर्म	क्रियात्मक (Psycho-motor)	कौशल पाठ
3. भावना	भावनात्मक (Affective)	रस पाठ, मूल्य पाठ

ज्ञानात्मक अधिगमः उद्देश्य और विधियां

पुराने जमाने में शिक्षा का उद्देश्य केवल एक था और वह था ज्ञान की प्राप्ति। इस मत को मानने वालों का दावा था कि मानवीय विकास का रहस्य है, ज्ञानार्जन। जैसे शरीर के लिए भोजन की आवश्यकता है वैसे ही शिक्षा के लिए ज्ञान की। ज्ञान मस्तिष्क का प्रशिक्षण करता है। ज्ञान का अर्थ केवल तथ्यों की जानकारी से नहीं है। ज्ञान हमें अन्धकार से प्रकाश की ओर ले जाता है।

परन्तु इस सम्बन्ध में तीन बातें जानने योग्य हैं:

1. ज्ञान केवल तब ही 'शक्ति' बनता है जब प्रयोग में लाया जाये।

2. यदि बच्चा ज्ञान को स्वयं अपनी क्रियाशीलता द्वारा प्राप्त करे तो अच्छा है। अतः वे सब बातें करनी चाहिएँ जिनके द्वारा बच्चा स्वयं प्रयत्न करे। अतः इसके लिए आवश्यक चरण या अवस्थाएं पाठ के अनुसार ही हो सकती हैं। *स्मिथ* (Smith) का कहना है, ''जहां तक छोटे-छोटे बच्चों का सम्बन्ध है, दो ही चरण पर्याप्त हैं और वे हैं तैयारी और विषय-प्रवेश।'' बच्चों के हृदयों को आनन्द-प्राप्ति की इच्छा से तैयार किया जा सकता है। 'विषय-प्रवेश' के लिए स्पष्टता की आवश्यकता है अर्थात् प्रस्तुत विषय स्पष्ट हो।

तैयारी: वातावरण स्वच्छन्द तथा किसी भी प्रकार की बाधा से रहित होना चाहिए। हम बच्चों के मनों को तैयार कर रहे होते हैं। अतः कोई भी ऐसी चीज या ऐसा वर्णन बीच में न आए जिससे कि बच्चे का रसभाव भंग हो अर्थात् कोई भद्दा कुरूप चेहरा, कोई गन्दी चीज, कक्षा का गन्दा कमरा, कोई अश्लील कुरुचिपूर्ण वर्णन—कुछ भी ऐसा न हो जिससे बच्चों का मन उचाट हो जाए। अध्यापक को ध्यानपूर्वक अपने आस-पास के वातावरण का निरीक्षण कर लेना चाहिए।

सौन्दयात्मक तथा भावनात्मक पाठ: कठिन शब्दों, मुहावरों तथा व्याख्या को स्पष्ट करने का यह उपयुक्त समय नहीं। अध्यापक यदि अर्थ समझाने लग जाएगा तो रस भंग हो जाएगा।

वर्षा-ऋतु से सम्बन्ध रखने वाला पाठ वर्षा वाले दिन ही समझाया जाए तो उपयुक्त हो। प्राकृतिक सौन्दर्य-सम्बन्धी पाठ कक्षा के बाहरी वातावरण में, किसी कुंज में, घने पेड़ों की छाया में या किसी नदी के किनारे—इत्यादि स्थानों पर पढ़ाया जाए तो अच्छा है।

चित्रों को प्रयोग में लाना चाहिए।

सौन्दर्य-बोध अथवा रस पाठ के लिए कुछ आवश्यक बातें निम्नलिखित हैं:

1. अध्यापक में निजी उत्साह हो और वह स्वयं पाठ को पसन्द करता हो।
2. उचित वातावरण बनाया जाए।
3. अध्यापक को बच्चों की आवश्यकताओं से भली-भांति परिचित होना चाहिए ताकि वह आयु तथा रुचि के अनुसार सहायक-सामग्री का आयोजन कर सके।
4. वातावरण शान्त और मौन होना चाहिए।
5. कठिन शब्दों या मुहावरों का पहले ही अर्थ बता दिया जाए।
6. अध्यापक वास्तविक कलाकार के रूप में अपने आपको प्रस्तुत करे।
7. अध्यापक की सांकेतिक शक्ति प्रबल हो।

भावात्मक सीखने का अन्य रूप–मूल्यों और आदर्शों को अपनाना

इस प्रकार के सीखने में अध्यापक का व्यक्तित्व बहुत महत्त्वपूर्ण है। उसके चरित्र, उसकी मान्यताओं तथा आदर्शों का छात्र के व्यवहार पर बहुत प्रभाव पड़ता है। अध्यापक का कर्त्तव्य है कि वह छात्रों के सामने अच्छे मॉडल प्रस्तुत करे। पाठान्तर क्रियाओं का भी इस क्षेत्र में महत्त्वपूर्ण स्थान है।

समीक्षा: वास्तविकता यह है कि हृदय एक इकाई है और इसके विभिन्न अंगों को नितान्त भिन्न नहीं किया जा सकता है। इसी प्रकार विषय भी एक-दूसरे से पूर्णतया भिन्न नहीं किए जा सकते। एक रस पाठ शुद्ध रूप से रस पाठ हो ही नहीं सकता। यह तो प्रस्तुत करने की विधि है जिसके कारण आपसी भेद हो जाते हैं।

1.5 शिक्षण की अवधारणा (Concept of Teaching)

शिक्षण शब्द 'शिक्ष्' धातु से बना है जिसका अर्थ है सिखाना या सीख देना। इसमें कोई सन्देह नहीं है कि शिक्षा में शिक्षण का विशेष महत्त्व है। शिक्षण एक ऐसी त्रयात्मक (शिक्षक, छात्र तथा विषय-वस्तु) क्रिया प्रणाली है जिसकी व्यवस्था एवं परिचालन विषय-वस्तु के सन्दर्भ में अधिगम को अभिप्रेरित करने के लिए निर्दिष्ट है। शिक्षण प्रक्रिया में छात्रों के व्यवहार में परिवर्तन आता है और उनके ज्ञान में वृद्धि होती है। शिक्षण द्वारा छात्रों में ज्ञान-वृद्धि के लिए प्रेरणा का विकास होता है। वे स्वयं ज्ञान प्राप्त करने की प्रक्रिया सीखते हैं। वास्तव में, सफल शिक्षण का यही आधार है।

शिक्षण प्रक्रिया का अर्थ उस प्रक्रिया से है जिसके द्वारा शिक्षण किया जाता है। अत: शिक्षण प्रक्रिया को समझने के लिए शिक्षण के अर्थ को जानना आवश्यक है। बहुदा शिक्षण तथा शिक्षण प्रक्रिया का एक ही अर्थ लिया जाता है।

शिक्षण की परिभाषा (Definition of Teaching)

शिक्षण के अर्थ को स्पष्ट करने के लिए शिक्षण की निम्न परिभाषाओं का अध्ययन करना बहुत सहायक हो सकता है:

1. *मौरीसन* (*Morrison*) के शब्दों में, "शिक्षण एक अधिक विकसित व्यक्तित्व और कम विकसित व्यक्तित्व के बीच घनिष्ठ सम्पर्क है जिसकी संरचना कम विकसित व्यक्तित्व की शिक्षा को और आगे बढ़ाने के लिए की जाती है।"

2. *स्मिथ* (*Smith*) ने शिक्षण की परिभाषा कुछ इस प्रकार दी है, "शिक्षण क्रियाओं की वह प्रणाली या पद्धति है जिसका अधिगम उत्पन्न करने का उद्देश्य होता है।"

3. '*Dictionary of Psychological and Psychoanalytical Terms*' में शिक्षण की परिभाषा इस प्रकार दी गई है, "दूसरे को सीखने में सहायता देना तथा इस प्रकार की उपयुक्त परिस्थितियाँ निर्माण करना जिससे अधिगम को सुलभ बनाया जाए।"

4. '*The Word Book Encyclopaedia*' के अनुसार, "शिक्षण ऐसी प्रक्रिया है जिससे एक व्यक्ति दूसरे को ज्ञान, कौशल तथा अभिरुचियों को सीखने या प्राप्त करने में सहायता करता है।

5. ब्रूबेकर (*Brubacher*) के अनुसार, "शिक्षण एक ऐसी परिस्थिति का आयोजन और परिचालन है जिसमें कुछ अधूरेपन या अवरोध रहते हैं जिनको पूर्ण करने अथवा पार करने के प्रयास की प्रक्रिया में व्यक्ति सीखेगा।"

6. *गेज (Gage)* का विचार है, ''शिक्षण एक प्रकार का पारस्परिक प्रभाव है जिसका उद्देश्य है दूसरे व्यक्ति के व्यवहारों में वाँछित परिवर्तन लाना।''

7. *रायन्स (Ryans)* ने कहा है कि ''दूसरे को सीखने के लिए दिशा-निर्देश देने तथा अन्य प्रकार से उन्हें निर्देशित करने की प्रक्रिया को शिक्षण कहा जाता है।''

8. *क्लार्क (Clark)* का कहना है, ''शिक्षण वह प्रक्रिया है जिसके प्रारूप तथा संचालन की व्यवस्था इसलिए की जाती है जिससे छात्रों के व्यवहारों में परिवर्तन लाया जा सके।

9. *एडमण्ड एमीडन (Edmond Amidon)* के शब्दों में, ''शिक्षण एक अन्तर्क्रिया है जिसमें मुख्यत: कक्षा वार्ता होती है जो शिक्षक व छात्रों के मध्य कुछ परिभाषित की जा सकने वाली क्रियाओं के माध्यम से घटित होती है।''

10. *बर्टन (Burton)* ने शिक्षण को अधिगम हेतु उद्दीपन, मार्ग-प्रदर्शन तथा दिशा-बोध कहा है।

11. *बैन (Bann)* ने शिक्षण को प्रशिक्षण की संज्ञा दी है।

12. *रायबर्न (Ryburn)* ने शिक्षण को ऐसा सम्बन्ध माना है जो छात्रों को उनकी शक्तियों के विकास में सहायता देता है।

1.6 शिक्षण की परिभाषाओं का विश्लेषण (Analysis of Definitions of Teaching)

ये सभी परिभाषाएँ शिक्षण के सम्बन्ध में अनेक प्रश्न उत्पन्न करती हैं। इनमें से एक परिभाषा हमें इस दृष्टिकोण से बाँधती है कि व्यक्ति समस्या के समाधान में लगने के कारण ही सीखता है और किसी अनिश्चित परिस्थिति को सुनिश्चित बनाने या सुलझाने की प्रक्रिया के द्वारा उसे अभिप्रेरणा मिलती है। सीखना छात्रों को समस्या-समाधान की ओर उन्मुख करना और उसमें लगाना है। यदि हम इस परिभाषा को स्वीकार करें तो हमें शिक्षण के सम्बन्ध में अनेक मान्यताओं और किसी एक सिद्धान्त से बँध जाना पड़ेगा। एक परिभाषा स्पष्टतया शिक्षण के एक सिद्धान्त के रूप में ही है। शिक्षण को परिपक्व एवं अपरिपक्व व्यक्तित्व का घनिष्ठ सम्बन्ध कहा गया है। इस परिभाषा के लेखक की दृष्टि में शिक्षा अधिगम के द्वारा होने वाला विकास है और अधिगम एक समायोजित करने वाली प्रक्रिया है। इस परिभाषा की व्याख्या हमें पुनः शिक्षा के एक सिद्धान्त से बाँध देती है।

स्मिथ ने अपनी परिभाषा की विशेषता में लिखा है कि यह परिभाषा शिक्षण के विज्ञान और कला से शिक्षण को भिन्न समझती है और शिक्षण को किसी विशेष सिद्धान्त के साथ नहीं बाँधती, किन्तु इस परिभाषा की भी आलोचना *हाइमैन* (Hyman) ने यह कहकर की है कि इसके द्वारा शिक्षण की प्रकृति स्पष्ट नहीं होती और शिक्षण की प्रक्रिया में आने वाला एक महत्त्वपूर्ण तत्त्व अर्थात् अधिगम की विषयवस्तु एकदम छूट गई है। हाइमैन के अनुसार शिक्षण को अवश्य ही एक त्रयात्मक (Triadic) सम्बन्ध समझना चाहिए क्योंकि शिक्षण में कम से कम एक शिक्षक, कम से कम एक छात्र और कम से कम एक विषयवस्तु (जिसे पढ़ाना और सीखना है) का होना आवश्यक है।

इस विचार का प्रतिपादन करते हुए *हाइमैन* ने शिक्षण को इन शब्दों में परिभाषित

किया है–''शिक्षण तत्त्वों की एक त्रयी (शिक्षक, छात्र, विषयवस्तु) को अपने में सम्मिलित करता है और यह त्रयी गत्यात्मक गुणधर्मीय है।''

उपसंहार: वास्तव में, शिक्षण का अर्थ स्पष्ट करना इतना आसान नहीं है। शिक्षण एक ऐसी प्रक्रिया है जो प्राचीन काल से चली आ रही है। यह सामाजिक परिस्थिति, सांस्कृतिक परिवेश, दार्शनिक तथा राजनीतिक पृष्ठभूमि के आधार पर अपने स्वरूप को परिवर्तित कर लेती है।

1.7 शिक्षण की प्रकृति तथा विशेषताएँ (Nature and Characteristics of Teaching)

1. शिक्षण एक सामाजिक प्रक्रिया है।
2. शिक्षण विकास की प्रक्रिया है।
3. शिक्षण व्यवहार को स्वरूप प्रदान करने की प्रक्रिया है।
4. शिक्षण एक भावात्मक प्रक्रिया है।
5. शिक्षण स्मृति–स्तर से विमर्शपूर्ण स्तर (Reflective Level) पर ले जाने की प्रक्रिया है।
6. शिक्षण आमने–सामने होने वाली प्रक्रिया है।
7. शिक्षण क्रियाओं की प्रणाली है जो अधिगम उत्पन्न करती है।
8. शिक्षण एक सोद्देश्य प्रक्रिया है।
9. शिक्षण प्रक्रिया कला एवं विज्ञान दोनों है।
10. शिक्षण एक व्यावसायिक प्रक्रिया है।
11. शिक्षण एक अन्तर्क्रियात्मक प्रक्रिया है।
12. शिक्षण प्रेक्षण योग्य, मापने योग्य और सुधार योग्य प्रक्रिया है।
13. शिक्षण विभिन्न शिक्षण कौशलों से युक्त प्रक्रिया है।
14. शिक्षण प्रशिक्षण से लेकर प्रतिपादन तक सतत् प्रक्रिया है।
15. शिक्षण विभिन्न प्रकार की क्रियाओं की एक व्यवस्था है।
16. शिक्षण एक निर्देशन की प्रक्रिया है।
17. शिक्षण अधिगम स्थितियों के विकास की प्रक्रिया है।
18. शिक्षण ऐसी प्रक्रिया है जिस का अवलोकन तथा विश्लेषण किया जा सकता है।
19. शिक्षण क्रिया विविध रूपों में सम्पन्न हो सकती है।
20. शिक्षण एक प्रभाव निर्देशित प्रक्रिया है।
21. शिक्षण एक परिवर्तनशील प्रक्रिया है।
22. शिक्षण अधिगम को प्रोत्साहित करने की प्रक्रिया है।
23. शिक्षण भाषायी प्रक्रिया है।
24. शिक्षण एक त्रिध्रुवीय प्रक्रिया है।
25. शिक्षण में सांकेतिक, क्रियात्मक तथा शाब्दिक व्यवहार निहित रहते हैं।

1.8 शिक्षण प्रक्रिया के कार्य अथवा तत्त्व
(Functions or Elements of the Teaching Process)

(1) कक्षा को संगठित तथा व्यवस्थित करना

(2) विषय-वस्तु तथा कार्य का विश्लेषण करना

(3) छात्रों के अधिगम की समस्याओं का निदान करना

(4) छात्रों की व्यक्तिगत विभिन्नता की जानकारी प्रदान करना तथा शिक्षण प्रक्रिया में उचित स्थान देना।

(5) छात्रों के प्रारम्भिक (Entering) व्यवहार को समझना

(6) शिक्षण की योजना युक्तियों तथा प्रविधियों का निर्माण एवं चयन करना।

(7) सुनिश्चित विधियों, युक्तियों के सहारे सुनिश्चित शिक्षण-उद्देश्यों के लिए सुनिश्चित पाठ्यक्रम को प्रस्तुत करना

(8) अभिवृद्धि, विश्वास, सम्प्रत्यय एवं समस्याओं को स्पष्ट करना

(9) मूल्यांकन करना

1.9 शिक्षण के सोपान/चरण/अवस्थाएँ (Three Stages of Teaching)

अधिगम को प्रभावशाली बनाने के लिए ये पद इस प्रकार हैं:

1. शिक्षण का पूर्व सोपान अथवा शिक्षण का पूर्व क्रिया सोपान (Pre-active Stage of Teaching),
2. शिक्षण का अन्तःक्रिया सोपान (Inter-active Stage of Teaching),
3. शिक्षणेतर सोपान अथवा शिक्षण का उत्तर-क्रिया चरण (Post-active Stage of Teaching)।

इन तीनों सोपानों को चित्र 1.1 में दर्शाया गया है।

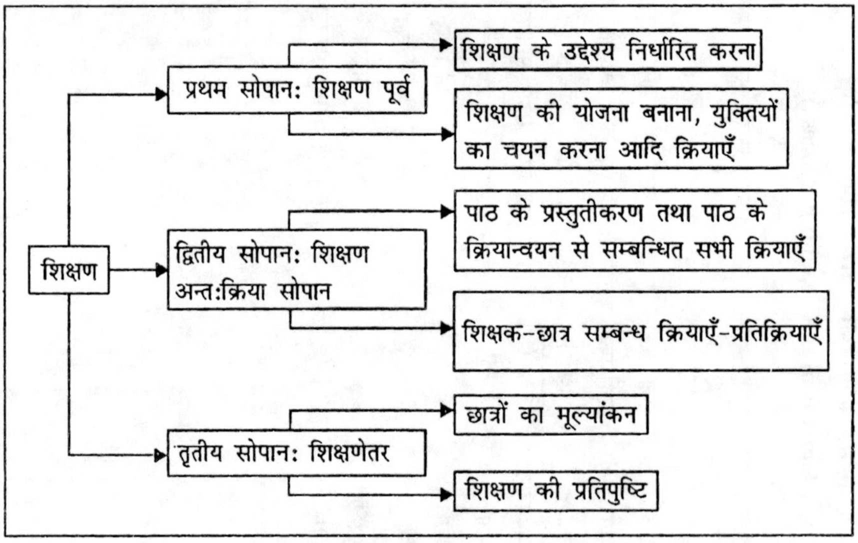

चित्र 1.1: शिक्षण के सोपान अथवा अवस्थाएँ–एक दृष्टि में
(Overview of the Stages of Teaching)

1.10 शिक्षण तथा अधिगम का पारस्परिक सम्बन्ध (Inter-relationship Between Teaching and Learning)

छात्र के व्यवहार में परिवर्तन लाने के लिए शिक्षण की व्यवस्था की जाती है और ये व्यवहार परिवर्तन ही अधिगम अथवा सीखना कहलाते हैं। शिक्षण का उद्देश्य है–'सिखाना' और अधिगम का कार्य है–'सीखना'। इस बात का अनुमान हम शिक्षण व अधिगम के सम्बन्ध में, विभिन्न विद्वानों द्वारा दी गई परिभाषाओं से लगा सकते हैं। उदाहरण के लिए, क्लार्क (Clark) ने शिक्षण की अपनी परिभाषा में स्पष्ट किया है, "शिक्षण से तात्पर्य उन क्रियाओं से है जिनकी संरचना व परिचालन विद्यार्थी के व्यवहार में परिवर्तन लाने के लिए किया जाता है।"

दूसरी तरफ *गेट्स* (Gates) ने अधिगम को परिभाषित करते हुए कहा है–"अनुभव द्वारा व्यवहार में परिवर्तन को अधिगम कहते हैं।"

अर्थात् शिक्षण की परिणति व्यवहार-परिवर्तन में होती है और व्यवहार-परिवर्तन को ही सीखना या अधिगम कहा जाता है। इस प्रकार शिक्षण व अधिगम एक-दूसरे के पूरक हैं। जहाँ तक लक्ष्य और उद्देश्यों का प्रश्न है, शिक्षण और अधिगम एक-दूसरे के काफी नजदीक माने जाते हैं।

बी.ओ. स्मिथ (B.G. Smith) के अनुसार–"शिक्षण क्रियाओं की एक व्यवस्था है जो सीखने की उत्सुकता जाग्रत करती है।" अर्थात् सीखने के लिए ही शिक्षण क्रिया सम्पन्न की जाती है। शिक्षण का प्रमुख कार्य अधिगम होता है। जब शिक्षण होगा तभी अधिगम होगा। शिक्षण संप्रत्यय को अधिगम के बिना पूर्ण नहीं कहा जा सकता है।

कुछ शिक्षाशास्त्रियों का मत है कि शिक्षण का अन्त अधिगम में होता है। महान शिक्षा शास्त्री किलपैट्रिक (Kilpatrick) ने कहा है, "जब तक छात्र सीखता नहीं, शिक्षक ने पढ़ाया नहीं।" यहाँ तक ही नहीं, उन्होंने आगे कहा कि शिक्षण और अधिगम में वही सम्बन्ध है जो कि किसी वस्तु के बेचने और खरीदने में है। ऊपर से देखने पर इस युक्ति में सत्यता की झलक मिलती है, परन्तु गम्भीर चिन्तन के पश्चात् यह कथन पूर्णतया सत्य नहीं है। बेचने-खरीदने और शिक्षण-अधिगम के बीच समानता का विश्लेषण करने पर यह ज्ञात होता है कि बेचने और खरीदने में चार तत्त्व हैं–(i) एक बेचने वाला, (ii) एक खरीदने वाला, (iii) बेचने की प्रक्रिया और (iv) खरीदने की प्रक्रिया।

ठीक उसी प्रकार शिक्षण और अधिगम से सम्बन्धित चार तत्त्व हैं–(i) एक शिक्षण, (ii) एक छात्र, (iii) शिक्षण की प्रक्रिया और (iv) सीखने अथवा अधिगम की प्रक्रिया।

बेचने-खरीदने की प्रक्रिया में बेचने वाले तथा खरीदने वाले के हितों में समानता नहीं है। दोनों अपने लिए अधिक-से-अधिक लाभ उठाना चाहते हैं। भले ही दूसरे पक्ष को हानि हो। यहाँ निजी स्वार्थों की होड़ है, परन्तु शिक्षण-अधिगम प्रक्रिया में इस प्रकार की होड़ नहीं है, बल्कि इसके विपरीत होड़ है। मुख्य लक्ष्य है–अधिगमकर्त्ता की सर्वांगीण उन्नति।

शिक्षण का आयोजन इस प्रकार से करना चाहिए कि शिक्षण उद्देश्यों की पूर्ति अधिक-से-अधिक हो सके। अध्यापक इस प्रकार से शिक्षण क्रियाओं का आयोजन करे जिससे छात्रों का अधिक-से-अधिक अधिगम हो। शिक्षण एवं अधिगम के समन्वय से ही छात्रों के ज्ञान में वृद्धि होती है।

इस प्रकार यह स्पष्ट है कि यद्यपि शिक्षण तथा अधिगम पृथक्-पृथक् संप्रत्यय हैं, परन्तु एक-दूसरे को अधिक-से-अधिक प्रभावशाली बनाने के लिए दोनों में समन्वय होना आवश्यक है। अध्यापक के कार्य की सफलता छात्रों के सफल अधिगम में है। शिक्षण व अधिगम के अनुपात के तुलनात्मक अध्ययन के आधार पर ही शिक्षण की कमियों का पता लगाकर उसमें सुधार लाया जा सकता है। अन्त में एन.एल. गेज के शब्दों में हम शिक्षण व अधिगम की प्रक्रिया को एक-दूसरे का पूरक मानते हुए स्पष्ट कर सकते हैं कि "शिक्षण और अधिगम की प्रक्रियाओं को एक-दूसरे में विलीन करके एक ऐसी मिश्रित प्रक्रिया का आयोजन किया जाए ताकि उससे अच्छे से अच्छे परिणामों की प्राप्ति हो सके।"

वास्तव में, दोनों को एक ही प्रक्रिया–'शिक्षण-अधिगम' का बराबर का हिस्सेदार मानना चाहिए। दोनों के सह-अस्तित्व में ही बालक का विकास सम्भव है।

1.11 शिक्षण अधिगम के चार तत्त्व
(Four Elements of Teaching Learning)

ये निम्नलिखित हैं:

1. शिक्षण।
2. छात्र।
3. शिक्षण-अधिगम प्रक्रिया।
4. अधिगम स्थिति।

1.12 प्रभावी शिक्षण-अधिगम: शिक्षण-अधिगम प्रक्रिया में मुख्य तत्त्व तथा उनका परस्पर सम्बन्ध
(Effective Teacing-Learning: Main Elements in Teaching-Learning and Their Relationship)

शिक्षण-अधिगम को प्रभावी बनाने के लिए आवश्यक है कि इसके मुख्य तत्त्वों की परस्पर समानता को भली-भाँति जान लिया जाए।

1- *उद्देश्य*: शिक्षण-अधिगम प्रक्रिया का उद्देश्य है छात्र की सर्वांगीण उन्नति। अत: शिक्षक, जो शिक्षण करने वाला है तथा छात्र, जो सीखने आता है, एक ही ध्येय की प्राप्ति के लिए प्रयास करते हैं। उन्हें एक-दूसरे को अच्छी तरह जान लेना चाहिए।

2. *विषय-वस्तु तथा क्रियाएँ*: शिक्षक जो विषय-वस्तु पढ़ाते हैं, छात्र उसे अधिगम करते हैं।

3. *स्थान*: शिक्षण-अधिगम क्रिया का स्थान कक्षा है। अध्यापक वहाँ शिक्षण करते हैं तथा छात्र वहाँ सीखते हैं।

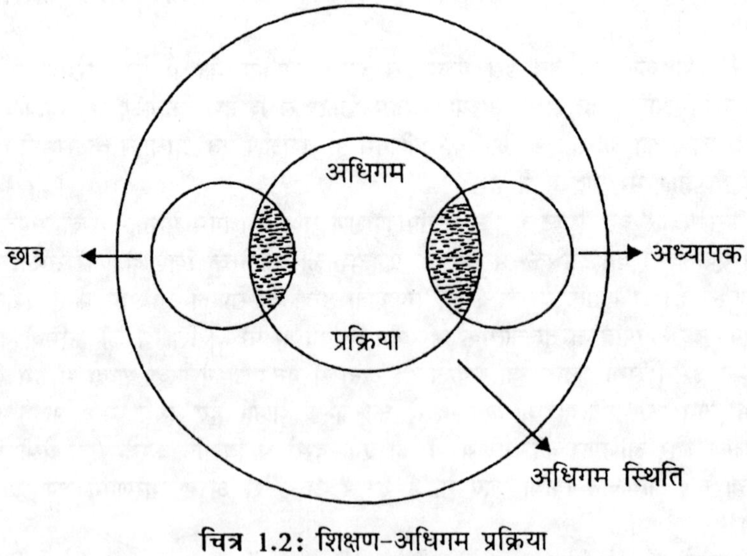

चित्र 1.2: शिक्षण-अधिगम प्रक्रिया
(Teaching-Learning Process)

4. *शिक्षण-अधिगम विधियाँ:* अध्यापक इस प्रकार की शिक्षण विधियों को प्रयोग में लाते हैं जो सीखने में सहायक होती हैं। अधिगम तभी प्रभावी होता है यदि अधिगमकर्त्ता उन विधियों की विशेषता के महत्त्व को जाने।

5. *अभिप्रेरणा:* शिक्षण-अधिगम प्रक्रिया की सफलता अध्यापक तथा छात्र की अभिप्रेरणा पर बहुत कुछ निर्भर है।

उपसंहार: अन्त में यह लिखना आवश्यक है कि शिक्षण-अधिगम प्रक्रिया में शिक्षण तथा अधिगम का गहरा सम्बन्ध है। एक के बिना दूसरे की कल्पना भी नहीं की जा सकती। प्रभावी शैक्षिक वातावरण के लिए शिक्षण-अधिगम का परस्पर सहयोग उत्कृष्ट कोटि का होना जरूरी है।

2

अधिगम को प्रभावित करने वाले कारक
(Factors Affecting Learning)

2.1 अधिगम को प्रभावित करने वाले कारक
(Factors Affecting Learning)

अधिगम को प्रभावित करने वाले कारकों का निम्नलिखित वर्गीकरण उचित प्रतीत होता है। इन कारकों को भली-भांति जानना अध्यापक के लिए, विशेषकर बालक के पालन-पोषण तथा उसकी शिक्षा से संबंधित सभी के लिए बहुत आवश्यक है।

2.2 अधिगम को प्रभावित करने वाले कारकों का वर्गीकरण
(Classification of Factors Affecting Learning)

(चार्ट 1.1 अगले पृष्ठ पर देखें)।

2.3 महत्त्वपूर्ण कारकों का संक्षिप्त विवरण
(Brief Description of Significant Factors Affecting Learning)

1. अच्छा स्वास्थ्य (Good Health): मानसिक शक्ति अच्छे स्वास्थ्य पर निर्भर होती है। एक रोगी बालक चाहे सीखने के लिए कितना ही उत्तेजित क्यों न हो कुछ नहीं सीख सकता। उसकी रुचि पढ़ाई में होते हुए भी वह जल्दी थक जाएगा।

2. अच्छा वातावरण (Good Environment): स्कूल का वातावरण भौतिक तथा भावात्मक दृष्टि से बहुत अच्छा हो। स्कूल का स्थान एक प्राकृतिक तथा रमणीक वायु-मण्डल में हो। स्कूल का भवन तथा फर्नीचर आदि अच्छा हो। भवन में स्वच्छता का प्रबन्ध हो। कमरों में वायु तथा प्रकाश का भी ठीक ढंग से प्रबन्ध हो।

अध्यापकों का व्यवहार प्रेम पर आधारित होना चाहिए। स्कूल का अनुशासन रचनात्मक हो। बच्चे स्कूल में अधिक से अधिक समय के लिए रह कर प्रसन्न हों, तभी वे कुछ सीख सकते हैं।

3. सीखने की आयु तथा समय (Learning Age and Time): भिन्न-भिन्न क्रियाएं, भिन्न-भिन्न अवस्थाओं में ही सरलता से सीखी जा सकती हैं। इसलिए अध्यापक को बच्चों के शारीरिक, मानसिक तथा भावात्मक विकास की अवस्थाओं का ज्ञाता होना चाहिए।

सीखना समय पर भी निर्भर होता है। दोपहर से पहले का समय सीखने के लिए उत्तम होता है। यह भी ध्यान रखना चाहिए कि छोटे बच्चे एक ही स्थान पर बैठकर एक ही विषय का अध्ययन अधिक समय के लिए नहीं कर सकते।

चार्ट 1.1

1. अधिगमकर्त्ता बालक संबंधी व्यक्तिगत कारक (Factors Relating to the Learner)

- परिपक्वता
- अभिप्रेरणा
- ध्यान तथा रुचि
- स्मरण-शक्ति
- तत्परता और क्षमताएं
- मानसिक स्वास्थ्य
- थकान
- भोजन और औषधियाँ
- संवेदना और प्रत्यक्षीकरण
- इच्छा-शक्ति
- शारीरिक दोष तथा रोग

2. विषय वस्तु संबंधी कार्य कारक (Factors Relating to the Subject Matter)

- कार्य का कठिनाई स्तर
- कार्य की समानता
- कार्य का अर्थपूर्ण होना
- कार्य की लंबाई
- कार्य की रोचकता तथा अरोचकता

3. शिक्षण-अधिगम प्रक्रिया संबंधी कारक (Factors Relating to the Teaching-Learning Process)

- पूर्ण तथा अंश विधि
- अभ्यास
- करके सीखना
- सुनाना
- पथ-प्रदर्शन तथा संकेत
- परिणामों का ज्ञान
- सूझ-बूझ द्वारा सीखना
- सीखने की विधियाँ
- समय सारिणी
- सामयिक परीक्षाएँ
- सीखने का समय

4. वातावरण संबंधी कारक (Factors Relating to Environment)

***(i)* घर का वातावरण**

- *भौतिक वातावरण*
  - रहने का स्थान आदि
- *मनोवैज्ञानिक वातावरण*
  - पालन-पोषण की विधियां आदि

***(ii)* विद्यालय तथा कक्षा का वातावरण**

- *भौतिक वातावरण*
  - कक्षा में फर्नीचर, प्रकाश आदि
- *मनोवैज्ञानिक वातावरण*
  - अध्यापक का प्रभाव

4. सीखने के लिए तत्परता (Readiness for Learning): कोई भी विषय पढ़ाने से पहले और कोई भी क्रिया सिखलाने से पहले बच्चे को उसके सीखने के लिए उत्तेजित करना अति आवश्यक है। यदि बच्चे की रुचि किसी पाठ या क्रिया में उत्तेजित हो गई तो वह अपने आप सीखेगा।

5. सीखने की क्रियाओं को सन्तोषजनक बनाना (Satisfactory Learning Activities): जहां तक हो सके अध्यापक को पढ़ाने में परिणाम के नियम को पूर्ण रूप से प्रयोग करना चाहिए।

6. अभ्यास का प्रयोग (Use of Practice): प्रत्येक पाठ तथा क्रिया का अभ्यास कराया जाए, अच्छी आदतें डाली जाएं और पिछले पाठों को भी समय-समय पर दोहराया जाए, बुरी आदतों को कभी भी अभ्यास में न आने दिया जाए।

7. नवीनता का तत्त्व (Elements of Newness): शिक्षा में नवीनता के तत्त्व को हमेशा सामने रखा जाए। नई-नई पुस्तकें, नई-नई क्रियायें और नये-नये प्रयोग शिक्षा में बच्चों की रुचि को उत्तेजित करते हैं।

8. शिक्षण तथा सीखने की विधियाँ (Methods of Teaching-Learning): अध्यापक को पढ़ाने की नवीन विधियों का भी पूर्ण ज्ञान होना चाहिए।

9. सीखने का आधार मूल प्रवृत्तियाँ (Basic Tendencies of Learning): जहां तक हो सके बच्चों की मूल प्रवृत्तियों को ही सीखने का आधार बनाया जाए। जिज्ञासा, रचना, आत्मगौरव आदि ऐसी प्रवृत्तियां हैं जो शिक्षा के कार्य में अध्यापक के लिए अमूल्य साधन बन सकती हैं।

10. करके सीखना (Learning by Doing): यदि ज्ञान प्राप्ति का सम्बन्ध विभिन्न क्रियाओं, प्रयोगों तथा जीवन के अनुभवों से किया जाए तो इस प्रकार का ज्ञान अधिक प्रभावशाली तथा लाभदायक होगा।

11. प्रतियोगिता का प्रयोग (Use of Competition): प्रतियोगिता से बच्चों की रुचि सीखने के कार्य में बढ़ती है।

12. पुरस्कार तथा दण्ड (Rewards and Punishment): पुरस्कार तथा दण्ड का उचित प्रयोग भी सीखने में महत्त्व रखता है।

2.4 अधिगम को प्रभावित करने वाले व्यक्तिगत कारकों का वर्गीकरण (Classification of Factors Affecting Learning Related to Individual)

(1) शारीरिक कारक	(2) पारिवारिक कारक	(3) मनोवैज्ञानिक कारक	(4) भावात्मक कारक
1. शारीरिक स्थिति	(i) अभिभावकों का बर्ताव	(i) परिपक्वता	(i) तत्परता
2. कार्य करने की शारीरिक शक्ति	(ii) परिवार में स्थिति	(ii) अभिप्रेरणा	(ii) इच्छा शक्ति
3. मानसिक स्वास्थ्य	(iii) पाठ्य-सामग्री की उपलब्धि	(iii) ध्यान	
		(iv) रुचि	
		(v) स्मरण शक्ति	
		(vi) संवेदना तथा प्रत्यक्ष ज्ञान	

नोट: एक वर्ग के कारक का दूसरे वर्ग के कारक से गहरा संबंध है। कारक एक दूसरे को प्रभावित भी करते हैं।

1. बालकों का शारीरिक स्वास्थ्य (Health of the Students): जो छात्र शारीरिक दृष्टि से स्वस्थ होते हैं, वे सीखने में रुचि लेते हैं और शीघ्र सीखते हैं। इसके विपरीत, शारीरिक रोगों से पीड़ित छात्र सीखने में किसी प्रकार की रुचि नहीं लेते हैं। फलत: वे किसी बात को बहुत देर में और कम सीख पाते हैं।

2. परिपक्वता (Maturation): शारीरिक और मानसिक परिपक्वता वाले छात्र नये पाठ को सीखने के लिए सदैव तत्पर और उत्सुक रहते हैं। अत: वे सीखने में किसी प्रकार की कठिनाई का अनुभव नहीं करते हैं। यदि छात्रों में शारीरिक और मानसिक परिपक्वता नहीं है, तो सीखने में उनके समय और शक्ति का नाश होता है। कोलेसनिक के अनुसार ''परिपक्वता और सीखना पृथक् प्रक्रियाएं नहीं हैं, वरन् एक-दूसरे से अविच्छिन्न रूप में सम्बद्ध और एक-दूसरे पर निर्भर हैं।''

3. मानसिक स्वास्थ्य (Mental Health): मानसिक स्वास्थ्य से अभिप्राय है–निराशाओं, द्वन्द्वों, चिन्ताओं, तनावों आदि से मुक्त रहना। यदि छात्र इस प्रकार के तनावों से मुक्त रहते हैं तो वे किसी कार्य को शीघ्रता और तीव्रता से सीख पायेंगे। मानसिक रूप से अस्वस्थ व्यक्ति किसी कार्य को ठीक ढंग से नहीं कर पायेगा।

4. थकान (Fatigue): थकान का प्रभाव अधिगम-प्रक्रिया पर बड़ी शीघ्रता से दिखाई देने लगता है। थका हुआ छात्र कभी भी कुछ सीख नहीं पाता। इस थकान के कारण उसमें रुचि, ध्यान, अभिप्रेरणा तथा तत्परता जैसी परिस्थितियां उत्पन्न नहीं हो पातीं जिसके परिणामस्वरूप अधिगम-प्रक्रिया प्रभावहीन होकर रह जाती है।

5. अभिप्रेरणा (Motivation): सीखने की प्रक्रिया में अभिप्रेरणा का मुख्य योगदान है। छात्र को यदि किसी कार्य के लिए अभिप्रेरित नहीं किया जाता है तो वह सीखने की प्रक्रिया में रुचि नहीं लेता। अभिप्रेरणा विद्यार्थी को सफलता की ओर ले जाती है। अभिप्रेरणा से विद्यार्थी के आकांक्षा-स्तर में वृद्धि होती है। अभिप्रेरणा बाहरी और आंतरिक हो सकती है तथा किसी भी रूप में प्रदान की जा सकती है। जैसे–पुरस्कार के रूप में, प्रशंसा के रूप में, प्रतियोगिता के रूप में, दंड के रूप में। इस प्रकार विभिन्न प्रविधियों के प्रयोग से अभिप्रेरणा उत्पन्न की जा सकती है तथा इस अभिप्रेरणा को उत्पन्न करके अधिगम-प्रक्रिया को तीव्र किया जा सकता है।

6. ध्यान तथा रुचि (Attention and Interest): ध्यान और रुचि के अभाव में अधिगम प्रक्रिया निर्जीव एवं प्रभावहीन हो जाती है। कक्षा में अध्यापक विभिन्न विधियों का प्रयोग करके ध्यान एवं रुचि उत्पन्न कर सकता है।

7. स्मरण-शक्ति (Memory): सीखने की प्रक्रिया में स्मरण-शक्ति की भूमिका बहुत महत्त्व रखती है। जिन छात्रों की स्मरण शक्ति अधिक है वह सीखने की प्रक्रिया में आगे रहेगा। दुर्बल स्मरण-शक्ति वाले छात्र अधिगम प्रक्रिया में अधिक कुछ नहीं कर पाते।

8. सीखने का समय व थकान (Time of Learning and Fatigue): सीखने का समय सीखने की क्रिया को प्रभावित करता है; उदाहरणार्थ, जब छात्र विद्यालय आते हैं, तब उनमें स्फूर्ति होती है। अत: उनको सीखने में सुगमता होती है। जैसे-जैसे शिक्षण के

घंटे बीतते जाते हैं, वैसे-वैसे उनकी स्फूर्ति में शिथिलता आती जाती है और वे थकान का अनुभव करने लगते हैं। परिणामत: उनकी सीखने की क्रिया मन्द हो जाती है।

9. सीखने की इच्छा (Will to Learn): यदि छात्रों में किसी बात को सीखने की इच्छा होती है, तो वे प्रतिकूल परिस्थितियों में भी उसे सीख लेते हैं। अत: अध्यापक का एक प्रमुख कर्त्तव्य है कि वह छात्रों की इच्छा-शक्ति को दृढ़ बनाये। इस लक्ष्य की प्राप्ति के लिए उसे उनकी रुचि और जिज्ञासा को जागृत करना चाहिए।

10. तत्परता और क्षमताएं (Limitations of Readiness): सीखने की प्रक्रिया में तत्परता और क्षमताओं की भूमिका भी बहुत महत्त्वपूर्ण है। बिना मानसिक और शारीरिक तैयारी के कोई व्यक्ति किसी कार्य को सीखने में असमर्थ ही रहेगा। इसी प्रकार यदि किसी व्यक्ति में किसी कार्य को सीखने या करने की तत्परता नहीं है तो वह व्यक्ति उस कार्य को न तो सीख पायेगा और न ही कर पायेगा।

11. भोजन औषधियाँ (Food Drugs): शोध कार्यों ने यह सिद्ध कर दिखाया है कि छात्र का असंतुलित भोजन तथा मादक औषधियों का सेवन भी अधिगम प्रक्रिया को प्रभावहीन बनाने के लिए उत्तरदायी हो सकता है। असंतुलित या निम्न स्तर का भोजन तथा मादक औषधियों जैसे-तंबाकू, कैफरीन आदि का प्रभाव सीखने की प्रक्रिया को प्रभावहीन बना देता है।

2.5 अधिगम को प्रभावित करने वाले अध्यापक संबंधी कारक (Factors Affecting Learning Relating to Teachers)

अध्यापक का मौलिक कार्य बालकों के अधिगम अनुभवों को इस प्रकार पहल देना, निर्देशित तथा मार्गदर्शित करना है कि वे अपनी क्षमता अनुसार अपना बौद्धिक, सौन्दर्यात्मक, चारित्रिक, शारीरिक एवं भावनात्मक विकास करके समाज के उपयोगी सदस्य बन सकें। अध्यापक के अधिगम संबंधी मुख्य उत्तरदायित्व इस प्रकार हैं:

1. प्रभावी शिक्षण अधिगम विधि का प्रयोग करना (Use of Effective Teaching Methodology)

(i) इस प्रकार की शिक्षण-सामग्री और विधि का चयन करना जोकि सीखने की क्रिया में सुविधा प्रदान करे और सीखने की भावना को उत्तेजित करे।
(ii) छात्रों की आवश्यकता, पृष्ठभूमि एवं योग्यता के अनुसार अध्यापन।
(iii) वार्तालाप, प्रदर्शन, दृश्य एवं मौखिक प्रदर्शन, कविता पाठ, प्रयोग, विशेष योजना और क्षेत्र भ्रमण आदि किसी उपयुक्त विधि से पढ़ाना।
(iv) विभिन्न शिक्षण पद्धतियों का विश्लेषण एवं मूल्यांकन करना जिससे सीखने की क्रिया में सुधार किया जा सके।
(v) छात्रों की रुचि एवं ध्यान को प्राप्त करने के लिए प्रयत्न करना जिससे शिक्षण शिष्ट वातावरण में किया जा सके।
(vi) पढ़ाई गई सामग्री का उपयोग इस प्रकार करना जिससे अवबोध का ऐसा आदर्श स्थापित हो जाये कि उसका प्रयोग भविष्य में दूसरे क्षेत्रों में किया जा सके।
(vii) छात्रों का समीक्षात्मक विचारों के लिए मार्गदर्शन करना।
(viii) उपयुक्त कार्य एवं अध्ययन-निपुणता एवं आदतों का विकास करना।

(x) छात्रों को पाठ-योजना क्रिया में भाग लेने के लिए प्रोत्साहित करना।
(xi) इसका निश्चय कर लेना कि शिक्षण आरम्भ होने से पूर्व ही उद्देश्यपूर्ण और निर्देशित अध्यापन हेतु उपयुक्त तैयारी कर ली गई है।

2. वैयक्तिक भेदों और विकास स्तरों को ठीक करने की व्यवस्था करना (Satisfying Individual Differences at Various Levels)

(i) सीखने हेतु तत्परता की स्थापना करने के लिए बाल मनोविज्ञान के आधारभूत ज्ञान का उपयोग करना।
(ii) अध्यापन एवं सीखने की क्रियाओं के आधार हेतु प्रत्येक छात्र की पृष्ठभूमि एवं विद्यालय से बाहर के वातावरण के बारे में जानने का प्रयत्न करना।
(iii) प्रत्येक छात्र में वैयक्तिक वृद्धि और आदर्श की भावना का विकास करना।
(iv) लगातार मैत्रीपूर्ण, पक्षपातरहित एवं दृढ़ रहकर अनुशासन रखना।
(v) नियमित विधि से उनके व्यवहार की समस्या को हल करना।

3. छात्रों के कार्यों का मूल्यांकन करना (Evaluating Students Work)

(i) छात्रों के ज्ञान-प्राप्ति के स्तर एवं गुणों का मूल्यांकन करने के लिए उपयुक्त परीक्षा की खोज करना एवं संचालन करना।
(ii) अध्यापन एवं सीखने की विधियों के सुधार हेतु परीक्षा परिणामों की समीक्षा करना और छात्रों की उन्नति या अवनति की सूचना देना।
(iii) छात्रों के गृहकार्य और अन्य प्रकार के कार्यों का मूल्यांकन करना।
(iv) छात्रों द्वारा किये जा रहे प्रयासों के परिणाम उन्नति-पुस्तिका द्वारा उनके अभिभावकों को देना।
(v) छात्रों के मूल्यांकन करने में विद्यालय विशेषज्ञों का सहयोग प्राप्त करना।

4. पाठ्यक्रम का विकास एवं संचालन (Development and Implementation of the Curriculum)

(i) वर्तमान पाठ्यक्रम की विषयवस्तु के अध्ययन और उसके सुधार हेतु कार्यक्रम में भाग लेना।
(ii) पढ़ाये जाने वाले विषयों के उद्देश्य, क्षेत्र और पद्धतियों को निर्धारित करना।
(iii) छात्रों के लिए अध्यापन कार्यक्रम को समृद्ध बनाने हेतु आवश्यकता होने पर दत्त कार्य (Assignment) बनाना तथा देना तथा जांचना।
(iv) अपने विषय-वस्तु पाठ्यक्रम का दूसरे विषयों के पाठ्यक्रमों से सही-सम्बन्ध स्थापित करना।

5. अधिगम संबंधी मूलभूत तथ्यों को भली-भांति जानना (Understanding Basic Elements of Learning)

अपने शिक्षण को फलदायक बनाने के लिए अध्यापक निम्न संकेतों को ध्यान में रखें:

1. कौन अधिगम कराता है?: अध्यापक अधिगम कराता है, अतः उसे अपने आपको अच्छी तरह जानना चाहिए।

2. क्यों अधिगम किया जाए?: अध्यापक को एक क्षण के लिए भी यह नहीं भूलना चाहिए कि अधिगम का मुख्य उद्देश्य छात्र के व्यक्तित्व का सु-सन्तुलित निर्माण करना है।

3. किसको सिखाना है?: अध्यापक को बालक की रुचि, रुझान, योग्यता, स्वभाव, आदत एवं आचरण का पूर्ण ज्ञान होना चाहिए।

4. कहां सिखाना है?: अध्यापक को विद्यालय को केवलमात्र अध्ययन का स्थान नहीं समझना चाहिए अपितु वह एक ऐसा स्थान है जहां भविष्य के लिए छात्र प्रशिक्षित किये जाते हैं।

5. कैसे सिखाना है?: अध्यापक को शिक्षण अधिगम की उपयुक्त पद्धतियों का प्रयोग करना चाहिए।

6. क्या सिखाना है?: अध्यापक का सिखायी जाने वाली विषयवस्तु पर अधिकार होना चाहिए।

7. कब सिखाना है?: अपने शिक्षण को प्रभावशाली बनाने हेतु अभिप्रेरणा उत्पन्न करनी चाहिए तथा परिपक्वता को ध्यान में रखना चाहिए।

2.6 अधिगम को प्रभावित करने वाले वातावरण संबंधी कारक (Environmental Factors Influencing Learning)

बालक के सीखने को प्रभावित करने वाले तत्त्व उस पर पृथक् रूप की बजाय सामूहिक रूप से प्रभाव डालते हैं। अत: सीखने की उचित सम्पूर्ण परिस्थिति का विद्यालय में होना आवश्यक है। विद्यालय को सम्पूर्ण परिस्थिति का बालक के बाह्य तथा समाज के सामान्य जीवन से घनिष्ठ सम्बन्ध होना चाहिए। *रायबर्न (Ryburn)* के अनुसार "उस सम्पूर्ण परिस्थिति का, जिसमें बालक अपने को विद्यालय में पाता है, जीवन में जितना ही अधिक सम्बन्ध होता है, उतना ही अधिक सफल और स्थायी उसका सीखना होता है।" इसी प्रकार घर का, पड़ोस का तथा संगति का वातावरण विभिन्न प्रकार से अधिगम को प्रभावित करता है।

अधिगम को प्रभावित करने वाले वातावरण का वर्गीकरण (Classification of the Environment Influencing Learning)

- **पारिवारिक वातावरण**
  - भौतिक वातावरण
  - भावा-त्मक वातावरण
  - मनो-वैज्ञानिक वातावरण
- **समूह अथवा टोली का वातावरण**
  - अच्छे साथी
- **कक्षा-कक्ष का वातावरण**
  - भौतिक वातावरण
  - भावात्मक वातावरण
  - मनो-वैज्ञानिक वातावरण
- **स्कूल का सामान्य वातावरण**
  - भौतिक वाता-वरण
  - भावा-त्मक वाता-वरण
  - मनो-वैज्ञानिक वाता-वरण

भौतिक वातावरण से अभिप्राय: बालकों के लिए घर में पढ़ने की उचित व्यवस्था करना अर्थात् उपयुक्त स्थान, प्रकाश, भोजन आदि की व्यवस्था करना है।

विद्यालय में खुले, हवादार कमरे, उचित मात्रा में अधिगम सामग्री का उपलब्ध कराना है।

भावात्मक वातावरण से अभिप्राय: बालकों की भावनाओं के प्रति घर तथा स्कूल में उचित दृष्टिकोण अपनाना।

मनोवैज्ञानिक वातावरण: इस का अर्थ है कि अभिभावक तथा शिक्षक बालकों की प्रवृत्तियों तथा भिन्नताओं का ध्यान रखें।

सीखने की क्रिया पर न केवल कक्षा के अन्दर का, वरन् बाहर के वातावरण का भी प्रभाव पड़ता है। कक्षा के बाहर का वातावरण शान्त होना चाहिए। निरन्तर शोरगुल से छात्रों का ध्यान सीखने की क्रिया से हट जाता है। यदि कक्षा के अन्दर छात्रों को बैठने के लिए पर्याप्त स्थान नहीं है और यदि उसमें वायु और प्रकाश की कमी है, तो छात्र थोड़ी ही देर में थकान का अनुभव करने लगते हैं। परिणामत: उनकी सीखने में रुचि समाप्त हो जाती है।

कक्षा का 'मनोवैज्ञानिक वातावरण' भी सीखने की प्रक्रिया को प्रभावित करता है। यदि छात्रों में एक-दूसरे के प्रति सहयोग और सहानुभूति की भावना है, तो सीखने की प्रक्रिया को आगे बढ़ने में सहयोग मिलता है।

3

अधिगम के अध्ययन के उपागम अथवा अधिगम के सिद्धान्त

(Approaches to the Study of Learning or Theories of Learning)

3.1 अधिगम उपागमों अथवा सिद्धान्तों का अर्थ (Meaning of Approaches or Principles of Learning)

एक छोटा बच्चा गिरते-पड़ते कैसे चलना सीख जाता है और वही बालक आगे चलकर धावक बनकर कैसे बड़े-बड़े कीर्तिमान स्थापित करता है? कैसे तुतलाते-तुतलाते एक छोटी-सी बालिका लम्बे भाषण देना सीख जाती है? कैसे हम गणित और विज्ञान की गम्भीर समस्याओं को हल करने योग्य हो जाते हैं? कैसे सर्कस में मौत के कुएँ में मोटर-साइकिल चलाया जाता है? इस प्रकार के कठिन कार्य हम कैसे करते हैं? इसके लिए मनोवैज्ञानिकों ने कई खोजें कीं और इन खोजों के आधार पर कुछ सिद्धान्त/उपागम निकाले:

1. थार्नडाइक का संयोजनवाद या प्रयास एवं त्रुटि सिद्धान्त (Thorndike's Connectionism or Trial and Error Theory)
2. पेवलोव का शास्त्रीय अनुबन्धन सिद्धान्त (Pavlov's Theory of Classical Conditioning)
3. स्किनर का सक्रिय अनुबन्धन सिद्धान्त (Skinner's Theory of Operant Conditioning)
4. गेस्टाल्ट का अन्त:दृष्टि या सूझ का सिद्धान्त (Gestalt Theory of Insight)

हिलगार्ड (*Hilgard*) ने अपनी पुस्तक *थ्योरीज ऑफ लर्निंग* (*Theories of Learning*) में दस से भी अधिक सीखने के सिद्धान्तों का वर्णन किया है। इनके सम्बन्ध में यह निश्चय करना कठिन है कि कौन-सा सिद्धान्त ठीक और कौन-सा गलत है। फ्रेंडसन (*Frandsen*) ने ठीक ही लिखा है: ''सिद्धान्त न तो ठीक होते हैं और न गलत। वे केवल कुछ विशेष कार्यों के लिए कम या अधिक लाभप्रद होते हैं।'' इस कथन को ध्यान में रखकर हम सीखने के अधिक लाभप्रद मुख्य सिद्धान्तों का वर्णन कर रहे हैं।

अधिगम के उपागमों को अधिगम के सिद्धान्त भी कहते हैं।

अधिगम के सिद्धान्त ऐसे नियमों और तत्त्वों के समूह हैं जो यह बताते हैं कि प्राणी कैसे सीखता है। अधिगम के आधुनिक सिद्धान्तों को दो मुख्य प्रकारों में विभाजित किया जा सकता है–

(1) उद्दीपन–अनुक्रिया (S—R), सहचारी–सिद्धान्त (Associative theory)।

(2) सज्ञानात्मक (Cognitive), गेस्टाल्ट, या क्षेत्रीय सिद्धान्त (Gestalt-Field theories)।

अधिगम के आधुनिक सिद्धान्तों का वर्गीकरण इन दो प्रकारों में नीचे अंकित चार्ट द्वारा दिया जा सकता है–

3.2 अधिगम के सिद्धान्तों का वर्गीकरण (Classification of Theories or Principles of Learning)

सहचारी सिद्धान्त

(i) **प्रयत्न और भूल सिद्धान्त (थार्नडाइक)** (Trial and Error Principle)
(ii) **सैद्धान्तिक अनुबंधन (पैवलव)** (Classical Conditioning)
iii) **सक्रिया अनुबंधन सिद्धान्त (स्किनर)** (Operant Conditioning)
(iv) **व्यवस्थित व्यवहारवाद (हल)** (Hull's Systematic Behaviour Theory)
(v) **संकेत अधिगम सिद्धान्त (गुथरी)** (Sign Learning Theory)

संज्ञानात्मक सिद्धान्त

(i) **गेस्टाल अथवा सूझ का सिद्धान्त (कोहलर आदि)** (Insight Learning)
(ii) **अधिगम का क्षेत्रीय सिद्धान्त (लिविन)** (Field Theory of Learning)

3.3 थॉर्नडाइक का अधिगम संबंधी प्रयास एवं त्रुटि सिद्धान्त (Thorndike's Trial and Error Principle of Learning)

थॉर्नडाइक एक अमेरिकन मनोवैज्ञानिक था। उसने यह पता लगाने के लिए कि हम कैसे सीखते हैं, विभिन्न प्रयोग तथा परीक्षण किये। इन प्रयोगों को करने के लिए उसने अपनी प्रयोगशाला में मुर्गियों, चूहों तथा बिल्लियों के सीखने सम्बन्धी व्यवहार का अध्ययन किया और इनके आधार पर जो निष्कर्ष निकाले उन्हें ही थॉर्नडाइक के नाम से प्रतिपादित अधिगम सिद्धान्त एवं नियमों के रूप में जाना जाता है। इस सिद्धान्त को सुख–दुख (Pleasure-Pain Theory), उत्तेजक–अनुक्रिया (Stimulus Response) तथा सीखने का सम्बन्ध सिद्धान्त (Bond Theory of Learning) भी कहते हैं।

थॉर्नडाइक का प्रयोग (Thorndike's Experiment)

अपने एक प्रयोग में थॉर्नडाइक ने एक पिंजरे में किसी बिल्ली को कुछ दिन भूखा रखकर बन्द कर दिया। पिंजरे से बाहर आने का केवल एक ही मार्ग था जो पिंजरे में स्थित एक लीवर को दबाने से अपने आप खुल सकता था। बिल्ली को इस लीवर को दबाने

आदि की कोई जानकारी नहीं थी। अतः वह उसी में बन्द होकर रह गयी। पिंजरे के बाहर उसका प्रिय भोजन मछली का मांस रखा हुआ था। वह भूखी भी थी परन्तु निकलने का रास्ता न जानने के कारण वह काफी बैचेनी से इधर-उधर चक्कर काटने लगी। निकलने के लिए उसने बहुत उल्टे सीधे प्रयत्न किए। स्थान-स्थान पर उसने पंजे मारे, पिंजरे के सलाखों को झिंझोड़ा। इस प्रकार के प्रयासों को करते-करते संयोगवश उसका पंजा लीवर पर पड़ गया और दरवाजा खुल गया। बिल्ली बाहर झपटी और उसने अपना इच्छित भोजन खाकर अपनी भूख मिटायी।

कुछ दिन बाद फिर इस प्रयोग को दोहराया गया। इस बार यह पाया गया कि बिल्ली को बाहर निकलने में पहले की अपेक्षा कम समय लगा। थोड़े दिनों का अन्तर दे-देकर जब इस प्रयोग की पुनरावृत्ति की जाती रही तो एक समय ऐसा आया कि जैसे ही बिल्ली को बन्द किया गया वह तुरन्त ही लीवर को पंजे से दबाकर दरवाजा खोल बाहर आ गई और उसने यह भली-भाँति समझ लिया कि वह दरवाजा कैसे खुलता है। तथा बिल्ली सीखने में सफल हो गई है।

प्रयोग के निष्कर्ष (Findings of the Experiment)

थॉर्नडाइक ने इस प्रयोग का विश्लेषण करते हुए कहा कि बिल्ली ने जिस प्रकार दरवाजा खोलना सीखा इसी प्रकार सीखने के तरीके को '*प्रयत्न एवं त्रुटि विधि*' कहा जा सकता है। बिल्ली ने अपनी समस्या का समाधान करने के लिए अथवा अपने इच्छित लक्ष्य को पूरा करने के लिए अनेक प्रयत्न किए। इन प्रयत्नों में पूर्व अनुभव न होने या ठीक जानकारी न होने के कारण त्रुटि होनी स्वाभाविक थी। जैसे-जैसे उसे समस्या के हल का आभास होता गया, वैसे-वैसे किये जाने वाले प्रयत्नों में त्रुटियाँ कम होती गईं। त्रुटियाँ यानि गलत अनुक्रियाओं (Incorrect Responses) के स्थान पर सही अनुक्रिया करने (अर्थात् लीवर दबाने हेतु सही स्थान पर सही ढंग से पंजा मारने) का कार्य शुरू हुआ और अन्त में बिल्कुल सही अनुक्रियाएँ (Correct Responses) का चयन बिल्ली द्वारा कर लिया गया और फिर इसका अभ्यास कर वह इतनी योग्य हो गई कि तुरन्त ही दरवाजा खोल सकती थी। थॉर्नडाइक ने अपने इसी प्रकार के प्रयोगों के आधार पर निम्न निष्कर्ष प्रस्तुत किए:

1. व्यक्ति किसी नई बात को सीखने में प्रयत्न एवं त्रुटिविधि का ही प्रयोग करता है। गलतियाँ होना स्वाभाविक है। धीरे-धीरे इन गलतियों एवं त्रुटियों का होना कम हो जाता है और व्यक्ति सही अनुक्रियाएँ (Correct Responses) क्या हैं, यह जानकर उसी को आगे के लिए अपना लेता है अर्थात् वह सही व्यवहार करना सीख जाता है।

2. इस प्रकार व्यक्ति सीखने में गलत अनुक्रियाओं को छोड़कर सही अनुक्रियाओं का चयन करता है तथा फिर इस चयन को अपने दिमाग में इस तरह बिठाता है कि उद्दीपन (Stimulus) में और अनुक्रिया (Response) के बीच एक उचित प्रकार का संयोजन (Connection) हो जाए। इसे एक अच्छा संयोजन तंत्र (Connection System) कहा गया है। उदाहरण के लिए बिल्ली के द्वारा पहले यह चयन किया जाता है कि किस स्थान पर पंजा मारने से लीवर इस तरह दबता है कि दरवाजा खुल जाए और फिर वह इस चयन को इस प्रकार में बैठाती है कि पंजे मारने तथा लीवर के सही दबाने के बीच एक उचित प्रकार का संयोजन या सम्बन्ध (Connection) हो जाए।

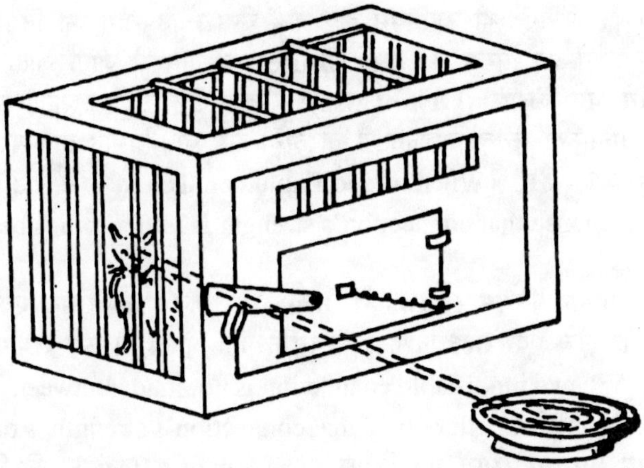

चित्र 3.1: थॉर्नडाइक की बिल्ली बाहर आने का प्रयत्न करते हुए

3.4 थॉर्नडाइक द्वारा प्रतिपादित अधिगम के नियम (Laws of Learning Propounded by Thorndike)

थॉर्नडाइक ने अपने प्रयोगों तथा निकाले गए निष्कर्षों के आधार पर सीखने से सम्बन्धित कुछ महत्त्वपूर्ण नियमों का प्रतिपादन किया जिनमें से तीन मुख्य नियमों का उल्लेख नीचे किया जा रहा है।

अन्य शिक्षाशास्त्री तथा मनोवैज्ञानिक भी इन नियमों की उपयोगिता को स्वीकार करते हैं। प्रत्येक अध्यापक के लिए आवश्यक है कि वह इन नियमों का अध्ययन करे।

1. अभ्यास का नियम (The Law of Exercise or Frequency): जिस क्रिया को बार-बार दोहराया जाए वह क्रिया सरल हो जाती है। व्यक्ति उसी क्रिया को बार-बार करना चाहता है जिसे वह पहले कर चुका हो। बार-बार दोहराने से उस क्रिया के संस्कार मन में पक्के हो जाते हैं। यदि बहुत देर तक उस क्रिया का अभ्यास न किया जाए तो संस्कार धुंधले होने लगते हैं। वे पूर्ण रूप से तो नहीं खो जाते परन्तु तीव्रता में नहीं रहते और व्यक्ति भूलने लगता है। यदि दोबारा अभ्यास किया जाए तो बहुत थोड़े प्रयत्न से ही व्यक्ति फिर सीख जाता है।

इससे स्पष्ट होता है कि सीखने की प्रक्रिया में अभ्यास का अत्यधिक महत्त्व है। बिना अभ्यास के अधिक समय के लिए कुछ नहीं सीखा जा सकता। हारमोनियम बजाने की शिक्षा, टाइप सीखना, साइकिल चलाने की शिक्षा, गणित के प्रश्न निकालना ऐसी क्रियायें हैं, जिनमें अभ्यास के बिना सफलता का प्रश्न ही उत्पन्न नहीं होता। यदि इस प्रकार की क्रियायें हम अभ्यास द्वारा सीख भी जाएँ और फिर पर्याप्त समय के लिए अभ्यास न किया जाए तो इन क्रियाओं में प्राप्त की गई कुशलता नष्ट हो जाएगी।

अच्छी आदतें बनाने के लिए और बुरी आदतों को मिटाने के लिए यह नियम बहुत लाभदायक सिद्ध होता है। पाठ को तथा कविताओं को अधिक समय के लिए स्मरण रखने हेतु इस नियम को आधार बनाया जा सकता है।

इस नियम को 'उपयोग तथा अनुपयोग का नियम' भी कहते हैं।

इस नियम के अन्तर्गत दो उपनियम हैं, जिन्हें क्रमशः उपयोग का नियम (Law of Use) तथा अनुपयोग का नियम (Law of Disuse) के नाम से जाना जाता है।

2. उपयोग का नियम (Law of Use): "जब एक संशोधनशील सम्बन्ध एक परिस्थिति और अनुक्रिया के बीच बनता है तो अन्य सब बातें समान होने पर उस संयोग की शक्ति बढ़ जाती है।" (When a modifiable connection is made between a situation and response that connection's strength is, other things being equal, increased.)

3. अनुपयोग का नियम (Laws of Disuse): "जब कुछ समय एक परिस्थिति और अनुक्रिया के बीच एक संशोधनशील सम्बन्धन नहीं बनता तो उस संयोग की शक्ति घट जाती है।" (When a modifiable connection is not made between a situation and response, during a length of time that connection's strength is decreased.)

4. परिणाम अथवा प्रभाव का नियम (The law of Effect): यदि किसी क्रिया को करने में हमें सुख अथवा सन्तोष की प्राप्ति होती है तो उस काम को हम बार-बार करना चाहते हैं। इसके विपरीत यदि किसी क्रिया को करने में हमें दु:ख अथवा असन्तोष होता हो तो हम उस क्रिया को दोहराना नहीं चाहते। यदि क्रिया का फल या अभ्यास आनन्ददायक हो तो व्यक्ति उसे बार-बार दोहरा कर प्रसन्न होगा अन्यथा वह उससे दूर भागने का प्रयत्न करेगा। इसीलिए इसे परिणाम का नियम कहते हैं।

अध्यापक इस नियम से बहुत लाभ उठा सकता है। उसे चाहिए कि शिक्षा की सारी क्रियाओं को सन्तोषजनक बनाए। उसे बच्चों को कभी-कभी अच्छी बातों के लिए उत्साहित करना चाहिए। उसे चाहिए कि किसी प्रकार अच्छी क्रियाओं के साथ सन्तोषजनक परिणाम सबन्धित करे और बुरी क्रियाओं के असन्तोषजनक परिणाम।

इस नियम को ''सन्तोष तथा असन्तोष का नियम'' भी कहते हैं।

5. अभ्यास तथा प्रभाव के नियमों का परिवर्तित रूप (Changes form of Law of Exercise and Effect): अपने जीवन काल के अन्तिम वर्षों में थोर्नडाइक ने अभ्यास तथा प्रभाव के नियमों में कुछ परिवर्तन किए।

उसने एक व्यक्ति की आँखों पर पट्टी बाँधकर उससे 3 इंच लम्बी सीधी रेखा खींचने को कहा। इस कार्य की बार-बार आवृत्ति कराई गई। यह देखा गया कि केवल दोहराने मात्र से कार्य करने के तरीके में कोई सुधार नहीं आता। इस आधार पर थोर्नडाइक इस निर्णय पर पहुँचा कि सीखने की क्रिया में बिना उचित प्रोत्साहन या पुरस्कार या प्रशंसा के केवल मात्र दोहराने या अभ्यास से काम नहीं चलता। पुरस्कार मिलने पर अधिगम साधारण दोहराने या अभ्यास से कई गुणा अधिक सशक्त होता है। अत: अधिगम की क्रिया में अभ्यास के साथ-साथ परिणाम के सन्तोषजनक होने अथवा उसे पुरस्कृत किए जाने के ऊपर अधिक ध्यान दिया जाना चाहिए।

प्रभाव के नियम के बारे में थोर्नडाइक ने सोचा कि प्रक्रिया में पुरस्कार और दण्ड का प्रभाव एक सा नहीं होता और न परस्पर विरोधी होता है। प्रशंसा या पुरस्कार का परिणाम ताड़ना या दण्ड से अधिक प्रभावशाली होता है। प्रसन्ता तथ संतोष मिलने से जितना दृढ़ होता है, असन्तोष या अप्रसन्नता में वह उतना निर्बल नहीं होता। अत: सीखने की प्रक्रिया में निन्दा, ताड़ना या दण्ड के स्थान पर प्रशंसा, शाबाशी और पुरस्कार के प्रयोग से आशातीत सफलता होती है।

थोर्नडाइक के उपरोक्त तीनों नियमों–अभ्यास, तत्परता तथा प्रभाव के नियम–का अध्ययन अध्यापन प्रक्रिया में बहुत ही महत्त्वपूर्ण स्थान है। कुछ प्रचलित सूक्तियाँ और कहावतें इन्हीं नियमों की सत्यता को प्रकट करती हैं:

1. एक घोड़े को पानी के पास ले जाया जा सकता है परन्तु पीने के लिए बाध्य नहीं किया जा सकता। (You can lead a horse to water but you cannot make him drink.)
2. करत करत अभ्यास के जड़मति होत सुजान (Practice makes a man perfect.)

6. तत्परता का नियम (Law of Readiness)—इस नियम के अनुसार हम तभी सीखते हैं जब सीखने को तत्पर हों, सीखने में रुचि दिखाएँ तथा सीखने की कोशिश करें। अगर हम किसी कारणवश सीखना ही नहीं चाहते, सीखने के लिए तैयार ही न हों तो सीखने में अच्छे परिणामों की आशा नहीं की जा सकती। सीखने वाला सीखने के लिए किस सीमा तक तैयार है उसी सीमा तक सीखने में सफलता मिलती है। ऐसे जिद करके सिखाने-पढ़ाने से कुछ भी हासिल नहीं होता और यह कहावत ही चरितार्थ होती है कि "आप एक घोड़े को पानी तक ले तो जा सकते हैं परन्तु उसे पानी नहीं पिला सकते।" (You can lead a horse to water but can't make him drink.) एक बात की ओर यह नियम और भी ध्यान दिलाता है वह यह है कि जब कोई सीखने के लिए तैयार बैठा हो और उसे सीखने से वंचित कर दिया जाए तो यह बात उसे उतनी ही कष्टप्रद लगती है जितनी कि अगर किसी के सीखने के लिए तैयार न होने पर भी उसे सीखने को मजबूर किया जाए।

3.5 थॉर्नडाइक के प्रयास एवं त्रुटि सिद्धान्त की शैक्षिक उपयोगिता (Educational Implications of Thorndike's Theory of Trial and Error)

1. *अभ्यास कार्य (Drill Work)*: किसी कार्य को तब ही अच्छी तरह सीखा जा सकता है जबकि उसे करने के लिए बार-बार अवसर मिले। इस दृष्टि से पढ़ाई हुई सामग्री को विद्यार्थियों के सामने पुनः प्रस्तुतीकरण तथा उसके पर्याप्त अभ्यास पर पूरा-पूरा ध्यान दिया जाना चाहिए। "करत-करत अभ्यास के जड़मति होत सुजान।" (अर्थात् अभ्यास एवं बार-बार किसी बात को दोहराने से मूर्ख भी सीखकर ज्ञानी बन जाते हैं) इस कहावत की सत्यता को सामने रखते हुए कक्षा-शिक्षण में अभ्यास कार्य दोहराने तथा पुनरावृत्ति (Repetition and Recapitulation) तथा गृह-कार्य आदि पर पूरा-पूरा जोर दिया जाना चाहिए।

2. *पुनबर्लन (Reinforcement)*: सीखने की क्रिया में बालक को पर्याप्त पुनर्बलन (Reinforcement) प्रदान करने की भी व्यवस्था होनी चाहिए। जब वह कुछ सीखे तो उसकी प्रशंसा की जानी चाहिए। पुरस्कार प्रदान कर या किसी अन्य तरीके से उसको प्रसन्नता की अनुभूति करायी जानी चाहिए ताकि उसकी सीखने में अधिक से अधिक रुचि बढ़े और वह ज्यादा से ज्यादा प्रयत्न करे।

3. *अध्यापक का बर्ताव (Attitude of the Teacher)*: शिक्षक को अपने शिक्षण के दौरान ऐसी सभी बातों से बचना चाहिए जो विद्यार्थी को निरुत्साहित करें। सीखने के दौरान

या बाद में उससे भला-बुरा कहना तथा उसे किसी भी तरह ऐसे अनुभव प्रदान करना जिससे उसे दुख या कष्ट पहुंचता हो, ठीक नहीं। ऐसा करने से उसका सीखने के प्रति उत्साह कम हो जाता है। यहां तक कि उसे विषय या अध्यापक से ही घृणा हो जाती है।

4. *सिखाने की प्रक्रिया* (*Process of Teaching*): जिन बातों को सीखने से बालक को दूर रखना हो उन्हें इस तरह सिखाया जाना चाहिए कि उनके सीखने के दौरान उसे दुखद तथा कड़वी अनुभूति हो, परिणामस्वरूप वह उन्हें भल जाने तथा सीखने के रास्ते पर आगे न जाने की बात सोचने लगेगा।

5. *अधिगमकर्त्ता की तत्परता* (*Readiness of the Learner*): बालक को कुछ सिखाने से पहले उसे शारीरिक तथा मानसिक रूप से भली-भांति तैयार कर लिया जाना चाहिए।

6. *अभिप्रेरणा* (*Motivation*): बालक को भली-भांति अभिप्रेरित किया जाना काफी जरूरी है। इसके लिए उसकी रुचियों, आवश्यकताओं, मूलभूत प्रवृत्तियों तथा क्षमताओं को ध्यान में रखकर ही उसको क्या तथा कैसे पढ़ाया जाए, यह तय किया जाना चाहिए।

7. *उपयुक्त वातावरण* (*Appropriate Environment*): किसी भी बालक को किसी भी समय उसकी इच्छा के विरुद्ध सीखने के लिए मजबूर नहीं किया जाना चाहिए, क्योंकि इसके द्वारा बजाय लाभ के हानि की संभावना ही अधिक रहती है।

8. *स्व-अधिगम को प्रोत्साहित करना* (*Encouraging Self-Learning*): शिक्षण में कभी भी ऐसे अवसरों को नहीं खोना चाहिए जबकि विद्यार्थी स्वयं सीखने को तत्पर हो, कोई प्रश्न पूछे या अपनी शंका का समाधान करना चाहे। सीखने की दृष्टि से यह सबसे उपयुक्त समय तथा अवसर होता है।

थॉर्नडाइक के 'प्रयास एवं त्रुटि' सिद्धान्त की सीमाएँ (Limitations of Thorndike's Principle of Trial and Error)

(i) यह सिद्धान्त किसी क्रिया को सीखने की विधि को बताता है, पर उसे सीखने का कारण नहीं बताता है।

(ii) यह सिद्धान्त सीखने की क्रिया को यांत्रिक बना देता है और मानव के विवेक, चिन्तन आदि गुणों की अवहेलना करता है।

(iii) जब एक कार्य को एक विशिष्ट विधि से एक ही बार में सीखा जा सकता है, तब उसका बार-बार प्रयास करके सीखना व्यर्थ है।

(iv) यह सिद्धान्त व्यर्थ के प्रयत्नों पर बल देता है, जिनके कारण सीखने में बहुत समय नष्ट होता है।

उपसंहार: इस सिद्धान्त के सम्बन्ध में *स्किनर* ने लिखा है "लगभग आधी शताब्दी तक संम्बन्धवाद का विद्यालय के अभ्यास में प्रमुख स्थान था। पर अब इसे अन्य सिद्धान्तों की रोशनी में सुधारा जा रहा है।"

क्रो एवं क्रो के अनुसार "गणित, विज्ञान तथा समाजशास्त्र जैसे गंभीर चिन्तन वाले विषयों को सीखने में यह सिद्धान्त उपयोगी है।"

गैरिसन व अन्य के अनुसार, इस सिद्धान्त का सीखने की प्रक्रिया में विशेष महत्त्व है। समस्या समाधान पर यह बल देता है।

कोलसनिक के शब्दों में "लिखना, पढ़ना, गणित सिखाने में यह सिद्धान्त उपयोगी है। बीसवीं सदी में अमरीकी शिक्षा पर इसका गहरा प्रभाव पड़ता है।"

3.6 अनुबन्धन द्वारा प्रशिक्षण का उपागम अथवा सिद्धान्त (Training by Conditioning)

अनुबन्धन द्वारा प्रशिक्षण उपागम का अर्थ (Meanning of Training by Conditioning): अनुबन्धन द्वारा प्रशिक्षण उपागम का अर्थ अधिगम के उस उपागम से है जिसमें नए बनावटी उद्दीपन (Stimulus) के प्रति वास्तविक प्रतिक्रिया संचालित हो जाती है। स्वाभाविक उद्दीपन (उत्तेजक) के स्थान पर एक प्रभावहीन उत्तेजक सम्बन्ध स्थापित करके प्रभावी उत्तेजक का रूप ले लेता है। भोजन देखकर कुत्ते के मुँह में लार का टपकना, पके हुए आम देख कर अथवा मिठाई को देखकर बच्चे या व्यक्ति के मुंह में पानी आ जाना आदि अनुबन्धन प्रशिक्षण के उदाहरण हैं।

पेवलोव (Pavlov) का प्रयोग

आई.पी. पेवलोव एक रूसी शिक्षा शास्त्री था। वास्तव में उसने पाचन क्रिया के सम्बन्ध में प्रयोग किए। परन्तु उसने इन प्रयोगों से सीखने के मनोविज्ञान को भी जोड़ा और पशुओं पर प्रयोग करके यह पता लगाने का प्रयास किया कि हम कैसे सीखते हैं।

संसार प्रसिद्ध अपने प्रयोग में वह एक कुत्ते को निश्चित समय पर खाना देता। जब वह उसे खाना देता, उसी समय घन्टी भी बजाता। भोजन देना तथा घन्टी बजाना, दोनों कार्य ठीक उसी समय होते। यह प्रयोग इसी प्रकार कई दिन चलता रहा। जैसे ही वह दोनों क्रियाएँ एक साथ ही होतीं, कुत्ते के मुंह में पानी (saliva) भर आता। पावलोव ने कुत्ते के मुंह में आपरेशन करके एक शीशे की नली लगाई हुई थी। मुंह का सारा लार उस नली में आ जाता। कुछ दिन के पश्चात् उसने ऐसा किया कि केवल घन्टी बजाता और खाना उस समय न देता। घन्टी की आवाज सुनकर बिना खाना देखे कुत्ते के मुंह में पानी भर आता। इस प्रयोग में लार उत्पन्न करने की प्रक्रिया का वास्तविक कारण खाना सामने रखना था। घन्टी बजने का वास्तव में खाने से और लार उत्पन्न करने से कोई सम्बन्ध न था। परन्तु खाने और घन्टी की आवाज को सम्बन्धित करके एक प्रक्रिया का दूसरी परिस्थिति से सम्बन्ध बना दिया गया।

प्रयोग के परिणाम (Conclusion Drawn from Experiment)

इस प्रयोग के परिणामों के आधार पर पेवलोव द्वारा कुछ निम्न निष्कर्ष निकाले गए:

(i) प्रत्येक उद्दीपन (Stimulus) या उत्तेजना के प्रति कोई न कोई स्वाभाविक अनुक्रिया होती है। इस प्रयोग में भोजन का परोसा जाना एक ऐसा उद्दीपन था जिसके प्रति मुंह में लार का आना कुत्ते की स्वाभाविक अनुक्रिया थी।

(ii) भोजन के परोसे जाने के साथ-साथ घंटी को बजाये जाने के द्वारा प्रयोग में एक साथ दो उद्दीपनों को प्रस्तुत करने का प्रयत्न किया गया। यानी प्राकृतिक उद्दीपन भोजन के साथ कृत्रिम उद्दीपन घंटी को इस तरह सम्बन्धित (Associate) कर दिया गया कि कुत्ता यह समझने लग गया कि जब घंटी बजती है तो उसके साथ खाना भी परोसा जाता है।

(iii) प्रयोग के अंतिम चरण में जब भोजन नहीं परोसा गया तो इस प्राकृतिक उद्दीपन (Natural Stimulus) के अभाव में कुत्ते ने कृत्रिम उद्दीपन (Artificial Stimulus) के

प्रति भोजन के प्रति दिखाई जाने वाली स्वाभाविक अनुक्रिया (लार का आना) ही प्रकट की। इस तरह प्राकृतिक उद्दीपन का स्थान कृत्रिम उद्दीपन ने ले लिया या दूसरे शब्दों में कृत्रिम उद्दीपन के द्वारा भी पहले जैसी अनुक्रिया सम्पन्न कराना संभव हो सका।

(iv) इस तरह जब किसी कृत्रिम उद्दीपन (घंटी का बजना) को प्राकृतिक उद्दीपन के साथ धीरे-धीरे इस तरह संबंधित (Associate) कर दिया जाये कि कुछ समय बाद उसका स्थान लेकर (Substitute) प्राकृतिक उद्दीपन के प्रति की जाने वाली स्वाभाविक अनुक्रियाओं (Natural Responses) को पैदा करने के काबिल बन जाये तब हम यह कह सकते हैं कि व्यक्ति ने उस कृत्रिम उद्दीपन के प्रति वांछित अनुक्रिया व्यक्त करना सीख लिया है। (प्रस्तुत प्रयोग में जैसे कुत्ता यह सीख जाता है कि उसे खाना तभी मिलेगा जब घंटी बजेगी।)

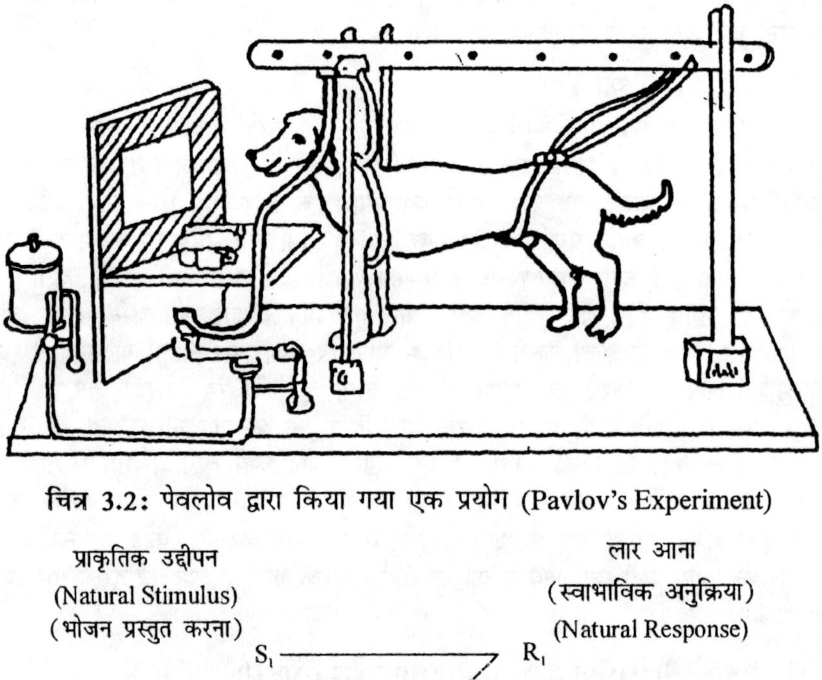

चित्र 3.2: पेवलोव द्वारा किया गया एक प्रयोग (Pavlov's Experiment)

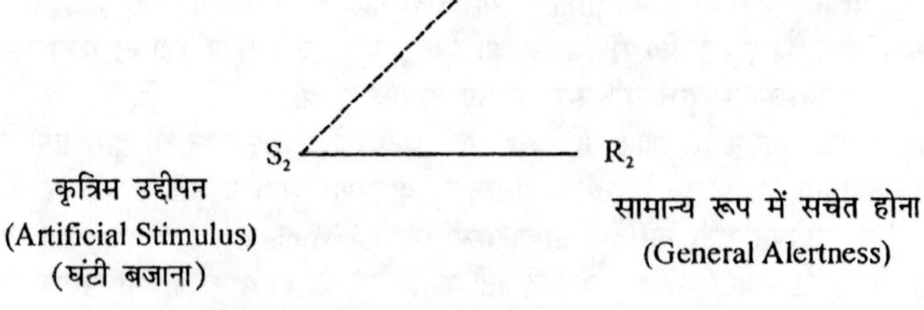

चित्र 3.3: प्रयोग का चित्रात्मक स्पष्टीकरण

जे.बी. वाटसन (J.B. Watson) का प्रयोग

अमेरिकन मनोवैज्ञानिक जे.बी. वाटसन (J.B. Watson) ने इस दिशा में काफी कार्य किया। एक प्रयोग वाटसन ने 11 महीने के बालक अलबर्ट पर किया। इस प्रयोग में अलबर्ट को खेलने के लिए एक खरगोश दिया। खरगोश के साथ खेलने, विशेषकर उसके नरम बालों (फर) पर हाथ फेरना उसे बहुत अच्छा लगता था। अब ऐसा प्रबंध किया गया कि जैसे ही अलबर्ट उसके नरम-नरम बालों को छूने का प्रयत्न करता वैसे ही एक डरावनी आवाज की जाती। इस आवाज के साथ ही वह चौंककर अपना हाथ वापिस कर लेता। फिर जैसे ही वह दोबारा हाथ बढ़ाता, फिर वैसी ही आवाज की जाती। इस क्रिया को जब बार-बार दोहराया गया तो एक स्थिति आई कि जिस समय कोई डरावनी आवाज नहीं भी की गयी तो भी बच्चा उसको हाथ लगाने से डरने लगा। इस तरह डरने की अनुक्रिया जो डरावनी आवाज से होनी थी अब खरगोश (कृत्रिम उद्दीपन) के साथ अनुबंधित हो गई और इस अनुबंधन के फलस्वरूप बालक ने न केवल खरगोश से डरना सीखा बल्कि वह ऐसी सभी वस्तुओं से जैसे नरम रुई, रेशेवाली ऊन, फर का कोट आदि से डरने लगा जो खरगोश के बालों जैसी हो।

3.7 शास्त्रीय अनुबंधन सिद्धान्त की शैक्षिक उपयोगिता (Educational Merits of Classical Conditioning)

1. विभिन्न विषयों के शिक्षण में विशेष उपयोगिता (Useful in the Teaching-Learning of Various Subjects): यह सिद्धान्त भाषा शिक्षण तथा अभिव्यक्ति का ढंग सीखने में बहुत उपयोगी है। उदाहरण के तौर पर मेज शब्द का उच्चारण करते हुए अध्यापक मेज की ओर संकेत करता है अथवा उसका चित्र दिखाता है तथा साथ ही इस शब्द को श्यामपट्ट पर लिखकर भी बताता है। शुरू में बालक द्वारा मेज शब्द कहना अथवा उसका लिखना मेज को प्रत्यक्ष रूप में देखने या उसका चित्र देखने से सम्बन्धित होता है परन्तु बाद में अगर उसके सामने चित्र या मेज न भी हो तो भी वह मात्र मेज शब्द कहने से ही उसे लिख लेता है अथवा मेज शब्द को कहीं लिखा हुआ देखकर ही उसे मेज कहकर उच्चारित कर सकता है। इसी तरह से वह गणित, विज्ञान तथा अन्य विषयों से सम्बन्धित अक्षरों, संकेतों एवं सूत्रों की पहचान तथा उनका लिखना-पढ़ना भी सीख सकता है।

2. भावात्मक व्यवहार में उपयोगिता (Useful in Affective Behaviour): भावात्मक व्यवहार सम्बन्धी सभी गुणों और विशेषताओं के भली-भांति अर्जन में यह सिद्धान्त छात्रों एवं अध्यापकों का मार्गदर्शन कर सकता है। इसकी सहायता से उचित वांछनीय आदतों, रुचियों, अभिवृत्तियों, अभिरुचियों, चरित्र एवं नैतिकता, सौन्दर्यात्मक अनुभूति आदि के विकास के लिए उपयुक्त परिणाम प्राप्त हुए हैं।

3. संवेगात्मक व्यवहार में उपयोगिता (Useful in Emotional Behaviour): इस सिद्धान्त से उचित संवेगात्मक व्यवहार के विकास की दिशा में भी पर्याप्त मार्ग-दर्शन प्राप्त हो सकता है। इससे हमारी सभी रुचि और अरुचि, घृणा और प्रेम, मित्रता और शत्रुता, भय और निर्भयता, निराशा और आशा, आदि सभी प्रकार के भावों के उत्पन्न होने तथा विकसित होने को इसी सिद्धान्त के आधार पर अच्छी तरह समझाया जा सकता है।

4. अच्छी आदतों के निर्माण में उपयोगिता (Useful in the Formation of Good Habits): इस सिद्धान्त से व्यवहार सम्बन्धी अवांछनीय बातों को छुड़ाने में उचित मार्ग-दर्शन प्राप्त हो सकता है। गलत आदतें, अभिवृत्तियों, अंधविश्वास, मानसिक तनाव, भय, घृणा आदि अवांछित व्यवहार से पीछा छुड़ाने में अनुबंधन प्रक्रिया की सहायता ली जा सकती है।

5. मिश्रित लाभ (Miscellaneous Uses): इस सिद्धान्त से कक्षाओं, विद्यालय तथा अन्य सभी जगहों पर अनुशासनबद्ध व्यवहार करने की दिशा दी जा सकती है। समस्यात्मक बालकों या शारीरिक तथा मानसिक रूप से पिछड़े बालकों के समायोजन में भी यह सिद्धान्त सहायता देता है।

उपसंहार: *क्रो एवं क्रो* के अनुसार–इस सिद्धान्त की सहायता से बालकों में अच्छे व्यवहार और उत्तम अनुशासन की भावना का विकास किया जा सकता है। यह सिद्धान्त उन विषयों की शिक्षा के लिए बहुत उपयोगी है, जिसमें चिन्तन की आवश्यकता नहीं है; जैसे–सुलेख और अक्षर-विन्यास।

स्किनर के शब्दों में–''सम्बद्ध सहज-क्रिया आधारभूत सिद्धान्त है, जिस पर सीखना निर्भर रहता है।''

3.8 सक्रिय अनुबन्धन का सिद्धान्त (Principle of Operant Conditioning)

शास्त्रीय सक्रिया अनुबन्धन सिद्धान्त का अर्थ (Meaning of Principle of Operant Conditioning): बी.एफ. स्किनर के अनुसार सक्रिय अनुबन्धन से अभिप्राय एक ऐसी अधिगम प्रक्रिया से है, जिसके द्वारा सक्रिया व्यवहार की सुनियोजित पुनर्बलन कार्यक्रमों (Planned Reinforcement Schedules) के माध्यम से पर्याप्त बल मिल जाने के कारण वांछित रूप में शीघ्र-शीघ्र पुनरावृत्ति होती रहती है और सीखने वाला अंत में जैसा व्यवहार सिखाने वाला चाहता है वैसा सीखने में समर्थ हो जाता है। अधिगम की इस प्रक्रिया में सीखने वाले को पहले कोई न कोई क्रिया करनी पड़ती है।

बी.एफ. स्किनर एक प्रसिद्ध अमेरिकन मनोवैज्ञानिक थे। उन्होंने इस सिद्धान्त की स्थापना पहले से चले आ रहे सीखने सम्बन्धी सिद्धान्तों के प्रतिक्रिया स्वरूप में की। स्किनर ने थॉर्नडाइक, पेवलोव तथा वाटसन आदि के मत की आलोचना की। उनका मत था कि अनुक्रिया या व्यवहार के पीछे कोई न कोई ज्ञात उद्दीपन (Known Stimulus) अवश्य होता है। अगर कोई उद्दीपन नहीं है तो अनुक्रिया भी नहीं होगी (If there is no stimulus there will be no response.) इस मान्यता के विरुद्ध स्किनर ने आवाज उठाई और अपने प्रयोगों के आधार पर यह सिद्ध किया कि अनुक्रिया या किसी व्यवहार के घटित होने के लिए किसी ज्ञात उद्दीपन का होना आवश्यक नहीं है। इसे स्पष्ट करने के लिए उसने अनुक्रिया अथवा व्यवहार के दो रूपों का उल्लेख किया। एक को अनुक्रिया व्यवहार (Respondent behaviour) नाम दिया तथा दूसरे को सक्रिय व्यवहार (Operant behaviour) कहा।

सक्रिय अनुबंधन से अभिप्राय सीखने की उस प्रक्रिया से है जिसके द्वारा सीखने वाले के सक्रिय व्यवहार (Operant Behaviour) का अनुबंधन (Conditioning) किया जाता है। स्किनर ने पेवलोव तथा वाटसन आदि की तरह अनुक्रिया व्यवहार (Respondent Behaviour) के अनुबंधन पर जोर न देकर सक्रिय व्यवहार के अनुबंधन पर बल दिया। इस प्रकार 'हम कैसे सीखते हैं' इस बात को स्किनर ने अपने सक्रिय अनुबंधन के सिद्धान्त

के माध्यम से समझाना चाहा। इस सिद्धान्त तक पहुंचने के लिए उसने जिन प्रयोगों का सहारा लिया उनमें से एक प्रयोग की हम यहां चर्चा करना चाहेंगे।

स्किनर का प्रयोग (Experiment Conducted by Skinner)

स्किनर ने अपने प्रयोग में कबूतर के अधिगम व्यवहार का अध्ययन किया। उसने यह निश्चित किया कि एक कबूतर को दाहिनी ओर पूरा चक्कर लगाकर घूमना या नाचना सिखाया जाये। इसके लिए एक भूखे कबूतर को एक विशेष पिंजरे में बन्द कर दिया गया। कबूतर ने जैसे ही अपनी गर्दन दाहिनी ओर घुमाई, उसे स्वचालित उपकरण के माध्यम से एक अनाज का दाना खाने के लिए प्राप्त हो गया। इसके पश्चात् जैसे ही उसने दाहिनी ओर अपना शरीर घुमाया, उसे दो दाने खाने को मिल गये। जैसे-जैसे वह दाहिनी ओर घूमता चला गया, उसे दानों के रूप में सामग्री मिलती चली गई। यह ध्यान रखा गया कि जब उसकी गति दाहिनी ओर ही हो तथा इसी दिशा में घूमता जाये तभी उसे अनाज का दाना मिले, अन्य और किसी प्रकार की गतिविधि करने पर कुछ भी नहीं। इस प्रकार यह पाया गया कि कबूतर ने पहले 'यूँ ही' जो अपना व्यवहार दाहिनी ओर अपनी गर्दन घुमाकर या दायें घूमने के द्वारा प्रदर्शित किया था, उस सक्रिय व्यवहार (Operant Behaviour) का धीरे-धीरे अनुबंधन या अनुकूलन (Conditioning) हुआ और वह परिणामस्वरूप वांछित व्यवहार को सीखने में सफल हो गया।

स्किनर के प्रयोग का निष्कर्ष (Conclusion Drawn by Skinner): निष्कर्ष रूप से सक्रिय अनुबंधन के अनुसार सीखने का कार्य व्यक्ति द्वारा प्रदर्शित उसके सक्रिय व्यवहार से प्रारम्भ होता है। इस प्रकार सीखने वाले को पहले कोई न कोई अनुक्रिया करनी पड़ती है। जैसे कबूतर द्वारा दाहिनी ओर गर्दन घुमाना या दाहिनी ओर थोड़ा-सा घूमना आदि। इन अनुक्रिया अथवा व्यवहार के फलस्वरूप उसे पुनर्बलन (Reinforcement) प्राप्त होता है (जैसे कबूतर को अनाज का दाना प्राप्त होना)। यह पुनर्बलन सीखने वाले को अपनी पहली अनुक्रिया या व्यवहार की पुनरावृत्ति करने के लिए अभिप्रेरित करता है। पुरस्कार स्वरूप उसे फिर पुनर्बलन (अनाज का दाना आदि) प्राप्त होता है और वह अधिक उत्साह से अपने द्वारा किये गये जाने वाले व्यवहार की पुनरावृत्ति करता है। अंत में धीरे-धीरे इसी तरह सीखने वाले को वांछित व्यवहार सिखाया जा सकता है।

3.9 सक्रिय अनुबंधन सिद्धान्त की शैक्षणिक उपयोगिता (Educational Implication of the Principle of Operant Conditioning)

1. सीखने का स्वरूप प्रदान करना (Giving Desirable Shape to Learning): शिक्षक इस सिद्धान्त के द्वारा सीखे जाने वाले व्यवहार को स्वरूप प्रदान करता है। वह उद्दीपन पर नियंत्रण करके वांछित व्यवहार का सृजन करता है।

2. शब्द-भण्डार (Vocabulary Use): इस सिद्धान्त का प्रयोग बालकों के शब्द-भण्डार में वृद्धि के लिये किया जा सकता है।

3. अभिक्रमिक अधिगम (Programmed Learning): सीखने के क्षेत्र में अभिक्रमित अधिगम एक महत्त्वपूर्ण विधि विकसित हुई है। इस विधि को क्रिया-प्रसूत अनुबन्धन द्वारा गति प्रदान की जा सकती है।

4. व्यवहार निर्माण (Development of Conduct): इस सिद्धान्त का व्यवहार के उचित निर्माण एवं परिमार्जन (Modification) में बहुत उपयोग है।

5. व्यक्तित्व निर्माण (Personality Development): यह व्यक्तित्व के उचित निर्माण में सहायक होता है।

6. ताड़ना या दण्ड देना अप्रभावित (No Use of Punishment): सक्रिया अनुबंधन के अनुसार ताड़ने या दण्ड देने से न तो वांछित व्यवहार के सीखने में सहायता मिलती है और न ही बुरी आदतें अथवा व्यवहार को त्यागने में।

7. निदानात्मक मूल्य (Diagnostic Value): यह सिद्धान्त जटिल व्यवहार वाले तथा मानसिक रोगियों को वांछित व्यवहार सीखने के लिए विशेष रूप से सहायक होता है।

8. परिणाम की जानकारी (Knowledge of Results): इस सिद्धान्त के अनुसार अधिगम प्रक्रिया में छात्र को कार्य के परिणामों की जानकारी हो जाती है तथा सीखने के व्यवहार पर प्रभाव पड़ता है।

9. पुनर्बलन (Reinforcement): इस सिद्धान्त के अनुसार अधिगम में पुनर्बलन का महत्त्व है। अधिक से अधिक अभ्यास द्वारा क्रिया को बल मिलता है।

10. संतोष (Sense of Satisfaction): इस सिद्धान्त के अनुसार जब भी कार्य में सफलता मिलती है, संतोष प्राप्त होता है और यह संतोष क्रिया को बल प्रदान करता है।

11. पद विभाजन (Small Steps): इस अधिगम से सीखी जाने वाली क्रिया को अनेक छोटे-छोटे पदों में बांट दिया जाता है तथा प्रभावशाली परिणाम निकलते हैं।

सक्रिया अनुबंधन सिद्धान्त के प्रभावपूर्ण होने में वांछित क्रियाएँ (Desirable Activities for the Success of Operant Conditioning)

(i) सीखने की सामग्री को इस प्रकार आयोजित किया जाए कि सीखने वाले को अधिक से अधिक सफलता और कम से कम असफलता का सामना करना पड़े।

(ii) सही अनुक्रिया अथवा उत्तरों के लिए सीखने वाले को तेजी से पुनर्बलन प्राप्त होता रहे।

(iii) सीखने वाले को स्वयं उसकी अपनी गति से सीखने का अवसर मिलता रहे।

3.10 शास्त्रीय अनुबंधन सिद्धान्त तथा सक्रिय अनुबंधन सिद्धान्त की तुलना (Comparison of Theory of Conditioning and Operant Conditioning)

शास्त्रीय अनुबंधन (*Classical Conditioning*)	सक्रिय अनुबंधन (*Operant Conditioning*)
1. यह विधि 'अनुक्रिया व्यवहार' संबंधी अधिगम में सहायक सिद्ध होती है।	1. यह विधि 'सक्रिय व्यवहार' संबंधी अधिगम में सहायक सिद्ध होती है।
2. इस प्रकार के सीखने में वांछित अनुक्रिया अथवा व्यवहार उत्पन्न करने में 'उद्दीपक' की मुख्य भूमिका रहती है।	2. इस प्रकार के अधिगम में 'अनुक्रिया' की मुख्य भूमिका रहती है।

(क्रमश:)

शास्त्रीय अनुबंधन (Classical Conditioning)	सक्रिय अनुबंधन (Operant Conditioning)
3. इसमें अनुबंधन प्रक्रिया का आरम्भ किसी विशेष 'उद्दीपक' द्वारा कोई निश्चित अनुक्रिया उत्पन्न करने द्वारा होता है।	3. इस अनुबंधन में आरम्भ सीखने वाले की उन क्रियाओं से होता है जो 'स्वाभाविक' रूप से होती हैं अथवा उनको सिखाने वाले के माध्यम से विशेष रूप से सीखने वाले द्वारा कराने का प्रयास किया जाता है।
4. इस प्रकार के अनुबंधन में शक्ति अनुबंधित अनुक्रिया की शक्ति पर निर्भर है। प्रयोग में इसका माप संभव है।	4. इस प्रकार के अनुबंधन में अनुबंधन की शक्ति को अनुक्रिया दर द्वारा प्रदर्शित किया जाता है।
5. इस प्रकार के अनुबंधन में 'ताड़ना' अथवा 'दण्ड' का प्रयोग बुरी आदतें छुड़ाने में किया जाता है।	5. इस प्रकार के अनुबंधन में 'पुनर्बलन' द्वारा वांछनीय व्यवहार को सुदृढ़ किया जाता है।
6. इस विधि में अधिगमकर्त्ता को रत्ती भर भी स्वतन्त्रता नहीं है। जिस प्रकार का 'उद्दीपक' उसके सामने होता है, उसी के अनुसार अधिगमकर्त्ता व्यवहार करता है।	6. इस विधि में अधिगमकर्त्ता को अनुक्रिया करने की पर्याप्त 'स्वतन्त्रता' होती है।
7. इस प्रकार के अनुबंधन में अनुक्रिया उत्पन्न करने के लिए किसी ज्ञान उद्दीपक का होना आवश्यक है	7. इस प्रकार के अनुबंधन में अनुक्रिया अथवा व्यवहार के लिए न तो किसी ज्ञात उद्दीपक की आवश्यकता है और न ही किसी कारण के खोज की।
8. इस अनुबंधन में पुनर्बलन का प्रयोग सीखने वाले द्वारा किए गए व्यवहार या अनुक्रिया के पहले किया जाना है।	8. इस प्रकार के अनुबंधन का आरम्भ व्यवहार अथवा अनुक्रिया द्वारा होता है। उसके पश्चात् उसे बल प्रदान करने के लिए पुनर्बलन दिया जाता है।
9. इस अनुबंधन का संबंध सीखने वाले के स्वचालित तन्त्रिका तन्त्र से है।	9. इस अनुबंधन का संबंध सीखने वाले के मुख्य तन्त्रिका यन्त्र से है।
10. शास्त्रीय अनुबंधन तथा अनुक्रिया व्यवहार अनुबंधन दोनों एक ही हैं।	10. यह विधि थॉर्नडाइक के माध्यम जन्य अनुबंधन के निकट है क्योंकि इसमें व्यवहार अथवा अनुक्रिया स्वयं ही व्यवहार को अनुबंधित करने के लिए माध्यम का कार्य करती है।

3.11 सूझ अथवा अन्तर्दृष्टि द्वारा सीखने का सिद्धान्त (Law of Insightful Learning)

अन्तर्दृष्टि द्वारा सीखने के सिद्धान्त का अर्थ: इस सिद्धांत का प्रतिपादन सबसे पहले कोहलर (Kohler) ने किया था। कोहलर के विचार के अनुसार ''व्यक्ति पहले स्थिति को समझता है और फिर अपनी सूझ-बूझ के अनुसार व्यवहार करता है। इस विधि के अनुसार क्रियाएं करते हुए प्रयास व्यर्थ नहीं जाते और न ही क्रिया को बार-बार दोहराना पड़ता है। जब भी व्यक्ति किसी नई स्थिति को अपने सामने पाता है तो वह उस वातावरण को समझता है फिर उस परिस्थिति के सारे तत्त्वों का विचार करता है और जब उसे सम्पूर्ण तौर पर समझ लेता है तब प्रक्रिया करता है।''

कोहलर द्वारा किया गया प्रयोग (Experiment of Kohler)

कोहलर ने इस सम्बन्ध में वनमानुषों (Chimpangzees) पर कई प्रयोग किए (चित्र 3.4)। एक प्रयोग में उसने एक भूखे वनमानुष को एक पिंजरे में बन्द कर दिया। उसने बाहर कुछ दूरी पर कुछ केले टांग दिये। पिंजरे में दो बांस भी डाल दिए। वनमानुष ने केले देखे। वह तुरन्त ही केलों की ओर देखने लग गया। वह केले खाने के लिए व्याकुल तो हो गया परन्तु उसने पिंजरे में से अपने हाथ-पांव नहीं निकाले। वह समझ रहा था कि केले बहुत दूर हैं और उसके हाथ वहां तक नहीं पहुंच सकते थे। उसने बांस देखा। एक लम्बा बांस उठा लिया परन्तु वह बांस भी वहां तक न पहुंच सका। वह निराश होकर बैठ गया और दोनों बांसों से खेलने लग गया। फिर उसे कोई नई बात सूझी। उसने एक बांस के सिरे में दूसरे बांस को ठूंसकर दोनों बांसों का एक लम्बा बांस बना लिया। वह बांस केलों तक पहुंच गया। उसकी सहायता से उसने केले खींच लिए और उन्हें खा गया। इस प्रयोग में वनमानुष ने व्यर्थ प्रयास नहीं किये बल्कि केवल अपनी सूझ से अपनी प्रक्रिया में सफल हो गया।

अन्तर्दृष्टि या सूझ एक प्रकार की वह मानसिक योगिता है जो मनुष्य तथा उच्च श्रेणी के पशुओं में अधिक पाई जाती है। इस अन्त:दृष्टि के द्वारा किसी भी समस्या का हल अचानक ही मतिष्क में आ जाता है।

अन्तर्दृष्टि का संबंध समस्या की पूर्णता या समग्रता के रूप में देखा जाता है। व्यक्ति किसी वस्तु या समस्या को आंशिक रूप से नहीं, अपितु पूर्ण रूप से देखकर सीखता है।

थार्नडाइक के कथनानुसार यह भी वास्तव में प्रयास तथा भूल विधि का ही रूप है क्योंकि इस विधि में व्यक्ति मानसिक तौर पर सोचते हुए कई व्यर्थ प्रयत्न करता है और भूलों को त्यागते हुए वह सफलता तक पहुँचता है।

3.12 अन्तर्दृष्टि या सूझ सिद्धांत की शैक्षिक उपयोगिता (Educational Implications of Insight Principle)

इस सिद्धांत से पता चलता है कि बिना सोचे-समझे तथा उल्टे-सीधे प्रयत्न करके सीखना कभी भी उपयुक्त नहीं ठहराया जा सकता। साथ ही इससे ज्ञात होता है कि सीखने की प्रक्रिया को अनुबन्धन की बेड़ियों में जकड़ कर उसका केवल मशीनीकरण करना है। यह सिद्धांत दर्शाता है कि सीखना एक विवेकपूर्ण कार्य है। अत: इसमें व्यक्ति को अपनी मानसिक शक्तियों का सही और पूर्ण उपयोग करके वांछित लक्ष्यों को प्राप्त करने के प्रयत्न करने चाहिए।

चित्र 3.4: चिम्पैंजी पर कोहलर के प्रयोग
(Kohler's Experiment on Champangzees)

यह सिद्धांत घिसी-पिटी पुरानी शिक्षण विधियों को त्यागकर नवीन उचित विधियों को अपनाने की बात करता है। यह मात्र पुनरावृत्ति नहीं चाहता और न रटने तथा रटे हुए ज्ञान को ज्यों का त्यों प्रस्तुत करने की बात करता है, अपितु अपनी मानसिक शक्तियों का विवेकपूर्ण उपयोग कर स्वयं अपने प्रयत्नों तथा सूझ-बूझ द्वारा ज्ञान प्राप्ति पर जोर देता है।

संक्षेप में अन्तदृष्टि या सूझ की शैक्षिक उपयोगिता इस प्रकार है:

1. यह सिद्धान्त मानसिक शक्तियों के उचित उपयोग का सुझाव देता है।
2. अधिगम विधि में पूर्ण से अंश की ओर जाने का सुझाव देता है। (Whole to Parts)
3. यह सिद्धान्त समस्याओं के हल का सही ढंग सुझाता है।
4. वह सिद्धान्त पाठ्यक्रम के उचित निर्माण में सहायक है।

5. यह सिद्धान्त लक्ष्य की स्पष्टता तथा अभिप्रेरणा के महत्त्व से परिचित कराता है।
6. यह सिद्धान्त नवीन उत्तम शिक्षण-अधिगम विधियों को जन्म देता है।
7. यह सिद्धान्त रचनात्मक कार्यों के लिए उपयोगी है।
8. यह सिद्धान्त बालकों की बुद्धि, कल्पना और तर्क-शक्ति का विकास करता है।
9. *स्किनर* का कहना है, ''यह सिद्धान्त आदत और सीखने के यान्त्रिक स्वरूपों के महत्त्व को कम करता है।''
10. *गेट्स तथा अन्य* के अनुसार, ''यह सिद्धान्त बालक को स्वयं खोज करके ज्ञान का अर्जन करने के लिए प्रोत्साहित करता है।
11. ड्रेवर का कथन है, ''यह सिद्धान्त बालक को किसी लक्ष्य को प्राप्त करने के लिए उचित व्यवहार की चेतना प्रदान करता है।''
12. सम्पूर्ण अपने अंश अथवा अवयवों से महत्त्वपूर्ण होता है। अतः परिस्थिति या समस्या का समग्र रूप में प्रत्यक्षीकरण किया जाए।
13. 'खोज विधि', 'विश्लेषण विधि' तथा 'समस्या समाधान' आदि विधियां अन्तर्दृष्टि सिद्धान्त की देन है।

3.13 सीखने के सिद्धान्तों का मूल्यांकन (Evaluation of Theories of Learning)

प्रत्येक सिद्धान्त अपने-अपने ढंग से सीखने अथवा अधिगम की प्रकृति और प्रक्रिया को समझाने का प्रयास करता है। ऐसा करते समय प्रत्येक सिद्धान्त समस्या की समग्रता पर विचार न करके उसके किसी अंग अथवा अंश पर प्रकाश डालता है। फिर भी प्रत्येक सिद्धान्त अधिगम प्रक्रिया में सहायक होता है।

उदाहरणार्थ 'प्रयास तथा त्रुटि' का सिद्धान्त आवृति एवं अभ्यास द्वारा विभिन्न कुशलताओं को सीखने की प्रक्रिया में भली-भांति कार्य करता है। छोटी आयु के बच्चों के लिए यह सिद्धान्त बहुत उपयोगी है क्योंकि उनकी अन्तर्दृष्टि अथवा सूझ विकसित नहीं होती। परन्तु समस्या समाधान में अन्तर्दृष्टि का सिद्धान्त ही कार्य करता है। आदतों को ग्रहण करने और विशेष रुचियों को विकसित करने की प्रक्रिया में अनुबंधन सिद्धान्त बहुत लाभदायक सिद्ध होता है।

कोई भी सिद्धान्त अपने आप में त्रुटिपूर्ण नहीं है, यद्यपि प्रत्येक सिद्धान्त एक पक्षीय अवश्य है। पढ़ाते समय अधिगम को प्रभावी बनाने के लिए आवश्यक है कि अध्यापक परिस्थिति तथा कार्य के अनुसार सभी सिद्धान्तों का प्रयोग करें। एक ही सिद्धान्त पर निर्भर रहना उचित नहीं है।

अधिगम के सभी सिद्धान्त अधिगम सम्बन्धी सभी तथ्यों को मानते हैं। जब किसी प्रयोग के आधार पर किसी नए तथ्य का उद्घाटन होता है तब सभी लोग काफी दिनों तक उसकी ओर शंका की दृष्टि से देखते हैं किन्तु जब तथ्य प्रयोगों द्वारा सिद्ध हो जाता है तब सभी सिद्धान्तवादी उस सत्य को स्वीकार कर लेते हैं। अतः अधिगम के दोनों प्रकार के सिद्धान्तों में जो मतभेद है वह तथ्यों के सम्बन्ध में नहीं है किन्तु तथ्यों की व्याख्या के संबंध में है।

कुछ मतभेदों के बावजूद भी अधिगम के सिद्धान्त एक-दूसरे के विरोधी न होकर एक-दूसरे के परिपूरक ही हैं। मतभेदों के होते हुए भी वे अनेक बातों पर सहमत हैं और

इस प्रकार एक शिक्षक अपनी दैनिक कक्षाओं में उनका प्रयोग कर अधिगम को छात्रों के लिए सरल, उपयोगी और स्थायी बना सकता है। अधिगम के विभिन्न सिद्धान्तों के समन्वय ij fy[krsgq eSd]ksuy (MacDonnel) ने अपनी पुस्तक (Reconciliation of Learning Theories) में निम्नलिखित बातों पर सभी सिद्धान्तों की सहमति प्रकट की है:

(1) अधिगम व्यवहारों का परिवर्तन है।

(2) अधिगम में अधिगमकर्त्ता को सही अनुक्रिया की खोज करनी पड़ती है।

(3) अधिगम सामग्री की कठिनाई बहुत हद तक अधिगम के गुणों को निर्धारित करती है जैसे सरल सामग्री का शीघ्र सीखा जाना, कठिन सामग्री का धीरे-धीरे सीखा जाना। संरचित एवं सार्थक सामग्रियों का असंरचित एवं निरर्थक सामग्रियों की तुलना में जल्दी सीखा जाना आदि।

(4) सीखने की परिस्थितियों को नियंत्रित किया जा सकता है और उसे अधिगम के लिए अधिक सहायक बनाया जा सकता है।

(5) प्रयत्न और भूल तथा अन्तर्दृष्टि या सूझ दोनों ही अधिगम के कुछ पक्षों का वर्णन करते हैं और कुछ पक्षों के वर्णन में असफल रहते हैं। वे अपने स्वरूप में भिन्न हैं किन्तु एक दूसरे के अनुपूरक हैं। दोनों ही सिद्धान्त अधिगम की प्रक्रिया में बुद्धि की भूमिका को उपयुक्त स्थान देते हैं।

3.14 प्रयत्न/प्रयास तथा भूल सिद्धान्त एवं अन्तर्दृष्टि सिद्धान्त की तुलना (Comparison between Trial and Error Principle and Principle of Insight)

प्रयत्न तथा भूल सिद्धान्त	*अन्तर्दृष्टि सिद्धान्त*
1. यह सिद्धान्त सीखने वाले के प्रयत्नों पर निर्भर रहता है।	1. यह सीखने वाले की बुद्धि पर निर्भर रहता है।
2. इसमें सूझबूझ पर बल नहीं दिया जाता है।	2. इसमें सूझबूझ की प्रधानता रहती है।
3. यह सिद्धान्त शारीरिक कुशलता पर अधिक बल देता है।	3. इसमें शारीरिक कुशलता पर इतना बल नहीं दिया जाता है।
4. इसमें गत्यात्मक तालमेल (Sensory Motor Co-ordination) की प्रधानता है।	4. इसमें प्रत्यक्ष ज्ञान (Perception) की प्रधानता है।
5. यह सिद्धान्त सभी स्तरों पर प्रयोग किया जा सकता है।	5. इस सिद्धान्त का प्रयोग बौद्धिक सम्पन्न छात्र ही कर सकते हैं।
6. इसमें अधिगम अथवा प्रशिक्षण का स्थानान्तरण नहीं होता है।	6. इसमें अधिगम का स्थानान्तरण (Transfer of Learning) होता है।
7. यह सिद्धान्त बच्चों तथा मानसिक रूप से कमजोर व्यक्तियों के लिए अधिक उपयोगी होता है।	7. यह प्रौढ़ों तथा अधिक बुद्धि वाले बच्चों के लिए अधिक उपयोगी होता है।

3.15 शब्दावली (Vocabulary)

अंग्रेजी	हिन्दी
(1) Conditioning	अनुबन्धन अथवा प्रतिबद्धता
(2) Drive	अभिप्रेरक
(3) Insight	अन्तर्दृष्टि
(4) Motivation	अभिप्रेरणा
(5) Motive	अभिप्रेरक
(6) Operant Conditioning	सक्रिय अनुबंधन
(7) Reaction	प्रतिक्रिया
(8) Readiness	तत्परता
(9) Reinforcement Schedule	पुनर्बलन आयोजन
(10) Response	अनुक्रिया
(11) Respondent Behaviour	अनुक्रिया व्यवहार
(12) Respondent Conditioning	अनुक्रिया अनुबंधन

4

नैपुण्य अधिगम
(Mastery Learning)

4.1 नैपुण्य अथवा मास्टरी अधिगम का अर्थ (Meaning of Mastery Learning)

नैपुण्य अधिगम का अर्थ है कि सभी छात्रों में लगभग वह सब कुछ अधिगम करने की क्षमता है जो उन्हें कक्षाओं में पढ़ाया-सिखाया जाता है। इसके पीछे धारणा है कि यदि अनुदेशन उचित परिस्थितियों में किया जाए तो सभी छात्र लगभग समस्त पाठ्य-सामग्री पर अधिकार पा सकते हैं तथा अधिगम में दक्ष हो सकते हैं। पढ़ाए जाने वाले तथ्यों पर अधिपत्य स्थापित कर सकते हैं।

4.2 नैपुण्य अधिगम का उद्देश्य प्राप्त करने की परिस्थितियाँ (Conditions for the Attainment of Objective of Mastery Learning)

मुख्य तौर पर नैपुण्य अधिगम प्राप्त करने के लिए निम्न परिस्थितियों का होना आवश्यक है:

(i) अनुदेशन प्रक्रिया का मनोवैज्ञानिक ढंग से ही क्रियान्वयन करना।
(ii) छात्रों की आवश्यकतानुसार सहायता करना।
(iii) अधिगम को छात्र केन्द्रित बनाना।
(iv) छात्रों को अधिगम के लिए उपयुक्त अवसर प्रदान करना।
(v) नैपुण्य अधिगम के स्पष्ट मानदण्ड निर्माण करना।
(vi) मूल्यांकन को वस्तुनिष्ठ बनाना।
(vii) मूल्यांकन को गहन तथा विस्तृत बनाना।
(viii) छात्रों का सतत् मार्गदर्शन तथा निर्देशन करना।

4.3 नैपुण्य अधिगम अवधारणा के प्रवर्त्तक (Promotors of Mastery Learning)

बी.एस.ब्लूम (*B.S. Bloom*) तथा *एफ.एस. केलर* (*F.S. Keller*) ने वर्ष 1968 में नैपुण्य अधिगम के सम्बन्ध में विशेष कार्य किया।

भारत में दास गुप्ता, माथुर तथा किशोर ने 1980 के दशक में इस विषय पर खोज की।

4.4 मास्टरी अधिगम की प्रक्रिया (Process of Mastery Learning)

मास्टरी अधिगम की प्रक्रिया अभिक्रमित अनुदेशन (Programmed Learning) के समान है।

1. विषय सामग्री को छोटे-छोटे भागों अथवा टुकड़ों में बांट लिया जाता है।
2. प्रत्येक भाग की भूमिका रहती है।
3. प्रत्येक भाग के व्यावहारिक उद्देश्य (Behavioural Objectives) निर्धारित किए जाते हैं।
4. छात्र अपनी गति से प्रत्येक भाग को समाप्त करता है।
5. अध्यापक अथवा ट्यूटर आवश्यकतानुसार अधिगमकर्त्ता की सहायता करता है।
6. छात्र स्वयं मूल्यांकन करता है।
7. मूल्यांकन कसौटी-संदर्भित (Criterion Rerferenced) होता है।

4.5 मास्टरी अधिगम के मुख्य सिद्धान्त (Main Principles of Mastery Learning)

मास्टरी अधिगम के मुख्य सिद्धान्त निम्नलिखित हैं:

1. छात्र केन्द्रित अधिगम का सिद्धान्त (Principle of Child-Centred Learning)
2. व्यक्तिगत भिन्नता का सिद्धान्त (Principle of Individual Difference)
3. मार्गदर्शन तथा परामर्श का सिद्धान्त (Principle of Guidance and Counselling)
4. सतत् तथा विस्तृत मूल्यांकन का सिद्धान्त (Principle of Continuous and Comprehensive Evaluation)

4.6 मास्टरी अधिगम तथा बाल केन्द्रित अधिगम सिद्धान्त (Mastery Learning and Principle of Child Centred Learning)

प्रत्येक विद्यार्थी के सम्पूर्ण व्यक्तित्व के विकास के लिए आवश्यक है कि उसकी आवश्यकताओं, रुचियों, प्रवृत्तियों तथा योग्यताओं का ध्यान रखा जाए। मास्टरी अधिगम की कुंजी बाल-केन्द्रित शिक्षण है। ऐसा करने के लिए वर्तमान रूढ़िगत शिक्षण पद्धतियों को बदलना होगा और उनके स्थान पर ऐसी पद्धतियाँ अपनानी होंगी जो छात्रों की जिज्ञासा तथा स्वतन्त्र चिन्तन को प्रोत्साहन दें। समस्याओं का समाधान करने वाले कौशलों का विकास करें। परियोजनाओं की योजना और निष्पादन को तथा स्व-अधिगम को प्रोत्साहन दें। शिक्षक को भूमिका ज्ञान प्राप्त करने के कौशलों के विकास हेतु विद्यार्थी की सहायता करने की, और अनुमान लगाने तथा क्षमता बढ़ाने में सहायता करने की है। उसे मात्र आदेश देने वाला ही नहीं बनना है। उसके लिए यह आवश्यक है कि अधिगम के तरीकों में विविधता लाए जिससे वह विद्यार्थी के ज्ञान व आत्मविश्वास को बढ़ा सके और उसे अभिप्रेरणा दे सके।

'कैसे पढ़ा जाए', 'कैसे सीखा जाए' इस पर विशेष ध्यान दिया जाए।

छात्र के सर्वांगीण विकास पर जोर देने के सम्बन्ध में हर छात्र को अपनी वास्तविक क्षमता और रचनात्मक प्रतिभा का विकास करने के लिए पर्याप्त अवसर प्रदान करने की आवश्यकता है।

मास्टरी अधिगम के लिए आवश्यक है कि छात्रों की व्यक्तिगत भिन्नताओं को ध्यान में रखा जाए।

बाल-केन्द्रित अधिगम का अर्थ (Meaning of Child Centred Learning): बाल-केन्द्रित दृष्टिकोण का अर्थ है, बालक के स्वाभाविक विकास का अध्ययन करके उसकी आवश्यकताओं, योग्यताओं और रुचियों के अनुसार शिक्षा देना। ऐसी शिक्षा सीखने वाले की बुद्धि, संवेग, शरीर और सामाजिकता के इष्टतम विकास का प्रयत्न करती है। दर्शन के रूप में इस विचारधारा का आरम्भ रूसो (Rousseau) ने किया, जिस पर बाद में पेस्टालोजी (Pestalozzi), फ्रोबेल (Frebel), ड्यूवी (Dewey) तथा माण्टेसरी (Montessori) आदि ने बल दिया।

रूसो ने परम्परागत शिक्षण-पद्धति का बड़े जोरदार शब्दों में खण्डन किया है और बच्चे को शिक्षा के नाटक में मुख्य पात्र (Hero) की संज्ञा दी है। ड्यूवी ने अध्यापक को एक मार्गदर्शक कहा है। *माण्टेसरी* ने अध्यापिका के लिए निर्देशिका शब्द का प्रयोग किया है।

नई शिक्षा नीति 1986 के भाग पाँच में छात्र-केन्द्रित शिक्षा पर विशेष बल दिया गया है, विशेषकर प्राथमिक स्तर पर। 'प्राथमिक व माध्यमिक शिक्षा के लिए राष्ट्रीय पाठ्यक्रम' (1988) में शिक्षा के प्रति छात्र-केन्द्रित दृष्टिकोण के अन्तर्गत अध्यापक की भूमिका में परिवर्तन की बात कही गयी है। अध्यापक शिक्षा-प्रक्रिया को सहज बनाये तथा ऐसी शिक्षण-पद्धति को प्रेरित करे जिससे छात्र में उत्सुकता तथा स्वतन्त्र चिन्तन का विकास हो। उसमें समस्या के समाधान की दक्षता, योजना बनाने व क्रियान्वित करने की कुशलता, स्वयं अध्ययन द्वारा ज्ञान की प्राप्ति व अपने परिवेश का निरीक्षण करने और रचनात्मक चिन्तन का विकास हो।

बालक-केन्द्रित अधिगम क्यों तथा इसका स्वरूप (Why Child Centred Learning and Its Form):

1. ***शिक्षण तथा अधिगम प्रक्रिया में क्रान्तिकारी परिवर्तन (Revolutionary Changes in the Teaching Learning Process)*:** पिछली दो शताब्दियों में शिक्षा तथा शिक्षण-प्रणाली के क्षेत्र में अत्यन्त क्रान्तिकारी परिवर्तन आये हैं। इस समय में अनेक नई-नई विधियाँ हमारे सामने आयी हैं, जैसे माण्टेसरी, प्रोजेक्ट, डाल्टन, विनेटका, बेसिक शिक्षा-पद्धति। प्राचीन समय में शिक्षण-प्रणाली बड़ी अमनोवैज्ञानिक तथा जड़ थी। छात्रों की रुचि और क्षमता का ध्यान नहीं रखा जाता था। परन्तु मनोविज्ञान की उन्नति व खोजों के फलस्वरूप तथा अनेक शिक्षाशास्त्रियों के अनुभवों से एक नई विचारधारा का जन्म हुआ जिसमें बालक को सर्वोच्च स्थान दिया गया तथा शिक्षण अनुभव के आधार पर श्रेष्ठ माना गया। शिक्षा में परम्परागत विचारों के अनुसार ज्ञान को छात्र पर लादना ही शिक्षा थी। बालक के मन को एक कोरी स्लेट के समान माना गया था, जिस पर किसी भी समय, कुछ भी लिखा जा सकता था। शिक्षण-पद्धति में रटने पर जोर था और ज्ञान बड़ा अव्यावहारिक था। प्रयोगों और खोजों के अनुसार शिक्षण में पुराने तथा आधुनिक विचारों में कुछ परिवर्तन इस प्रकार हैं:

2. ***व्यक्तिगत विभिन्नताओं का विकास (Development of Individual Differences)*:** परम्परागत विचारधारा में शिक्षण ज्ञान-केन्द्रित था, विषय को ही सबसे अधिक महत्त्व दिया जाता था। परन्तु आधुनिक प्रवृत्तियों के अनुसार शिक्षा बाल-केन्द्रित

मानी गयी है तथा शिक्षण में बालक की बुद्धि, रुचि और क्षमता के आधार पर शिक्षक अपने कार्यक्रम बनाता है। इन बातों को ध्यान में रखकर ही शिक्षण अधिक सफल हो सकता है, तथा शिक्षा द्वारा सर्वांगीण विकास का उद्देश्य पूरा हो सकता है।

3. *क्रिया द्वारा अधिगम* (*Learning by Doing*): पहले अध्यापक का कार्य भाषण देना या पुस्तक से पढ़ाना था; बालक अधिकतर सुनने में व्यस्त रहते थे। इस प्रकार अध्यापक सक्रिय तथा छात्र निष्क्रिय रूप में बैठे हुए सुनते-सुनते ऊब जाते थे। परन्तु आधुनिक विचारधारा के अनुसार शिक्षण का कार्य क्रियाओं के माध्यम से ही उचित माना गया है। स्वयं बालक की क्रियाओं द्वारा ही उसको सीखने के लिए प्रेरणा मिलती है। बालक की जन्मजात रुचि-क्रिया को शिक्षा देने में प्रयोग करके शिक्षण-कार्य न केवल अधिक सफल और सहयोगी कार्य बन जाता है, बल्कि इसके साथ-साथ बालक को मनोवैज्ञानिक तथा मानसिक शक्ति मिलती है।

4. *व्यक्तिगत शिक्षण-अधिगम* (*Individualised Learning*): परम्परागत विधियों में सब छात्रों को एक साथ बैठकर एक ही विधि से शिक्षा देने पर बल था। सबको एक ही लाठी से हाँका जाता था। उनकी व्यक्तिगत विभिन्नताओं और आवश्यकताओं को ध्यान में रखकर शिक्षा देने का विचार आधुनिक है। शिक्षण सामूहिक रूप से अधिक सफल न होकर व्यक्तिगत विभिन्नताओं के आधार पर ही अधिक सफल होता है।

5. *पाठान्तर क्रियाओं का महत्त्व* (*Significance of Co-curricular Activities*): बालक की प्रकृति चंचल होती है, अतः वह हर समय क्रियाशील रहता है। परन्तु प्राचीन काल में खेल, वाद-विवाद और प्रयोग करने को बहुत कम स्थान था। अब शिक्षा में स्वयं के अनुभव, खोज, भ्रमण आदि को महत्त्वपूर्ण स्थान प्राप्त है। इसमें बालक प्रत्यक्ष अनुभव द्वारा भी सीखते हैं।

6. *सहयोग पर आधारित शिक्षण अधिगम* (*Co-operative Teaching Learning*): प्राचीन काल में बालकों की रुचि और उनके सहयोग का कोई ध्यान नहीं रखा जाता था। अध्यापक यह मान लेता था कि शिक्षार्थी हर समय हर प्रकार की बातें सीखने के लिए तत्पर है; परन्तु अब अध्यापक के लिए यह आवश्यक है कि छात्रों को सीखने के लिए मानसिक रूप से तैयार करे और उनका सहयोग प्राप्त करे। शिक्षण एक सहयोगी प्रक्रिया है, इकतरफा आवागमन नहीं। शिक्षण नहीं, बल्कि शिक्षण और सीखना अधिक उपयुक्त शब्द माना जाने लगा है। इसमें शिक्षक और शिक्षार्थी दोनों साझीदार या सहयोगी हैं।

7. *अभिप्रेरणा का महत्त्व* (*Significance of Motivation*): रुचि के साथ छात्र को सीखने के लिए प्रेरणा देना और भी अधिक महत्त्वपूर्ण है। शिक्षार्थी के सम्मुख ऐसी परिस्थितियाँ तथा समस्याएँ पैदा करके या उचित वातावरण से उसकी रुचि जागृत करना तथा उसे कार्य पूरा होने तक बनाये रखना आवश्यक है। स्वयं की प्रेरणा के अभाव में शिक्षण में छात्र के मन पर केवल निर्जीव ज्ञान लादा जा सकता है, ज्ञान को उसके ज्ञान-भण्डार या बुद्धि का अंग नहीं बनाया जा सकता।

8. *छात्रों की अपूर्व शक्ति* (*Boundless Energy of the Children*): बच्चे का जीवन-प्रवाह गंगा नदी के समान है। जीवन की यह गंगा बड़ी शान से आगे-ही-आगे बढ़ती चली जाती है। परन्तु यदि कोई यह चाहे कि इसके प्रवाह को बिना मोड़े बाँध लगाकर रोक दिया जाए तो वह बाँध अवश्य ही टुकड़े-टुकड़े हो जाएगा। इस प्रवाह को

किसी अन्य दिशा में प्रवाहित किया जा सकता है परन्तु रोका नहीं जा सकता, और यदि कोई असम्भव को सम्भव बनाने की चेष्टा करता है तो मानो अपने नाश का सामान जुटाता है। ठीक उसी प्रकार ही बच्चों की प्रकृति होती है। बच्चों की अदम्य शक्ति तथा उत्सुकता को बहुत देर तक किसी अन्य दिशा में मोड़े बिना दबाकर रखना असम्भव है। साधारण श्रेणी-कक्ष में केवल किताबी ज्ञान ही दिया जाता है। अध्यापक बोलता जाता है और छात्रगण चुपचाप निष्क्रिय श्रोतागण के रूप में बैठे अध्यापक के भाषण को सुनते रहते हैं चाहे उनकी समझ में आये या न आये। उनकी शक्तियाँ, मार, भय इत्यादि के डर से दुबकी रहती हैं। यह सब एकदम अस्वाभाविक और उनकी कौतुहलपूर्ण प्रकृति के प्रतिकूल होता है। इसके विपरीत यदि हम बच्चों को कुछ ऐसा काम करने को दें जिसमें बच्चे स्वयं उत्साहपूर्वक भाग ले सकें तो अनुशासन में रहना उनका स्वभाव बन जायेगा। इस प्रकार हमें चाहिए कि हम बच्चों को कुछ ऐसे कार्य सुझावें जिनमें वे स्वयं खुशी-खुशी भाग लें। वे परीक्षण करें और स्वयं अपने हाथ से कार्य करके सन्तुष्ट तथा प्रसन्न हों।

9. *व्यावहारिक ज्ञान (Functional Knowledge)*: परम्परागत प्रणाली के अनुसार सीखने में किसी विषय को बार-बार दोहराकर याद करने पर अधिक बल था। छात्र की स्वयं की अभिव्यक्ति का बिल्कुल ध्यान नहीं रखा जाता था। ज्ञान केवल ज्ञान था, व्यावहारिक या प्रयोगात्मक रूप में उसका महत्त्व कम था। परन्तु अब हम पाठों को नाटक और क्रियाओं आदि के माध्यम से प्रस्तुत करके छात्र की सृजनात्मक शक्ति को विकसित करने का उद्देश्य पूरा करते हैं। यह विधि अधिक उपयोगी और प्रभावशाली है।

10. *शिक्षण अधिगम प्रक्रिया में लोचकता (Flexibility in Teaching Learning Process)*: प्राचीन शिक्षण-प्रणाली में अध्यापक निश्चित विधि और पाठ्यक्रम को बिना किसी बाधा के लगातार पढ़ाता रहता था। शिक्षण-मशीनरी नीरस, जड़ और प्रेरणाहीन थी। उसमें दोनों सजीव प्राणी भागीदार हैं, लचीलापन, स्वतन्त्रता और गतिशीलता आवश्यक है। यह बात आजकल मूलरूप से मानी गयी है।

11. *सहायक सामग्री का प्रयोग (Use of Teaching Aids)*: शिक्षण में सहायक सामग्री के उपयोग से ज्ञान-संचारण में सरलता और गतिशीलता आती है। अब से पहले कक्षा में केवल श्यामपट्ट के रूप में एकमात्र सहायक-सामग्री प्रयोग की जाती थी और बाकी सब मौखिक संचारण था। परन्तु आजकल अन्य वस्तुओं या क्रियाओं, जैसे रेडियो, फ्लेनल बोर्ड, मॉडल, चार्ट, नाटक आदि को पूरी तरह उपयोग में लाया जाता है। शिक्षण में इनके महत्त्व को पूरी तरह से परख लिया गया है।

12. *अनुशासन की नयी अवधारणा (New Concept of Discipline)*: शिक्षण में पहले कक्षा के छात्रों से बिल्कुल पूर्ण शान्ति की अपेक्षा की जाती थी। अनुशासन कठोर था। परन्तु छात्रों का विकास स्वतन्त्रता के वातावरण में ही पूरा हो सकता है। वे अपनी कठिनाइयों और रुचियों की अभिव्यक्ति स्वतन्त्र वातावरण में ही कर सकते हैं। स्वतन्त्र अभिव्यक्ति से ही सृजनात्मक विकास सम्भव है। अत: आजकल अनुशासन कठोर न होकर स्वयं अनुशासित रहने पर बल है।

13. *ज्ञान का जीवन से सम्बन्ध (Linking Knowledge with Life)*: ज्ञान केवल ज्ञान के लिए ही नहीं रहना चाहिए। उपयोगी ज्ञान को अधिक सरलता तथा चाह

से ग्रहण किया जा सकता है। अत: शिक्षण में उदाहरण तथा पाठ का जीवन से सम्बन्धित होना अनिवार्य है। यह बात आधुनिक शिक्षा-शास्त्रियों ने अनुभव की है और पुरानी विचारधारा का ज्ञान केवल ज्ञान के लिए है, को छोड़ दिया है। शिक्षा को ज्ञान-केन्द्रित न रखकर बाल-केन्द्रित बनाये जाने के प्रयास किए जा रहे हैं। शिक्षण में शिक्षक के महत्त्व तथा स्थान में भी परिवर्तन आया है। शिक्षक का स्थान शिक्षार्थी के मित्र, दार्शनिक और पथप्रदर्शक के रूप में आया। शिक्षक का कार्य भाषण देना और कठोर निर्देशन नहीं रहा।

इस प्रकार शिक्षण-पद्धतियों ने मनोवैज्ञानिक रूप लिया। अब शिक्षार्थी को शिक्षण में सर्वोच्च स्थान देने पर बल दिया जा रहा है। शिक्षण में छात्रों को भागीदार बनाकर उनकी सृजनात्मक शक्तियों के विकास पर बल देना, आधुनिक विधियों का मुख्य उद्देश्य है।

4.7 मास्टरी अधिगम तथा सतत् तथा व्यापक मूल्यांकन का सिद्धान्त (Mastery Learning and Principle of Continuous and comprehensive Evaluation)

मूल्यांकन का प्रमुख उद्देश्य है: शिक्षा में गुणात्मक सुधार लाना। इसलिए पठन-पाठन प्रक्रिया में सुधार लाने के लिए मूल्यांकन कार्य को एक महत्त्वपूर्ण माध्यम माना जाना चाहिए। मूल्यांकन को केवल ग्रेड निर्धारित करने के रूप में प्रयोग करने के स्थान पर छात्रों, अध्यापकों और अभिभावकों के लिए एक प्रभावशाली पृष्ठ-पोषण प्रक्रिया (Effective feed-back) के रूप में प्रयोग किया जाना चाहिए ताकि समय पर उपचार किया जा सके और यह सुनिश्चित किया जा सके कि प्रत्येक छात्र निर्धारित स्तर तक पहुँच सके। मूल्यांकन का प्रयोजन प्रत्येक छात्र की योग्यता और कमजोरी का पता लगा कर उसका अधिकतम विकास करना है। मूल्यांकन प्रणाली द्वारा यह निश्चित करना है कि छात्र को उस ज्ञान, संकल्पना, आदर्श, व्यवहार और मूल्यों का पूरा ज्ञान हो जिनकी हम देश के एक अच्छे नागरिक से आशा करते हैं।

आजकल जिस प्रकार मूल्यांकन किया जा रहा है। उसका कार्यक्षेत्र बहुत सीमित है। नई आवश्यकताओं की दृष्टि से यह आवश्यक हो गया है कि पुस्तकों से नोट रटने के स्थान पर बुनियादी योग्यताओं, व्यवहारों और मूल्यों के विकास पर अधिक बल दिया जाए। मूल्यांकन. पद्धति द्वारा छात्रों के विकास के सभी पक्षों पर ध्यान दिया जाए।

छात्रों के विकास के लिए मूल्यांकन के उपकरणों, तकनीकों और पद्धतियों के लिए बहुत कुछ करने की जरूरत है क्योंकि मूल्यांकन एक निरन्तर प्रक्रिया है। छात्रों के मूल्यांकन में पर्वक्षेण सूचियों (Observation), अंक के प्रतिमानों (Rating Scales), साक्षात्कारों (Interviews), मौखिक वार्तालापों (Oral Communication), रुचिकर समान रुचियों (Interst Inventories) पूर्व वृत्तान्तों (Anecdotal Records) आदि के लिए उपयुक्त तकनीकें प्रयोग में लाई जाएँ।

अत: मास्टरी अधिगम में मूल्यांकन का विशेष महत्त्व रहता है। मूल्यांकन प्रक्रिया का मुख्य उद्देश्य यह रहता है कि छात्रों में विद्यमान योग्यताओं का अधिक से अधिक विकास हो। मूल्यांकन व्यक्ति-विकास केन्द्रित बन जाता है, न कि 'पास-फेल' अथवा 'ग्रेड' के लिए।

मूल्यांकन कसौटी सान्दर्भित होता है अर्थात् छात्र की प्रगति की तुलना अन्य छात्रों से नहीं की जाती है।

4.8 मास्टरी अधिगम तथा अभिक्रमित अनुदेशन का सिद्धान्त (Mastery Learning and Princple of Programmed Learning)

बाल-केन्द्रित शिक्षण-सीखने की प्रक्रिया में अभिक्रमित अनुदेशन तकनीकी का विशेष महत्त्व है। यह पद्धति मनोवैज्ञानिकों एवं शिक्षा-शास्त्रियों के संयुक्त प्रयासों की देन है। पठन-पाठन की यह प्रक्रिया सरल मनोवैज्ञानिक सिद्धान्तों पर आधारित है। इस विधि में विद्यार्थी की वैयक्तिक विभिन्नता और स्वाध्याय को प्रमुख स्थान दिया गया है। इसके सहारे विद्यार्थी अपनी योग्यता और गति के अनुसार सीखता है। इस प्रकार के अधिगम में विषयवस्तु का भली-भाँति विश्लेषण किया जाता है। उसके पश्चात् उसे छोटे-छोटे अर्थपूर्ण टुकड़ों में विभाजित किया जाता है। विषय-वस्तु के एक ही टुकड़े को एक समय प्रस्तुत किया जाता है। विषय-वस्तु के इसी छोटे अंश या टुकड़े को अभिक्रम का पद या फ्रेम (Frame) कहते हैं। एक पद को पढ़ या सीख लेने के पश्चात् उस पर पूछे गए प्रश्नों का उत्तर छात्र देता है। उत्तर लिखने के पश्चात् छात्र अपने उत्तर को सही उत्तर से मिलाता है। यदि उत्तर सही निकलता है तो वह अगले पद को पढ़ता है। यदि उत्तर गलत होता है तो वह पाठ को पुनः पढ़ता है और सही उत्तर तक पहुँचने की चेष्टा करता है। इस प्रकार तत्काल प्रतिपुष्टि पाने से छात्र को पुनर्बलन मिलता रहता है और वह पद-पद पढ़ते हुए अभिक्रम के अन्त तक पहुँच जाता है। इस प्रकार छात्र अपनी गति से सीखता है और सक्रिय रहता है। छात्र अपने अधिगम का मूल्यांकन भी स्वयं कर सकता है। छात्र की वैयक्तिक तुष्टि होने के कारण वह अपने मास्टरी अधिगम स्तर पर पहुँच सकता है।

4.9 प्रणाली उपागम (Systems Approach)

प्रणाली उपागम का अर्थ (Meaning of Systems Approach)

प्रणाली का शाब्दिक अर्थ ऐसी वस्तुएँ के योग या समुचय से है जो किसी सतत् चलने वाली अन्तःक्रिया या परस्पर आक्रांत क्रियाओं द्वारा नियन्त्रित तथा संचालित होता है।

प्रणाली शब्द एक समग्र का बोध कराता है-समग्र जिसके सभी घटक या अंग परस्पर-सम्बन्धित एवं स्वनियन्त्रित होते हैं। प्रत्येक घटक अपने लिए निर्धारित तथा सुनिश्चित कार्य को अपनी विशिष्ट विधियों से एक पूर्वनियोजित उद्देश्य या लक्ष्य की प्राप्ति के लिए करता है। प्रणाली द्वारा अव्यवस्था एवं दुर्व्यवस्था का विरोधी है।

प्रणाली की परिभाषाएँ (Definitions of System)

1. *ऑलपोर्ट* (*Allport*) के अनुसार प्रणाली एक ऐसी व्यवस्था है जो किसी प्रकार की क्रिया से सम्बन्धित होती है और वह उस क्रिया में एक प्रकार का समन्वय तथा एकता बनाए रखती है।

2. *रॉब* (*Robb*) ने लिखा है कि प्रणाली तत्त्वों की एक क्रमबद्ध व्यवस्था है जो एक विशिष्ट रीति से कार्य करती है। यह एक जीवित प्रणाली की घटना हो सकती है।

3. *एकॉफ* (*Ackoff*) के विचार में प्रणाली परस्पर सम्बन्धित तत्त्वों का एक समुच्चय है।

प्रणाली की विशेषताएँ (Characteristics of a System)

1. एक प्रणाली एक समविन्त तथा गत्यात्मक समग्र है।
2. प्रणाली में परस्पर अन्तःक्रिया करने वाले तथा परस्पर आश्रित तत्त्व समाहित हैं।
3. प्रणाली के सभी तत्त्व प्रणाली के मुख्य उद्देश्य को प्राप्त करने के लिए परस्पर सहयोग से कार्यरत होते हैं।
4. प्रणाली के सभी घटकों का प्रभाव विभिन्न घटकों की देन से सदा अधिक होता है।

4.10 प्रणाली उपागम के पद (Steps of Systems Approach)

प्रणाली उपागम (चित्र 4.1) के निम्नलिखित पक्ष हैं:

1. आवश्यकताओं की पहचान।
2. उद्देश्यों का स्पष्टिकरण।
3. प्रणाली की संरचना तथा घटकों का विश्लेषण।
4. चुनाव कसौटी की पहचान।
5. विकल्पों का विश्लेषण।
6. कसौटी के सन्दर्भ में विकल्पों का परीक्षण तथा चयन।
7. सामग्रियों एवं संगठन का विकास।
8. संकलनात्मक मूल्यांकन।
9. अनुरूपित परिस्थितियों में प्रणाली का परीक्षण।
10. विभिन्न स्तरों की जांच और परिवर्तन।
11. असंतोषजनक परिणाम।
12. उद्देश्यों के संदर्भ में निर्माणात्मक मूल्यांकन करना।
13. संतोप्रद परिणाम वास्तविक, प्रणाली को कार्यान्वयन।
14. प्रतिपुष्टि।
15. सर्वोत्तम प्रतिमान चुनाव तथा वास्तविक प्रणाली में क्रियान्वयन।

4.11 अनुदेशात्मक प्रणाली प्रयोग के पद (Steps in Instructional Systems Appraoch)

जब कोई शिक्षक किसी कक्षा में अनुदेशन प्रदान करने के लिए प्रणाली-उपागम का प्रयोग करना चाहता है तो उसे प्रणाली के विकास, कार्यान्वयन, मूल्यांकन, संशोधन एवं परिमार्जन के लिए एक बहुत ही सुव्यवस्थित कार्यप्रणाली अपनानी होती है। इस प्रक्रिया में निम्नलिखित पदों का क्रमशः अनुसरण किया जाता है।

पद 1: उद्देश्यों को परिभाषित करना

हमें स्पष्ट होना चाहिए कि हम क्या पढ़ाना चाहते हैं, किस प्रकार का अधिगम अनुभव छात्रों को देना चाहते हैं तथा छात्रों में कौन-कौन सा व्यावहारिक परिवर्तन लाना चाहते हैं। हमें इस बात का स्पष्ट ज्ञान होना चाहिए कि अनुदेशन के अन्त में छात्र किन-किन कौशलों का सफल प्रदर्शन कर सकेंगे।

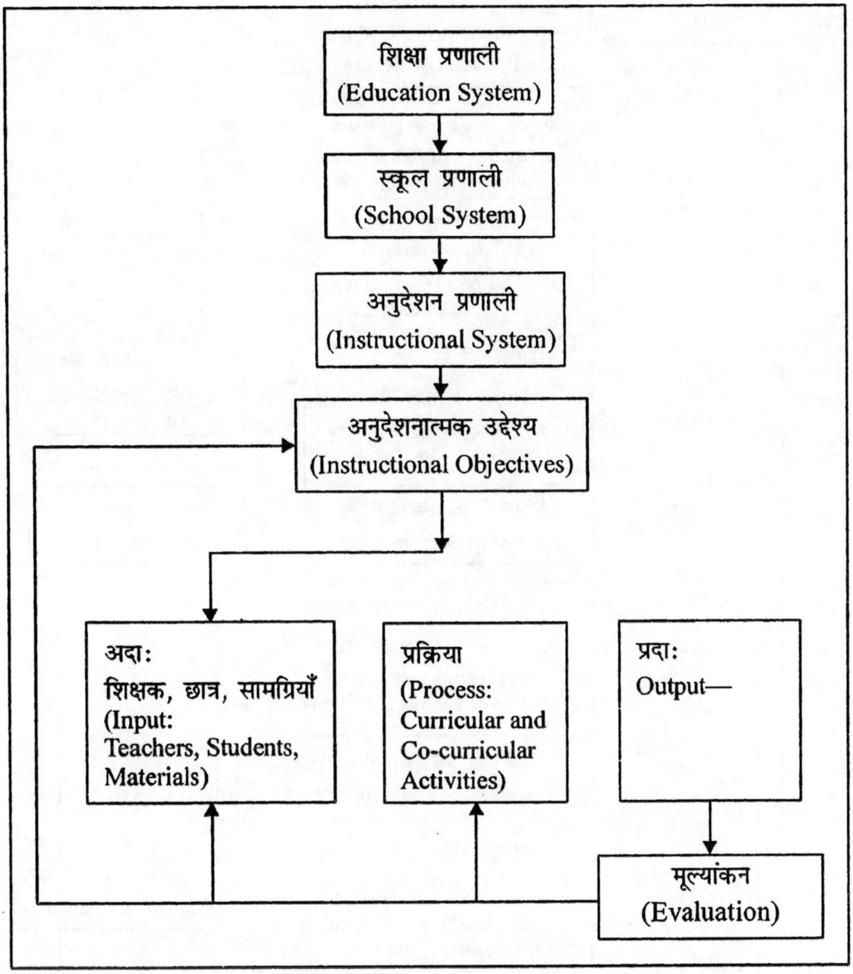

चित्र 4.1: शिक्षा में प्रणाली-उपागम का प्रारूप
(Frame work of Systems Approach Education System)

पद 2: पूर्व-मूल्यांकन

इस पद पर छात्रों के पूर्वज्ञान और कौशलों की पहचान की जाती है और यह जानने की चेष्टा की जाती है कि छात्र का प्रारम्भिक व्यवहार पद (Entering behaviour) किस स्तर का है।

पद 3: उपयुक्त उपागमों एवं विधियों का निर्धारण

छात्रों की योग्यता, अभिप्रेरणा एवं व्यक्तित्व और विषय-वस्तु की प्रकृति के अनुरूप उपयुक्त अनुदेशनात्मक उपागमों, विधियों एवं व्यूह रचनाओं का चयन करना प्रणाली के उद्देश्यों की प्राप्ति के लिए अत्यावश्यक पद है।

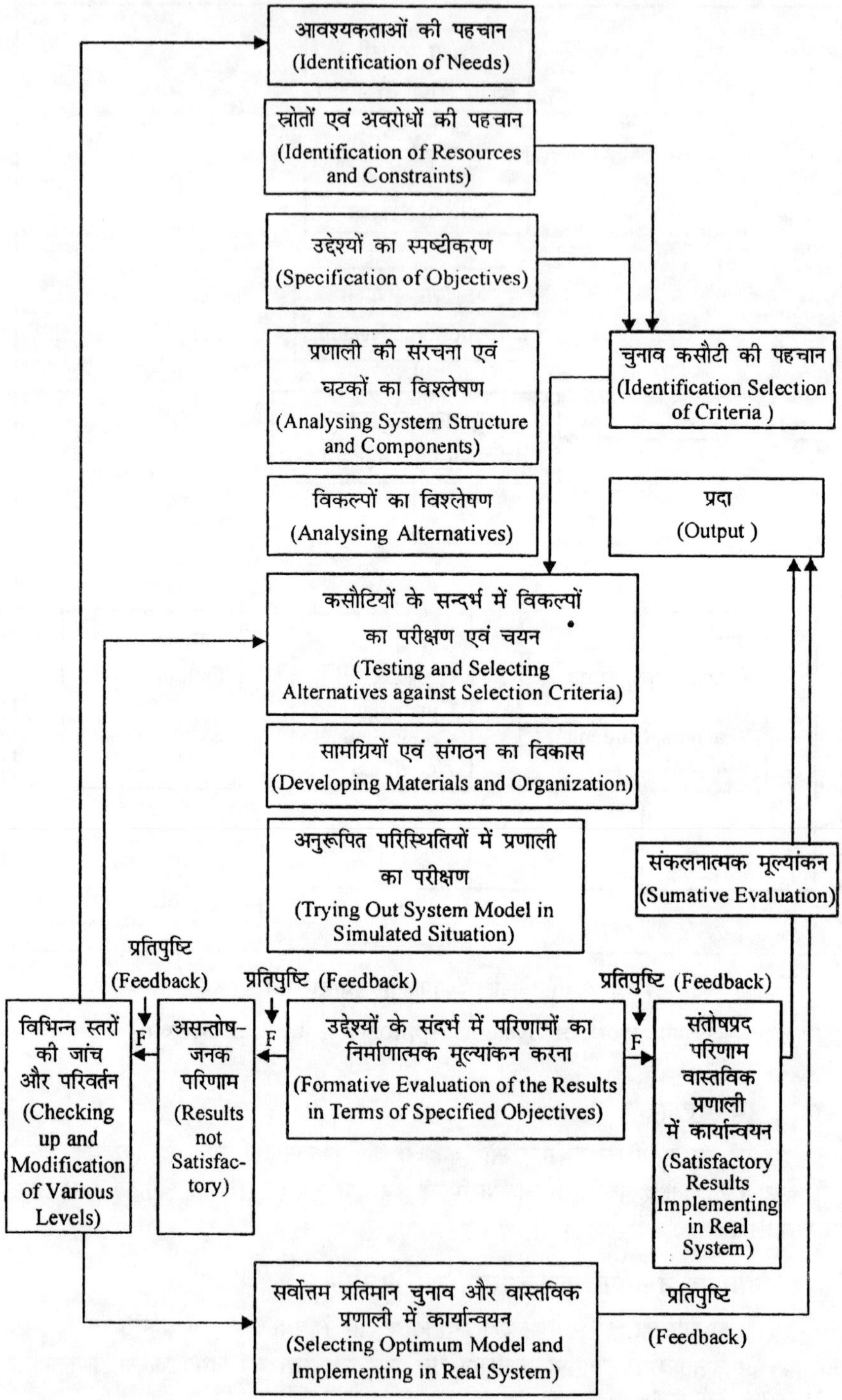

चित्र 4.2: प्रणाली-उपागम का विहंगम दृश्य (Overview of Systems Approach)

पद 4: सामग्रियों एवं माध्यामों का चयन

शैक्षिक सामग्रियों और माध्यमों का चयन अनुदेशनात्मक विधियों एवं व्यूह रचनाओं की आवश्यताओं के अनुरूप किया जाता है क्योंकि इन्हीं के द्वारा अधिगम-अनुभवों का प्रस्तुतीकरण एवं विकास सम्भव होता है। अधिगम-सामग्रियों और माध्यामों के प्रभावशाली प्रयोग के निमित्त छात्रों को शैक्षिक वातावरण भी प्रदान करना नितांत आवश्यक है।

पद 5: विभिन्न तत्त्वों के कार्यों एवं भूमिकाओं को परिभाषित एवं निर्धारित करना

इस पद पर अनुदेशन-प्रणाली के सभी तत्त्वों जैसे-शिक्षक, छात्र एवं शिक्षण-अधिगम सामग्रियों के कार्यों एवं उत्तरदायित्वों को निर्धारित एवं परिभाषित किया जाता है।

पद 6: अनुदेशन-प्रणाली का संश्लेषण और कार्यान्वयन

प्रणाली के विभिन्न तत्त्वों, अंगों, उपांगों के उत्तरदायित्वों एवं कार्यों को अलग-अलग निर्धारित एवं परिभाषित करने के पश्चात् अनुदेशन-प्रणाली में इन सभी को उद्देश्यों के सन्दर्भ में परस्पर आबद्ध एवं संश्लेषित किया जाता है। संश्लेषण के पश्चात् ही, प्रणाली, उद्देश्यों की प्राप्ति के लिए कार्यरत हो जाती है। संश्लेषण के पश्चात् ही, प्रणाली, उद्देश्यों की प्राप्ति के लिए कार्यरत हो जाती है। प्रत्येक तत्त्व अपने लिए निर्धारित कार्य को एक दूसरे तत्त्व के सहयोग के साथ सम्पन्न करता है। प्रणाली के बृहत् स्तर पर प्रयोग के पहले उसे लघु स्तर पर छात्रों के छोटे समूह में परीक्षित किया जाता है ताकि यह ज्ञात हो सके कि यह प्रणाली पूर्वनिर्धारित उद्देश्यों को सफलतापूर्वक प्राप्त कर सकती है अथवा नहीं।

पद 7: प्रतिफलों का मूल्यांकन

प्रणाली की प्रमाणिकता या वैद्यता की जाँच करने के लिए इस पद पर प्रदा या प्रतिफलों का मूल्यांकन किया जाता है। दूसरे शब्दों में इस पद पर यह देखा जाता है कि व्यवहार या उनकी दक्षता पूर्व-निर्धारित एवं उल्लिखित उद्देश्यों से कितनी निकट या दूर है।

पद 8: परिणामों का विश्लेषण और प्रणाली का परिमार्जन

प्रणाली के मूल्यांकन द्वारा प्राप्त आँकड़ों एवं परिणामों के विश्लेषण द्वारा यह ज्ञात किया जाता है कि प्रणाली में कौन-कौन सी न्यूनताएँ रह गयी हैं। न्यूनताओं के ज्ञात होने पर शिक्षण उस के प्रभाव की वृद्धि के लिए उसमें समुचित संशोधन, परिमार्जन तथा परिवर्तन करता है। अनुदेशन में प्रणाली-उपागम के पदों और उनके परस्पर सम्बन्धों को चित्र 4.3 में प्रदर्शित किया गया है:

4.12 शिक्षण अधिगम के मनोवैज्ञानिक सिद्धान्त (Psychological Principles of Teaching Learning)

बालकों के मनोविज्ञान को ध्यान में रखते हुए मनोवैज्ञानिकों ने प्रभावशाली शिक्षण अधिगम हेतु अनेक सिद्धान्तों का निर्माण किया है। नीचे कुछ महत्त्वपूर्ण मनोवैज्ञनिक सिद्धान्त दिये गये हैं जिन्हें एक शिक्षक को अवश्य जानना चाहिए:

1. ज्ञानेन्द्रिय प्रशिक्षण का सिद्धान्त (Principle of Training Senses): प्रभावशाली शिक्षण अधिगम के लिए आवश्यक है कि ज्ञानेन्द्रियों का उचित प्रशिक्षण दिया जाये। अधिगम के विभिन्न पक्षों के लिए विभिन्न प्रकार की क्षमताएँ चाहिए, जो ज्ञानेन्द्रियों द्वारा

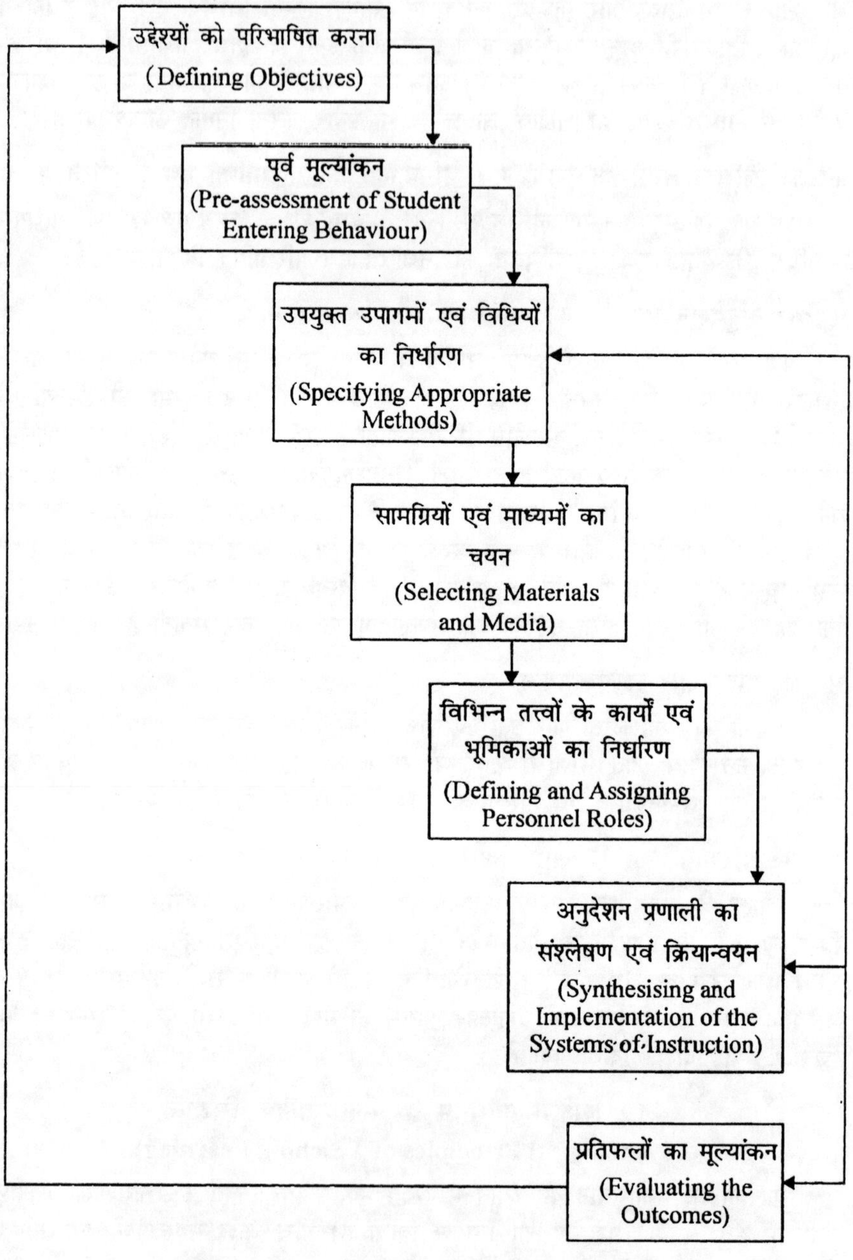

चित्र 4.3: अनुदेशन में प्रणाली-उपागम के पद
(Steps in Instruction in the Use of Systems Approach)

ही प्राप्त हो सकती हैं। ज्ञानेन्द्रियों द्वारा शिक्षा प्रभावशाली अधिगम की कुंजी है। अतः शिक्षक को चाहिए कि वह छात्रों को पढ़ाते समय ज्ञानेन्द्रियों को आवश्यकतानुसार शिक्षणा का आधार मानकर पढ़ाये।

2. स्व-अधिगम सिद्धान्त (Principle of Auto-Education): यदि छात्र स्वयं प्रयास करके सीखते हैं तो उनका सीखना ज्यादा प्रभावशाली होता है। शिक्षक को चाहिए कि वह छात्रों को इस प्रकार निर्देशित करें कि वे स्वयं अधिगम की ओर प्रयास करें जिससे उनमें ज्यादा आत्म-विश्वास तथा आत्म-निर्भरता विकसित हो। स्व-अधिगम की प्रवृत्ति उचित परिस्थितियों तथा प्रशिक्षण द्वारा डाली जानी चाहिए।

3. अभिप्रेरणा एवं रूचि का सिद्धान्त (Principle of Motivation and Interest): अभिप्रेरणा तथा रूचि, शिक्षण अधिगम प्रक्रिया में महत्त्वपूर्ण भूमिका निभाती है। इस सिद्धान्त के अनुसार शिक्षक और छात्र दोनों ही अभिप्रेरित होकर यचिपूर्वक कार्य करते हैं। फलस्वरूप शिक्षण-अधिगम प्रक्रिया सजीव तथा प्रभावशाली होती है।

4. तत्परता का सिद्धान्त (Principle of Readiness): छात्रों को जो कुछ भी पढ़ाया सिखाया जाये उसके लिए उनमें मानसिक तत्परता अवश्य होनी चाहिए। मानसिक तत्परता के अभाव में छात्र भली-भाँति सीखने में रूचि नहीं लेते। सिखाते समय छात्रों की मानसिक परिपक्वता का अवश्य ध्यान रखा जाना चाहिए।

5. अभ्यास एवं आवृत्ति का सिद्धान्त (Principle of Exercise or Repetition): यह सर्वविदित तथ्य है कि यदि अर्जित ज्ञान का अभ्यास एवं पुनरावृति की जये तो छात्र सरलता से स्मरण रख सकते हैं। अतः शिक्षण अधिगम प्रक्रिया में पुनरावृत्ति तथा अभ्यारा को अवश्य स्थान दिया जाना चाहिए।

6. प्रतिपुष्टि पुनर्बलन का सिद्धान्त (Principle of Reinforcement): छात्रों को पुनर्बलन देकर शिक्षण-अधिगम को प्रभावशाली बनाया जा सकता है। उन्हें उनके अच्छे व्यवहार के लिए पुरस्कृत किया जाना चाहिए। उनके द्वारा किये गये कार्यों की प्रगति के विषय में सूचनाऐं दी जानी चाहिए। छात्र ऐसी स्थिति में कार्य जल्दी समझते हैं और दुहराते हैं। उनमें शिक्षक अच्छी आदतों का विकास कर सकता है। इस प्रकार प्रतिपुष्टि एवं पुनर्बलन का प्रयोग करके शिक्षण-अधिगम प्रक्रिया को प्रभावशाली बनाया जाता है।

7. परिवर्तन, विश्राम तथा मनोरंजन का सिद्धान्त (Principle of Change, Rest and Recreation): बोरियत होने पर शिक्षण-अधिगम कार्य पिछड़ने लगता है। अतः शिक्षण में उद्यीपन परिवर्तन, विषय-वस्तु में बदलाव, शिक्षण विधियों में विभिन्नता का प्रावधान होना चाहिए। साथ ही शिक्षण-अधिगम प्रक्रिया में आवश्यकतानुसार विश्राम तथा मनोरंजन की भी व्यवस्था होनी चाहिए, जिससे कि छात्रों के मस्तिष्क को विश्राम मिल सकें और फिर वे अधिक ताजा होकर आगे के अधिगम के लिए तैयार हो सकें।

8. स्व-अभिव्यक्ति तथा सृजनात्मकता का सिद्धान्त (Principle of Self-Expression and Creativity): वे छात्र जो कक्षा में नये विचार, नयी खोंजे, मौलिकतायुक्त क्रियाऐं प्रस्तुत करते हैं, उन्हें शिक्षक द्वारा प्रोत्साहित किया जाना चाहिए। तभी वे बड़े होकर

नवीन आविष्कार तथा नवीन खोजें कर सकने में समर्थ हो सकेंगे। स्व-अभिव्यक्ति इसके लिए पहली सीढ़ी है।

9. उद्दीपन का सिद्धान्त (Principle of Stimulus): एक अच्छा शिक्षक अपनी कक्षा में छात्रों की अनुक्रियाओं के लिए समुचित उद्दीपनों की व्यवस्था करता है, जिससे छात्रों की रुचि शिक्षण-अधिगम प्रक्रिया में बनी रह सके।

10. सहानुभूति तथा सहयोग का सिद्धान्त (Principle of Sympathy and Cooperation): एक अच्छे शिक्षक के साथ छात्रों का बड़ा आत्मिक सम्बन्ध होता है। शिक्षक और छात्र परस्पर एक-दूसरे को समझते हैं। शिक्षक छात्रों के साथ सहानुभूति रखते हुए उनकी कठिनाइयों को सरल बनाकर सहयोग देता है, छात्रों की अनुभूतियों और विचारों को समझता है तो शिक्षण-अधिगम प्रक्रिया अधिक सक्रिय, सरल तथा प्रभावशाली बन जाती है।

11. उपचारात्मक शिक्षण अधिगम सिद्धान्त (Principle of Remedial Teaching-Learning): एक अच्छा शिक्षक अपने छात्रों की योग्यताओं और क्षमताओं का समुचित ज्ञान रखता है। उसे पता रहता है कि कक्षा में कौन-से छात्र प्रतिभाशाली हैं और कौन-से पिछड़े हुए हैं। वह उनकी उसी प्रकार से व्यवस्था करता है। प्रतिभाशाली छात्रों के लिए वह मौलिकता के वातावरण की रचना करता है, जिससे उनकी प्रतिभा का विकास हो सके। इसी प्रकार वह पिछड़े बालकों के पिछड़ेपन के कारणों की खोज करके उनके लिए समुचित उपचारात्मक शिक्षण की व्यवस्था करता है, जिससे ये छात्र भी भली-भाँति विषय-वस्तु अपनी आवश्यकतानुसार सीख सकें।

12. समूह गतिशीलता का सिद्धान्त (Principle of Group Dynamics): एक मनोवैज्ञानिक विश्वास करता है कि छात्र समूह में ज्यादा अच्छा सीखते हैं। अत: एक शिक्षक को समूह-गतिशीलता का प्रभावशाली ढंग से उपयोग करना चाहिए।

4.13 शिक्षण अधिगम के सामान्य तथा मनोवैज्ञानिक सिद्धान्त एवं शिक्षण अधिगम सूत्र (General and Psychological Principles and Maxims of Teaching Learning)

चार्ट 4.1 देखें।

4.14 बच्चों की प्रकृति तथा अधिगम (Children's Nature and Learning)

बच्चों के अधिगम को प्रभावी बनाने के लिए आवश्यक है कि उन की प्रकृति के विभिन्न तत्त्वों को भली प्रकार समझ लिया जाए। मुख्य तत्त्व नीचे दिए जा रहे हैं।

1. बालक जन्म के समय अपने साथ कई जन्मजात विशेषताएँ, कुशलताएँ तथा शक्तियाँ आदि लेकर संसार में आते हैं। वे कोरे कागज या खाली स्लेट की भान्ति नहीं होते हैं। इन विशेषताओं का उचित विकास करना अत्यन्त आवश्यक है।

2. बालक पर केवल उसकी वंश-परंपरा का ही प्रभाव नहीं पड़ता, वरन उसके चारों ओर के वातावरण तथा अभिप्रेरणा का भी उस पर बहुत प्रभाव पड़ता है। अत: बालक के व्यक्तित्व का विकास उसकी वंश-परंपरा, वातावरण और अभिप्रेरणा के सम्मिलित प्रभावों पर आधारित है।

चार्ट 4.1: शिक्षण अधिगम के सामान्य तथा मनोवैज्ञानिक सिद्धान्त एवं शिक्षण अधिगम सूत्र
(General and Psychological Principal and Maxims of Teaching Learning)

शिक्षण अधिगम के सामान्य सिद्धान्त (General Principles)	शिक्षण अधिगम के मनोवैज्ञानिक सिद्धान्त (Pshychological Principles)	शिक्षण अधिगम के सूत्र (Maxims of Teaching-Learning)
1. निश्चित उद्देश्यों का सिद्धान्त	1. अभिप्रेरणा का सिद्धान्त	1. ज्ञात से अज्ञात की ओर
2. बालकेन्द्रित शिक्षा का सिद्धान्त	2. तत्परता का सिद्धान्त	2. सरल से जटिल की ओर
3. अनुकूलता का सिद्धान्त	3. प्रतिपुष्टि/पुनर्बलन का सिद्धान्त	3. अनिश्चित से निश्चित की ओर
4. सक्रियता का सिद्धान्त	4. ज्ञानेन्द्रिय प्रशिक्षण सिद्धान्त	4. अनुभूति से युक्ति की ओर
5. पूर्व अनुभव का सिद्धान्त	5. स्व-अधिगम सिद्धान्त	5. मूर्त से अमूर्त की ओर
6. व्यक्तिगत विभिन्नता का सिद्धान्त	6. आवृत्ति एवं अभ्यास का सिद्धान्त	6. विश्लेषण से संश्लेषण की ओर
7. वास्तविक जीवन से सम्बन्ध का सिद्धान्त	7. परिवर्तन, विश्राम व मनोरंजन का सिद्धान्त	7. प्रत्यक्ष से अप्रत्यक्ष की ओर
8. समवाय का सिद्धान्त	8. सृजनात्मकता का सिद्धान्त	8. विशिष्ट से सामान्य की ओर
9. नियोजन का सिद्धान्त	9. सहानुभूति एवं सहयोग का सिद्धान्त	9. मनोवैज्ञानिक से तार्किक की ओर
10. चयन का सिद्धान्त	10. समूह गति शास्त्र का सिद्धान्त	10. आगमन से निगमन की ओर
11. प्रभावशाली व्यूह रचनाओं का सिद्धान्त		11. पूर्ण से अंश की ओर
12. अनुकूल वातावरण तथा उचित नियन्त्रण का सिद्धान्त		
13. उपचारात्मक शिक्षण का सिद्धान्त		

3. *डॉ. जाकिर हुसैन* के विचार में, "बच्चे को ईश्वर का अंश समझिए। न वह आपकी संपत्ति है, न वह आपका खिलौना। वह तो आपके पास ईश्वर और मनुष्यता की एक धरोहर है। उसे सहज प्रवृत्तियाँ प्रकृति ने प्रदान की हैं, उसे न बहुत उकसा कर बिगाड़िए, न बहुत दबा कर। और हाँ, इस बात का दूसरा पहलू भी याद रखें कि अगर बच्चा आपका खिलौना नहीं है, तो आप भी बच्चे के खिलौने नहीं। आप भी ईश्वर के अंश–बस कुछ अधिक अनुभवी। न आप उस पर जुल्म करें, न वह आप पर। न आप उससे खिलवाड़ करें, न वह आपसे। दोनों में एक दूसरे पर भरोसा हो, प्रेम हो।"

अन्य स्थान पर वे लिखते हैं, "आप किसी तरह अपने को मौलिक भ्रांतियों से मुक्त कर लें, बच्चे को मनुष्य का अग्रदूत समझें, उसे बेसहारे खुद भी बढ़ने दें, उसकी प्राकृतिक क्षमताओं और प्रवृत्तियों का सम्मान करें और समझें कि यह छोटा-सा जीव अपने विकास की क्रियात्मक पूर्ति की ओर खुद कदम उठाता है। इसे सहारा दीजिए, रास्ते से कांटे-हटा दीजिए, मगर इसके चलने की दिशा तो न बदलिए।"

4. आधुनिक मनोवैज्ञानिकों के अनुसार सभी बालक एक-सी ही प्रकृति या विशेषताओं के नहीं होते, अपितु उनमें व्यक्तिगत अंतर पाये जाते हैं। ये अंतर उनकी शारीरिक, मानसिक, सामाजिक भावनात्मक, क्रियात्मक या कलात्मक शक्तियों, क्षमताओं, अभिरुचियों आदि में पाये जाते हैं। वास्तव में आधुनिक शिक्षा के उद्देश्य में भी यही उचित माना जाता है कि उससे बालकों की व्यक्तिगत विभिन्नताओं का पोषण और विकास हो सके। सभी प्रजातंत्रीय देशों में ऐसी शिक्षा ही उचित मानी जाती है जिससे प्रत्येक बालक अपनी मौलिक विशेषताओं के अनुसार विकसित हो सके।

5. सुप्रसिद्ध मनोवैज्ञानिक *एरिक एच. एरिकसन* के अनुसार बालकों में जबरदस्त प्राणशक्ति का जोश है। इस शक्ति को कुचलना–जैसा कि प्रायः माता-पिता और शिक्षक करते हैं–एक गंभीर पाप है।

6. नर्सरी जाने वाला बालक या उस आयु का बालक शारीरिक रूप में विकासोन्मुख होता है। वह $2^1/_2$ वर्ष या अधिक आयु का होता है। उसके दौड़ने में गति होती है। उसमें चपलता होती है। वह सीढ़ी पर स्वयं चढ़ सकता है, दोनों पाँव मिलाकर कूद सकता है। उसकी माँस-पेशियों का आपसी सम्बन्ध व समन्वय पूर्ण नहीं होता, तो भी वह छोटी-छोटी क्रियाएँ कर लेता है, और उसे स्वयं ऐसा करने में आनन्द आता है। *रूसो* का सुझाव था कि बालक को स्वयं छोटे-छोटे कार्य करने देने चाहिए। यदि बालक अपनी माता से यह कहता है कि मुझे वह चीज उठाकर लाकर दो, तो बजाय ऐसा करने के माता को उसे उस चीज के पास ले जाना चाहिए व उसे स्वयं उठाने तथा लाने को प्रेरित करना चाहिए, जिससे कि उसे स्वयं अपना कार्य करके विजय प्राप्त करन की प्रसन्नता हो।

7. छोटे बालक-अपना कार्य स्वयं करना चाहते हैं। वे स्वयं एक चम्मच से खाना चाहते हैं, स्वयं गिलास पकड़ कर दूध या पानी पीना चाहते हैं, स्वयं अपने जूते व कपड़े पहनना चाहते हैं, स्वयं अपने कपड़े उतारना चाहते हैं, किसी के आने पर जब दरवाजे पर खटका होता है या कॉल-बैल बजती है, तो स्वयं भाग कर उसे खोलना चाहते हैं, स्वयं जाकर चिट्ठी डालने की जिद करते हैं आदि। कई माता-पिता उनकी इस प्रकार की स्वतन्त्रता व प्रेरणा में अनावश्यक दखल ही नहीं देते, अपितु रोक लगाते हैं और कभी-कभी तो मार-पीट कर उसे कुचलना चाहते हैं, जो कि उचित नहीं है।

8. छोटे बालकों में संग्रह प्रवृत्ति होती है। उन्हें रंग-बिरंगी चीजों जैसे पंखों, मोतियों, पहियों, कंकड़, कंचों, कागजों, चित्रों, पिनों, खिलौनों आदि का संकलन का बहुत शौक होता है। अपनी इन चीजों को दूसरों को दिखला कर उनसे प्यार व शाबाशी के मीठे शब्द सुनकर उन्हें बहुत प्रसन्नता होती है। बड़ों की चाहिए कि वे बच्चों का उत्साह बढ़ाएँ।

9. बच्चों में बहुत जिज्ञासा होती है। वे खाली बर्तनों, वस्तुओं, जगहों में ताक-झांक करते हैं, घड़ी, छोटी-बड़ी चीजों, मशीनों, आदि को उठा, उलट-पुलट कर यह देखना चाहते हैं कि उनमें क्या है? उनकी जिज्ञासा पूरी करनी चाहिए।

10. जिज्ञासा के साथ-ही-साथ बालकों में अभूतपूर्व कल्पना शक्ति होती है। कल्पना एक महान् भेंट है। अधिकांश बालक इससे धनी रूप से सम्पन्न होते हैं। इस कल्पना शक्ति को क्रियात्मक रूप दिया जाना चाहिए।

बालकों को कल्पनाशील कहानियों में बहुत रुचि होती है। पशु-पक्षियों, अनजाने बालकों, परियों आदि की कहानियाँ सुनने में बड़ा आनन्द आता है। जब उन्हें पशु-पक्षियों के चित्र दिखाते हुए कोई कहानी कही जाती है या कोई बात बतलाई जाती है, तो उनकी कल्पना सजीव हो उठती है।

11. झूठमूठ में रुचि—बालकों को झूठमूठ में बहुत रुचि होती है। वे झूठमूठ की चाय, शर्बत, मिठाई बांटते हैं, गुड़िया की शादी करते हैं, हवाई जहाज उड़ा लेते हैं। कभी-कभी तो वे इस झूठमूठ की दुनिया में ही जीते हैं।

बालकों की इस रुचि का विकास उचित ढंग से किया जाए।

12. बालक अपनी शारीरिक कमजोरी व असमर्थताओं को स्वीकार करना नहीं चाहता। इसके लिए वह अपने बड़ों का अनुसरण करता है। इस अनुसरण के साथ-साथ ही होड़ चलती रहती है। बालक यह होड़ अपने भाई-बहिनों व निकटतम बड़ों के साथ करता है। इस प्रवृत्ति को उचित दिशा में मोड़ा जाय।

13. बालकों में चंचलता, चपलता तथा क्रियाशीलता होती है। वे दो-तीन मिनट भी शांति से बैठ नहीं सकते। कुछ-न-कुछ उल्टा-सीधा करते ही रहते हैं। उनकी यह चंचलता व क्रियाशीलता निरुद्देश्य नहीं होती। वे किसी उद्देश्य से ही ऐसा करते हैं। उनमें तोड़-फोड़ की प्रवृत्ति इसलिए होती है कि वे जानना चाहते हैं कि इस चीज में क्या है, वे नई बात या नई चीज की तलाश में रहते हैं। बड़ों के लिए जो चीज पुरानी या जानी-पहचानी हो सकती है। बाल-मन के लिए तो वह नई ही होती है। यही उसकी सृजनशीलता होती है। यही मौलिकता का प्रथम बीजारोपण है। इसका पूर्ण विकास करना बहुत आवश्यक है।

14. खेल बालकों को बहुत प्यारा होता है। खेल के सहारे उनकी कई वृत्तियों को नई दिशा व नया रूप मिलता है। इसीलिए आधुनिक मनोवैज्ञानिक बालक के व्यवहार को सही दिशा में लाने के लिए खेल उपचार का प्रयोग करते हैं।

15. बालक की बुनियादी आवश्यकताओं में सुरक्षा, स्नेह, प्यार व उसकी आवश्यकताओं की पूर्ति प्रमुख हैं। जो कोई व्यक्ति उन्हें उसे प्रदान करता है, बालक उसकी ओर सहज ही आकर्षित हो जाता है। उसकी बात को ध्यान से सुनना, समझना व उसके अनुकूल वह आचरण करना चाहता है। ऐसा व्यक्ति ही उसके आचरण को सही दिशा दे सकता है।

16. शिकागो विश्वविद्यालयों के शिक्षाशास्त्र के प्राध्यापक बैंजामिन ब्लूम ने 1000 बालकों के ऊपर किए गए अपने शोध अध्ययन के द्वारा बतलाया है। बच्चे का प्रथम चार वर्षों में ही बुद्धि संभाव्य का इतना विकास हो चुका होता है, जितना कि आगामी 13 वर्षों में होने को है, 6 वर्ष की आयु तक पहुँचने पर वह लगभग 17 वर्ष तक प्राप्त की जा सकने वाली बुद्धि का दो-तिहाई भाग प्राप्त कर चुका होता है। 4 से 6 वर्ष की अवधि में बुद्धि-परिवर्तन संभव है पर अत्यन्त कठिन, और ज्यों-ज्यों आयु बढ़ती है, यह परिवर्तन प्राय: असंभव हो जाता है।

17. सुप्रसिद्ध मनोवैज्ञानिक *जीन प्याजे* ने बालक के मानसिक विकास के निम्नांकित पांच प्रमुख चरण बतलाये हैं:

(क) *संवेदनात्मक काल (जन्म से 2 वर्ष)*: इसमें बालक अपनी सुझबूझ से तर्क कर सकता है, वह वस्तुओं के नाम बलता सकता है, लेकिन वस्तुओं के वर्गों के नहीं।

(ख) *प्रीऑपरेटिव काल (2 से 7 वर्ष)*: इसमें बालक अपनी सूझबूझ से तर्क कर सकता है, वह वस्तुओं के नाम बतला सकता है, लेकिन वस्तुओं के वर्गों के नहीं।

(ग) *कंसर्व ऑपरेशनल स्थिति (7 से 11 वर्ष)*: इसमें बालक वस्तुओं, वर्गों और सम्बन्धों को तो तर्कपूर्ण ढंग से बतला सकता है, लेकिन मौलिक रूप से सम्प्रत्ययों को नहीं बता सकता।

(घ) *फॉर्मल ऑपरेशनल काल (11 से 15 वर्ष)*: इसमें बालक सम्प्रत्ययों की परिभाषा कर सकता है और तार्किक, व्यवस्थित और सांकेतिक ढंग से तर्क कर सकता है।

इन्हीं तथ्यों के आधार पर *प्याजे* का कहना है, "बालक उपयुक्त प्रकार के वातावरण से बहुत अधिक लाभाविन्त हो सकता है, जिसमें वह स्वच्छन्दता और निरन्तरता से उपयुक्त प्रकार की समाज सामग्री के साथ कार्य कर सके। ऐसी सामग्री इस प्रकार की होनी चाहिए जो वर्गीकरण, क्रमीकरण, गिनना, ज्योमिति या स्थल संबंधी करने की अनुमति दे, अर्थात् जो बालक के तार्किक-गणितीय क्रियाओं के निर्माण में, जो 7 या 8 वर्ष की आयु पर आरम्भ होते हैं, सहायता दे।"

18. "बच्चे अनुकरण (इमिटेशन), अंतरीकरण (इंटिमेटाइजेशन) व पहचान (आइडेन्टिटी) के माध्यम से सीखते हैं। उनके सामने जैसे नमूने प्रस्तुत किए जाते हैं, वैसे ही वे सीख जाते हैं।

19. "बालकों का सीखना वास्तविकता के संदर्भ में होता है। गूढ़ प्रकृति के सिद्धांतों को समझना उनके लिए कठिन होता है।

20. "सामूहिक क्रियाओं में भाग लेकर सीखना बालकों के लिए बहुत सुलभ और उपयोगी होता है।

21. आधुनिक युग में बालक जनसंचार के साधन–रेडियो, टेलीविजन, फिल्म, पत्र-पत्रिकाओं, कार्टून व कॉमिक पठन सामग्री से तथा विज्ञान व तकनीकी की प्रगति से बहुत अधिक प्रभावित होते हैं। अत: उनकी सामाजिक चेतना व संवेदनशीलता बहुत विकसित स्तर की पाई जाती है। सीखने और खोजने के उनके प्रयास में उनकी खुशी उनकी आँखों में चमक पैदा कर देती है। बच्चों के विकास के लिए इन साधनों का पूरा-पूरा उपयोग किया जाना चाहिए।

22. बालकों में आत्मसम्मान का भाव होता है। वे अपनी प्रशंसा व सम्मान पाकर अधिक अच्छा व्यवहार व कार्य करते हैं, परन्तु फटकार या झिटकार से उनके आत्मसम्मान तथा आत्मगौरव को ठेस लगती है और उनकी शक्तियों व अच्छाइयों का दमन होता है। शिक्षकों तथा अभिभावकों को इस बात पर सदा ध्यान रखना चाहिए।"

23. बालक बहुत अधिक सुझावशील होते हैं। उन पर बड़ों के सुझावों का बहुत अधिक प्रभाव पड़ता है। मजाक या भोले रूप में कही कई किसी भी बात, सुझाव या संकेत को वे सही मान लेते हैं और उनको अपनाने का प्रयास करते हैं? इसलिए बड़ों को बहुत सावधानी से बर्ताव करना चाहिए।

उपर्युक्त सभी विशेषताओं को ध्यान में रखने पर ही बालकों की सही प्रकृति को समझा जा सकता है। शिक्षकों व माता-पिताओं के लिए यह आवश्यक है कि वे बालकों को बेजान मिट्टी का लोंदा न समझें, अपितु उन्हें इन सभी विशेषताओं से युक्त शक्तिशाली संभावनाओं से भरपूर विकासशील प्राणी समझें और उपर्युक्त व्यवहार व शिक्षण की व्यवस्था करें।

5

अधिगम के निर्धारक: परिपक्वता, अभिप्रेरणा तथा तत्परता
(Determinants of Learning: Maturation, Motivation and Readiness)

5.1 अधिगम के तीन निर्धारक (Three Determinants of Learning)

अधिगम के निम्नलिखित निर्धारक हैं। इन तीनों का आपस में गहरा सम्बन्ध है:

1. परिपक्तवा (Maturation)
2. अभिप्रेणा (Motivation)
3. तत्परता (Readiness)

5.2 परिपक्वता (Maturation)

5.3 परिपक्वता का अर्थ (Meaning of Maturation)

बाल विकास के क्षेत्र में सर्वप्रथम गेसेल (*Gessell*, 1919) ने 'परिपक्वता' शब्द का प्रयोग किया। गेसेल के अनुसार परिपक्वता शरीर की आन्तरिक व्यवस्था के कारण उत्पन्न स्नायुओं (Nerves) और मांसपेशियों की प्रौढ़ता और दृढ़ता है जिस पर बाह्य वातावरण का प्रभाव नहीं पड़ता। इस प्रक्रिया के परिणामस्वरूप ही शारीरिक, मानसिक और सामाजिक रूप से जीव की वृद्धि पूर्ण और सुदृढ़ होती है।

एच.जे. आइजनेक और उसके साथियों (*H.J. Eyseneck et, al*, 1972) के मतानुसार, ''परिपक्वता शारीरिक, मनोवैज्ञानिक और मानसिक विभेदीकरण और एकता की वह स्वतन्त्र प्रक्रिया है, जो विकासात्मक अवस्थाओं में फैली हुई होती है। इस प्रक्रिया के परिणामस्वरूप ही शारीरिक, मानसिक, आध्यात्मिक और सामाजिक रूप से जीव की वृद्धि पूर्ण और सुदृढ़ होती है तथा इस प्रकार वह जीव अपने जीवन में अनुकूलन करता है।''

ए.टी. जरसील्ड और *उनके साथियों* (*A.T. Jersild et, al*, 1975) का कहना है, ''परिपक्वता वह प्रक्रिया है जिसके द्वारा जीव की अन्तर्निहित सम्भाव्य क्षमताएँ कार्यात्मक तत्परता की अवस्था में पहुंच जाती हैं। इस प्रक्रिया में संरचना में होने वाले वे परिवर्तन

भी सम्मिलित हैं जो वृद्धि के साथ जाते हैं। कार्य निष्पादन के लिए पृष्ठभूमि निर्माण करने वाला संरचना का प्रगतिपूर्ण अभ्यास भी इस प्रक्रिया में सम्मिलित है।''

एलेक्जेण्डर (*Alexander*) के विचार में, "परिपक्वता आन्तरिक रूप से संशोधन की प्रक्रिया है।"

गैरी तथा किंगसले (*Garry and Kingslay*) के शब्दों में, "परिपक्वता एक ऐसी प्रक्रिया है जिसमें शारीरिक ढाँचे की वृद्धि और विकास के परिणामस्वरूप व्यवहार में सुधार होता है।"

5.4 परिपक्वता का महत्त्व (Significance of Maturation)

जीवन के प्रारम्भिक काल में परिपक्वता का कार्य और महत्त्व अपेक्षाकृत अधिक होता है। बालक की आयु बढ़ने के साथ-साथ इसका महत्त्व कम होने लगता है तथा वातावरण का प्रभाव स्पष्ट रूप से दिखाई देने लगता है।

माता-पिता, संरक्षकों एवं अध्यापकों के लिए बालक की परिपक्वता का ज्ञान आवश्यक है। यदि उन्हें यह मालूम हो जाए कि किस आयु-स्तर पर बालक ने कितनी शारीरिक और मानसिक परिपक्वता अर्जित की है तो वे बालक को उसी परिपक्वता के अनुसार शिक्षण दे सकते हैं और बालकों के उपयुक्त विकास के लिए आवश्यकता के अनुसार कुछ विशिष्ट परिस्थितियां उत्पन्न कर सकते हैं।

परिपक्वता का अधिगम में बहुत महत्त्व है। उदाहरण के लिए एक-डेढ़ वर्ष के बालक को ट्रायसिकिल चलाना भी क्यों न सिखाया जाए, वह ट्रायसिकिल चलाना नहीं सीख सकता क्योंकि इस कौशल के लिए बालक में 1½ वर्ष की अवस्था तक परिपक्वता नहीं आ पाती है। लगभग तीन वर्ष के बालक में उतनी शारीरिक और मानसिक परिपक्वता आ जाती है कि वह थोड़ी-सी सहायता से ही ट्रायसिकिल चलाना सीख लेता है। परिपक्वता का महत्त्व कौशलों के अतिरिक्त संवेगों एवं वस्तुओं के बोध (Understanding) के क्षेत्र में भी है।

5.5 परिपक्वता तथा सीखने का सम्बन्ध (Relationship between Learning and Maturation)

परिपक्वता और अधिगम (सीखना) एक-दूसरे से सम्बन्धित हैं। परिपक्वता तथा अधिगम के बिना बालक का विकास सम्भव नहीं है। परिपक्वता और अधिगम में कौन-कौन से कारक अधिक महत्त्वपूर्ण हैं, यह एक विवादास्पद विषय है। *हरलॉक* (*Hurlock*) (1974) का विचार है कि जहां तक परिपक्वता और अधिगम का प्रश्न है, वहां कहा जा सकता है कि अधिगम की प्रभाविकता उपयुक्त समय पर निर्भर करती है। एक बालक तब तक नहीं सीख सकता जब तक कि बालक शारीरिक और मानसिक रूप से सीखने के लिए तैयार या परिपक्व नहीं है।

अभ्यास के कारण कार्य निष्पादन में परिर्वतन ही सीखना है। सीखने के द्वारा जीव नई प्रतिक्रियाओं को प्राप्त करता है अथवा पुरानी प्रतिक्रियाओं की क्रियाशीलता बढ़ाता है। सीखना आधुनिक बाल-मनोविज्ञान की अति महत्त्वपूर्ण समस्या है।

सीखना जीवन-पर्यन्त चलता रहता है। सीखना प्रेरणा से प्रभावित होता है। सीखना वातावरण पर आधारित है। सीखना बालक की शारीरिक और मानसिक परिपक्वता पर आधारित है परन्तु परिपक्वता सीखने पर आधारित नहीं है।

ए. गेसेल (*A.Gesell, 1929*) के विचार में बालकों में जिन गुणों का विकास होता है, वे दो प्रकार के हैं–पहला वे गुण जो परिपक्वता के कारण उत्पन्न होते हैं, वे विशुद्ध शारीरिक गुण होते हैं। दूसरे वे गुण जो बालक अनुभव या अधिगम के द्वारा अर्जित करता है, उन्हें सामाजिक गुण भी कहा जा सकता है।

गेसेल ने अपने अध्ययन में तीन प्रकार के बालक चुने। पहले प्रकार के बालक दस सप्ताह के थे, दूसरे बीस सप्ताह और तीसरे तीस सप्ताह की आयु के थे। इन तीनों आयु के बालकों को क्रमशः एक हवादार कमरे में रखकर उनमें उत्पन्न भय का अध्ययन किया गया। गेसेल ने अपने अध्ययन में देखा कि दस सप्ताह के बालकों में किसी प्रकार का भय नहीं था जब कि बीस सप्ताह के बालकों ने बेचैनी और घबराहट का अनुभव किया। तीस सप्ताह के बालकों को जब भय की परिस्थिति में रखा गया, तो उन्होंने व्याकुलता और रोने-चिल्लाने जैसे व्यवहार का प्रदर्शन किया। इस अध्ययन से गेसेल ने निष्कर्ष निकाला कि शारीरिक और मानसिक परिपक्वता के बढ़ने के साथ-साथ संवेगों का विकास होता है।

5.6 परिपक्वता और सीखते में अन्तर (Differences between Maturation and Learning)

बालक के शारीरिक और मानसिक विकास को परिपक्वता और सीखना दोनों ही कारक महत्त्वपूर्ण ढंग से प्रभावित करते हैं। दोनों ही प्रक्रियाओं में कुछ प्रमुख अन्तर निम्न प्रकार से हैं:

(1) परिपक्वता के कारण व्यवहार परिवर्तन प्राकृतिक या स्वाभाविक होते हैं जबकि सीखने के लिए व्यक्ति को कई तरह की क्रियाएँ करनी पड़ती हैं, तब व्यवहार का संशोधन होता है।

(2) परिपक्वता के कारण व्यवहार में परिवर्तन प्रजातीय (Racial) होते हैं जबकि सीखने के कारण व्यवहार में परिवर्तन केवल उसी व्यक्ति में होते हैं जो सीखता है।

(3) परिपक्वता के लिए अभ्यास आवश्यक नहीं है जबकि सीखने के लिए अभ्यास आवश्यक है।

(4) समाज में व्यक्ति जीवन-पर्यन्त सीखता रहता है जबकि परिपक्वता की प्रक्रिया लगभग 25 वर्ष की अवस्था तक पूर्ण हो जाती है।

(5) परिपक्वता अनुकूल तथा प्रतिकूल–दोनों ही परिस्थितियों में निरन्तर चलती रहती है। दूसरी ओर सीखना केवल अनुकूल परिस्थितियों में ही होता है, प्रतिकूल परिस्थितियों में नहीं।

(6) परिपक्वता चूंकि एक स्वाभाविक प्रक्रिया है अतः प्रेरणा का इस पर प्रभाव नहीं पड़ता है जबकि सीखना प्रेरणा से प्रभावित होता है।

(7) व्यक्ति को उसकी वंश परम्परा से परिपक्वता की क्षमता प्राप्त होती है। परिपक्वता जन्मजात भी है; क्योंकि यह प्रक्रिया गर्भधारण के तुरन्त बाद प्रारम्भ हो जाती है। दूसरी ओर अधिगम जन्मजात और वंशानुगत न होकर पूर्णतः अर्जित है तथा वातावरण पर आधारित और वातावरण से प्रभावित प्रक्रिया है।

(8) बालक के सीखने का सम्बन्ध उसके विभिन्न अंगों की क्रियाओं और बालक

के अनुभवों से होता है जबकि दूसरी ओर परिपक्वता का सम्बन्ध बालक की प्रौढ़ता, उसके विभिन्न अंगों की संरचना एवं शक्ति आदि से होता है।

(9) अधिगम बालक की शारीरिक और मानसिक परिपक्वता पर आधारित है परन्तु परिपक्वता अधिगम पर आधारित नहीं है।

5.7 अभिप्रेरणा (Motivation)

अभिप्रेरणा का अर्थ उस प्रक्रिया से है जिसके द्वारा कठिन से कठिन कार्य में भी बालकों की रुचि पैदा हो सके तथा कठिनाइयों के होते हुए भी कार्य सफल होने तक इसे बनाये रखा जा सके।

अभिप्रेरणा की भूमिका बालक को एक बार सीखने के लिए तैयार करके सीखने का श्रीगणेश कराने की ही नहीं होती बल्कि उसे उसी रूप में सीखने में लगाए रखने की भी होती है। जैसा कि एक बालक साईकल या स्कूटर चलाना सीखते समय बार-बार चोट खाने या गिरने पर भी सीखना जारी रखता है, परीक्षा पास आने पर एक विद्यार्थी पढ़ने के लिए बार-बार आंखें धोकर नींद् को भगाने की कोशिश करता है तथा एक खिलाड़ी अपने लक्ष्य की प्राप्ति के लिए दिन-रात अभ्यास करता हुआ नजर आता है।

इन सभी व्यक्तियों को अपने सीखने सम्बन्धी व्यवहार में इतना तल्लीन होकर जुटे रहने के पीछे अभिप्रेरणा (Motivation) की ही केन्द्रीय भूमिका रहती है। कार्य सीखने के पश्चात् भी हम जो उसे करने में लगे रहते हैं उसमें भी अभिप्रेरणा का ही हाथ होता है। अतः एक प्रकार से अभिप्रेरणा हमारे सीखने सम्बन्धी व्यवहार की ही नहीं बल्कि सभी प्रकार के व्यवहार तथा कार्य-व्यापार की कुंजी है।

अभिप्रेरणा के तीन मुख्य कार्य हैं:

1. अभिप्रेरणा कार्य का प्रारम्भ करती है।
2. अभिप्रेरणा क्रियाओं को गतिशीलता देती है।
3. जब तक उद्देश्य की प्राप्ति नहीं होती, अभिप्रेरणा क्रियाओं को एक निश्चित दिशा की ओर प्रेरित किए रहती है।

अधिगम में बालकों को अभिप्रेरित करने के उपाय

महत्त्वपूर्ण उपाय नीचे दिए जा रहे हैं:

1. स्कूल का प्रभावपूर्ण वातावरण।
2. बालकों पर उचित ध्यान।
3. व्यक्तिगत भिन्नताओं की पहचान तथा उनके अनुकूल शिक्षण।
4. सृजनात्मक क्रियाओं के अवसर प्रदान करना।
5. उपयुक्त अधिगम विधियों का प्रावधान करना।
7. सहायक सामग्री का उपयोग करना।
8. नवीन अधिगम को पूर्व अधिगम से संबंधित करना।
9. प्रतियोगिताओं का आयोजन करना।
10. बालकों के आत्म-सम्मान की तुष्टि पर ध्यान देना।
11. उपयुक्त अधिगम अनुभवों की व्यवस्था करना।
12. पाठों की उचित व्यवस्था करना।

13. पारितोषिक तथा दण्ड व्यवस्था का सावधानीपूर्वक प्रयोग।
14. अध्यापक का स्वर।
15. कक्षा में भौतिक सुविधाएं प्रदान करना।
17. कक्षा में उत्साहवर्धक मनोवैज्ञानिक तथा सामाजिक वातावरण

नोट: अभिप्रेरणा पर विस्तारपूर्वक अलग से चर्चा की गई है।

5.8 थॉर्नडाइक का तत्परता का नियम (Thorndike's Law of Readiness)

5.9 तत्परता का अर्थ (Meaning of Readiness)

तत्परता के नियम का प्रतिपादन करते हुए *थॉर्नडाइक* ने लिखा है:

टेलफॉर्ड तथा सावरे (Telford and Sawrey) ने कहा है कि 'तत्परता' में व्यक्ति में निहित उन सभी गुणों तथ विशेषताओं का योग शामिल रहता है जो सीखने को आगे बढ़ाती हैं अथवा पीछे धकेलती हैं।

5.10 तत्परता नियम की विशेषताएँ (Characteristics of Laws of Readiness)

प्रमुख विशेषताएँ नीचे दी गई हैं:

1. परिपक्वता (Maturation)

2. अनुभवात्मक पृष्ठभूमि (Experiential Backgrond): हमारा सीखना हमारी अनुभावात्मक पृष्ठभूमि से प्रभावित होता है। इसमें वे अनुभव सम्मिलित रहते हैं जो नए अधिगमों को आगे बढ़ाते हैं। वह बच्चा जिसे वस्तुओं अथवा चित्रों को संकेतों के साथ सम्बन्ध स्थापित करने का अनुभव न हो, भले ही उसकी शारीरिक परिपक्वता एवं सामान्य मानसिक योग्यता स्तर पर्याप्त हो, सीखने के लिए तत्पर नहीं होगा। जिन बच्चों को प्रारम्भिक अंक की संकल्पना विकसित नहीं हुई तथा मूर्त अंकों की समझ न हो, तब वे अंकगणितीय अधिगम धीमी गति से सीखेंगे।

3. अभिप्रेरणात्मक स्तर (Motivational Level): जब तक बच्चे में सीखने की अभिप्रेरणा नहीं होगी, वह परिपक्वता तथा अनुभवात्मक पृष्ठभूमि होने पर भी नहीं सीखेगा।

5.11 तत्परता नियम की शैक्षिक उपयोगता (Educational Implications of the Law of Readiness)

"जब कोई संयोजन अथवा संवहन इकाई संवहन के लिए तैयार हो तो उसे संवहन में सन्तोष मिलता है। परन्तु जब कोई संवहन इकाई संवहन के लिए तैयार न हो तब उसके लिए संवहन कष्टप्रद होता है। जब कोई संवहन इकाई संवहन के लिए तैयार हो तो उसे ऐसा न करने देना भी कष्टप्रद होता है।"

(When any conduction unit is ready to conduct, for it to do so is satisfying. When any conduction unit is not in readiness to conduct, for it to conduct is annoing. When any conduction unit is in readiness to conduct for it not to do so is annyoing.)

यह नियम सीखने की प्रक्रिया में भाग ले रहे व्यक्ति की मनोस्थिति को प्रकाश में लाता है। जिस काम को सीखा जा रहा है उसे सीखने के लिए अगर मन में उत्कृष्ट अभिलाषा हो तो सीखने में बहुत आसानी होती है। अगर जिसे हम सीखना न चाहें उसे बलपूर्वक सिखाने का प्रयत्न किया जाए तो उसे सीखना कष्टप्रद होता है। अतः सीखने वाले की मनोस्थिति का सीखने की प्रक्रिया पर गहरा प्रभाव पड़ता है।

तत्परता का यह नियम हमें यह चेतावनी देता है कि जब तक बच्चे में किसी कार्य को करने या सीखने की पर्याप्त रुचि या इच्छा दिखाई न दे तब तक उसे करने या सीखने के लिए बाध्य नहीं किया जाना चाहिए। दूसरी ओर यह भी संकेत देता है कि अगर बच्चा किसी कार्य विशेष को किसी समय या अवस्था में सीखना या करना चाहता है तो उस कार्य विशेष को करने या सिखाने का बहुमूल्य अवसर कभी भी व्यर्थ नहीं खोया जाना चाहिए। इस तरह तत्परता का यह नियम अधिगम की प्रक्रिया में बच्चे की रुचि, अभिरुचि तथा अभिप्रेरणा के महत्त्व को स्थापित करने का प्रयास करता है।

6

अभिप्रेरणा
(Motivation)

6.1 अभिप्रेरणा का महत्त्व तथा अर्थ
(Significance and Meaning of Motivation)

कहा जाता है कि यदि अध्यापक सीखने में बालक की रुचि जागृत कर लेता है तो कार्य आधा मैदान जीत लेने के समान है। इससे प्रेरित होकर छात्र सीखने के लिए स्वयं आगे बढ़ने के प्रयास करेंगे। फिर उन्हें वाँछित पाठ्य-सामग्री प्रदान करके उनकी रुचि को बनाए रखने के प्रयास किए जाने चाहिए।

एक प्रसिद्ध कहावत है कि "घौड़े को पानी के पास तक ले जाया जा सकता है, परन्तु पानी पीने के लिए उसे मजबूर नहीं किया जा सकता।" ऐसा करने के लिए उसे किसी तत्त्व की आवश्यकता पड़ती है। वह तत्त्व है, पानी पीने के लिए अभिप्रेरणा। यही बात शिक्षण-अधिगम (पढ़ाने-सिखाने) पर भी लागू होती है। यदि ज्ञान-प्राप्ति के लिए बालक का मन तैयार नहीं है तो उसको पढ़ाना असम्भव कार्य है। उसकी रुचि के बिना अध्यापक के सब प्रयास व्यर्थ चले जाएँगे। अत: सीखने में बालक की रुचि जागृत करना अत्यावश्यक है ताकि वह ज्ञान-प्राप्ति के लिए तैयार हो सके।

अभिप्रेरणा की भूमिका बालक को एक बार सीखने के लिए तैयार करके सीखने का श्रीगणेश कराने की ही नहीं होती बल्कि उसे उसी रूप में सीखने में लगाये रखने की भी होती है। जैसा कि एक बालक साईकल या स्कूटर चलाना सीखते समय बार-बार चोट खाने या गिरने पर भी सीखना जारी रखता है, परीक्षा पास आने पर एक विद्यार्थी पढ़ने के लिए बार-बार आंखें धोकर नींद को भगाने की कोशिश करता है तथा एक खिलाड़ी अपने लक्ष्य की प्राप्ति के लिए दिन-रात अभ्यास करता हुआ नजर आता है। इन सभी व्यक्तियों को अपने सीखने सम्बन्धी व्यवहार में इतना तल्लीन होकर जुटे रहने के पीछे अभिप्रेरणा (Motivation) की ही केन्द्रीय भूमिका रहती है। कार्य सीखने के पश्चात् भी हम जो उसे करने में लगे रहते हैं उसमें भी अभिप्रेरणा का ही हाथ होता है। अत: एक प्रकार से अभिप्रेरणा हमारे सीखने सम्बन्धी व्यवहार की ही नहीं बल्कि सभी प्रकार के व्यवहार की कुंजी है।

6.2 अभिप्रेरणा की परिभाषाएँ (Definitions of Motivation)

1. *श्री टी.पी. नन (T. P. Nunn)* के अनुसार–"अभिप्रेरणा ऐसी प्रक्रिया है जिसके द्वारा विशेषकर कठिन कार्य में भी बालकों की रुचि पैदा हो सके तथा कठिनाईयों के होते हुए भी कार्य सफल होने तक इसे बनाये रखा जा सके।"

2. *मक्डूगल (Mc Dougall)* के मत में, "अभिप्रेरक प्राणी में निहित वे शारीरिक और मनोवैज्ञानिक दशाएं हैं जो उसे किसी विशेष ढंग से कार्य करने के लिए प्रेरित करती है।"

3. *हिलगार्ड (Hilgard)* तथा उसके सहयोगियों के अनुसार–"अभिप्रेरणा एक ऐसा सामान्य पद है जिसका सम्बन्ध व्यक्ति की आवश्यकताओं की पूर्ति और लक्ष्य ढूँढ़ने के व्यवहारों से है।"

4. *गुड (Good)* के विचार में–"प्रेरणा कार्य में जागरूकता उत्पन्न करने, उसको बनाये रखने तथा उसको नियन्त्रित करने की प्रक्रिया है।"

5. *ब्लेयर तथा उनके सहयोगियों (Blair et.al)* के अनुसार–"अभिप्रेरणा वह प्रक्रिया है जिसमें अधिगमकर्त्ता की आन्तरिक युक्तियों की आवश्यकताएँ वातावरण में पाये जाने वाले विभिन्न लक्ष्यों की ओर उसे उन्मुख करती है।"

6. *डिसिको एवं क्रॉवार्ड (Dececco and Croward)* के शब्दों में–"अभिप्रेरणा वह कारक है जो व्यक्ति के कार्यों के स्तर एवं मात्रा को निर्धारित करता है।"

7. वुडवर्थ (*Woodworth*) का कहना है, ''अभिप्रेरक प्राणी की वह अवस्था है जो उससे किन्हीं विशेष लक्ष्यों की पूर्ति के लिए किसी विशेष प्रकार का व्यवहार कराती है।''

8. जे.पी. *गिल्फोर्ड (J.P. Gilford, 1957)* के अनुसार, ''अभिप्रेरक एक विशेष आन्तरिक कारक अथवा स्थिति है जो किसी क्रिया को शुरू करने एवं जारी रखने की प्रवृत्ति रखती है।''

9. जेम्स ड्रेवर (*James Drever, 1968*) का कहना है, ''अभिप्रेरणा एक भावात्मक-क्रियात्मक कारक है जो चेतन अथवा अचेतन लक्ष्य की ओर होने वाले व्यक्ति के व्यवहार की दिशा को निश्चित करने का कार्य करता है।''

10. एटकिन्सन (*Atkinson, 1969*) ने लिखा है, ''अभिप्रेरणा एक अथवा अधिक प्रभावों को उत्पन्न करने के लिए व्यक्ति में कार्य करने की प्रवृत्ति को उद्वेलित करती है।''

6.3 अभिप्रेरणा की विशेषताएँ (Characteristics of Motivation)

1. अभिप्रेरणा में व्यवहार लक्ष्य-निर्देशित (Goal Directed) होता है।
2. अभिप्रेरित व्यवहार अधिक प्रबल होता है।
3. अभिप्रेरक व्यवहार चयनात्मक (Selective) होता है।
4. अभिप्रेरित व्यवहार अर्जित तथा जागृत होता है।
5. अभिप्रेरणात्मक व्यवहार में निरन्तरता पाई जाती है।

अभिप्रेरणा के तत्त्व (Elements of Motivation): अभिप्रेरणा में तीन तत्त्व सम्मिलित हैं:

1. अभिप्रेरणा व्यक्ति के अन्दर शक्ति परिवर्तन से आरम्भ होती है।
2. अभिप्रेरणा भावात्मक जागृति द्वारा वर्णित होती है।
3. अभिप्रेरणा पूर्वानुमान उद्देश्य द्वारा वर्णित होती है।

6.4 अभिप्रेरणा के रूप: आन्तरिक तथा बाह्य (Types of Motivation: Internal and External)

आन्तरिक अभिप्रेरणा में रुचि किये जाने वाले कार्य के अन्दर निहित है। विषय को उपयोगी एवं लाभदायक बना देने से सीखने की क्रिया में बालक स्वयं आनन्द अनुभव करता है। जीवन की वास्तविक क्रियाएँ, प्रोजेक्ट विधि आदि का शिक्षण में समावेश कर देने से आन्तरिक सुख प्राप्त होता है।

बाह्य अभिप्रेरणा से बालक अन्य कारणों से सीखने के लिए प्रेरित होता है। प्रेरणा का स्रोत क्रिया के बाहर होता है; जैसे पारितोषिक, दंड, प्रशंसा आदि।

अभिप्रेरणा के अभाव में सीखने और सिखाने का कार्य नहीं चल सकता। इसके लिए अध्यापक को बालकों की रुचि, क्षमता, योग्यता तथा ऐसे साधन जिनसे सीखने में सहायता प्राप्त हो सकती है, का ज्ञान अत्यावश्यक है।

अभिप्रेरणा के तीन मुख्य कार्य हैं:

1. अभिप्रेरणा कार्य को प्रारम्भ करती है।
2. अभिप्रेरणा क्रियाओं को गतिशीलता देती है।
3. जब तक उद्देश्य की प्राप्ति नहीं होती, अभिप्रेरणा क्रियाओं को एक निश्चित दिशा की ओर प्रेरित किए रहती है।

6.5 अभिप्रेरणा को प्रभावित करने वाले कारक (Factors Affecting Motivation)

अभिप्रेरणा को प्रभावित करने वाले निम्नलिखित कारक हैं:

1. उद्देश्यों की स्पष्टता।
2. अध्यापक का सम्पूर्ण व्यक्तित्व।
3. अभिप्रेरकों का प्रयोग।
4. छात्रों की तत्परता।
5. कक्षा का भौतिक तथा सामाजिक वातावरण।
6. शिक्षण-अधिगम विधियाँ।
7. सहायक सामग्री का प्रयोग।
8. विषय सामग्री का स्वरूप।
9. छात्रों की व्यक्तिगत भिन्नता पर ध्यान देना।
10. अध्यापक का व्यवहार।
11. कक्षा अनुशासन।
12. छात्रों को कक्षा कार्य में भागीदार बनाना।

6.6 अभिप्रेरकों का वर्गीकरण (Classification of Motives)

1. जैविक अभिप्रेरक (Biological or Physiological Motives): ये वे प्रेरक हैं जो जैविक आवश्यकताओं के कारण उत्पन्न होते हैं, जैसे–भूख, प्यास, काम, विश्राम, मल-मूत्र त्यागने की इच्छा आदि। इन अभिप्रेरकों का आधार शरीर होता है। इन्हें प्राथमिक प्रेरक भी कहते हैं।

2. सामाजिक अभिप्रेरक (Social Motives): ये सामाजिक अभिप्रेरणा के कारण उत्पन्न होते हैं, जैसे प्रतिष्ठा, सुरक्षा, संग्रहता, प्रभुत्व, अनुमोदन, समुदाय के साथ एकीकरण आदि।

3. व्यक्तिगत अभिप्रेरक (Individual Motives): इनमें आते हैं–जीवन का लक्ष्य, आकांक्षा का स्तर।

4. अचेतन अभिप्रेरक (Unconscious Motives): मनोविश्लेषण विचारधारा के संस्थापक फ्रायड (Freud) ने मानव व्यवहार की व्याख्या में अचेतन अभिप्रेरणाओं को बहुत अधिक महत्त्व दिया है। उनके अनुसार दैनिक जीवन के अधिकतर व्यवहारों का स्रोत अचेतन मस्तिष्क है। अचेतन अभिप्रेरणाओं के महत्त्व को भारतीय ऋषि-मुनियों एवं दार्शनिकों ने भी स्वीकार किया है। हमारी कई इच्छाओं की सन्तुष्टि नहीं होती। वे दबकर अचेतन मस्तिष्क में चली जाती हैं। वे अपना रूप बदलकर चेतन मस्तिष्क में आकर सन्तुष्टि के लिए बार-बार प्रयास करती हैं और व्यवहारों को प्रभावित करती हैं।

6.7 शिक्षक के अभिप्रेरणात्मक कार्य (Teacher's Motivational Functions)

डिसिको और क्रॉवार्ड (*Dececco and Croward*, 1977) ने शिक्षक के अभिप्रेरणात्मक कार्यों को चार भागों में बाँटा है:

शिक्षक के अभिप्रेरणात्मक कार्यों का वर्गीकरण

(1)	(2)	(3)	(4)
उद्बोधन कार्य (Arousal Function)	प्रत्याशात्मक कार्य (Expectancy Function)	प्रोत्साहन कार्य (Incentive Function)	अनुशासनात्मक कार्य (Disciplinary Function)

उद्बोधन कार्य (Arousal Function): उद्बोधन व्यावहारिक उत्तेजना का एक सामान्य स्तर है। शिक्षण में उद्बोधन को छात्रों की सामान्य सजगता तथा एकाग्रता के रूप में परिभाषित किया जा सकता है। अत: अध्यापक का पहला कार्य है कि वह छात्रों को कार्य करने के लिए उद्बोधित करे। उनमें कार्य अथवा पाठ के प्रति उचित लगाव पैदा करे ताकि वे कार्य करने में लग जाएँ। उद्बोधन द्वारा छात्र कार्य आरम्भ करते हैं, परंतु यह उनके कार्य को नियन्त्रित तथा निर्देशित नहीं करता।

प्रत्याशात्मक कार्य (Expectancy Function): शिक्षक के प्रत्याशात्मक कार्य का सीधा सम्बन्ध शिक्षण के उद्देश्यों से है, अत: शिक्षक छात्रों को स्पष्ट शब्दों में और मूर्त रूप में यह बतलाता है कि छात्र पाठ अथवा किए जा रहे कार्य के समाप्त होने पर क्या-क्या करने में सक्षम हो जायेंगे?

प्रोत्साहन कार्य (Incentive Function): प्रोत्साहन कार्य में शिक्षक प्रशंसा तथा फटकार, प्रतियोगिता आदि का प्रयोग करता है।

अनुशासनात्मक कार्य (Disciplinary Function): अनुशासनात्मक विधियाँ इस प्रकार की होनी चाहिए कि छात्रों में आत्म-नियन्त्रण तथा सामाजिक चेतना का विकास हो।

अनुशासनात्मक तकनीकें दो प्रकार की होती हैं–सुखदायी उद्दीपक तथा दण्ड व दुःख देने वाले उद्दीपक। सुखदायी उद्दीपकों का अधिक महत्त्व है।

शिक्षक कक्षा में अनुशासनात्मक तकनीक का प्रयोग किसी एक छात्र पर इसलिए भी करते हैं कि उसका प्रभाव दूसरे छात्रों पर भी पड़े। इसी को डिसिको ने 'तरंग प्रभाव' की संज्ञा दी है। 'तरंग' का रूपक इसलिए प्रयुक्त किया गया है कि किसी एक छात्र को पुरस्कार या दण्ड देने पर उसी प्रकार की लहरें उठती हैं जिस प्रकार एक शान्त जलाशय में पत्थर फेंकने से। इन तरंगों का कक्षा के अनुशासन पर अच्छा या बुरा प्रभाव पड़ सकता है।

6.8 छात्रों को अभिप्रेरित करने के उपाय (Measures for Motivating Students)

छात्रों को शिक्षण-अधिगम प्रक्रिया में अभिप्रेरित करने के महत्त्वपूर्ण उपाय निम्नलिखित हैं:

1. कक्षा का अनुकूल भौतिक वातावरण (Congenial Classroom Environment): कक्षा का वातावरण सीखने के अनुकूल होना चाहिए। कक्षा में बैठने का प्रबन्धा उचित तथा आरामदेह होना चाहिए। प्रकाश और हवा की ठीक व्यवस्था हो। अधिाक गर्मी या ठण्ड भी छात्र की कार्य-क्षमता कम करती है। कक्षा में कुछ विद्यार्थी शोर करके भी शैक्षिक वातावरण को बिगाड़ देते हैं। श्यामपट्ट पर पॉलिश हुई होनी चाहिए जिससे लिखने और साफ करने में आसानी हो।

2. पाठ्यवस्तु की उपयोगिता (Usefulness of Subject-Matter): पाठ्यवस्तु की उपयोगिता ध्यान और रुचि की जननी है। जो वस्तु हमारे लिए उपयोगी होती है उसे हम शीघ्र सीखना चाहते हैं। उसके लिए हम अधिक प्रयत्न करते हैं। उसका ज्ञान भी स्थायी होता है। अनुपयोगी बातों पर हम कम ध्यान देते हैं। ऐसे विषय की ओर बालक कम रुचि लेता है जिसकी जीवन में कोई उपयोगिता न हो। इसीलिए शिक्षा या पाठ की उपयोगिता ही प्रेरणा का स्रोत है। निरुद्देश्य तथा प्रयोजन-रहित कार्य बालक के अन्दर मानसिक शिथिलता लाते हैं। अत: अध्यापक का कर्त्तव्य है कि वह पाठ का उद्देश्य बालकों को स्पष्ट करने का प्रयास करे।

3. बालकों को ठीक तरह समझा जाए (Understanding the Students Properly): अध्यापक को यह सदैव ध्यान रखना चाहिए कि शिक्षण-अधिगम प्रक्रिया में विषय-सामग्री या किसी और बात का उतना महत्त्व नहीं होता जितना कि विद्यार्थियों का होता है। सीखना विद्यार्थियों को होता है और सभी बातें उन्हें इस कार्य में मात्र सहायता पहुँचाने के लिए ही होती हैं। बालकों की रुचि, अभिरुचि, योग्यताओं और क्षमताओं का मूल्यांकन करके समझने का प्रयत्न करना चाहिए कि उन्हें किस प्रकार के अधिगम अनुभव प्रदान किए जाएँ जिनमें वे पर्याप्त रुचि ले सकें।

4. व्यक्तिगत विभिन्नताओं के अनुसार शिक्षण (Teaching According to Individual Differences): जिस प्रकार शारीरिक रूप से कोई दो मनुष्य समान नहीं होते, उसी प्रकार उनमें मानसिक समानता भी नहीं होती। उनकी बुद्धि, रुचि, मूल प्रवृत्तियाँ और योग्यताएँ विभिन्न होती हैं। विद्यार्थी की इन विभिन्नताओं को समक्ष रखकर ही शिक्षा

देनी चाहिए। प्रत्येक विद्यार्थी को एक अलग इकाई मानकर ही शिक्षण सफल हो सकता है। यह तभी सम्भव है जबकि कक्षाएँ छोटी हों।

5. क्रियाओं के लिए अवसर देना (Providing Opportunities for Doing): बालकों की क्रिया में जन्मजात रुचि होती है। सामान्यतया बालक शान्त और निष्क्रिय नहीं बैठ सकता। अतः जो अधयापक बालकों को एक जगह बैठाकर मौखिक ज्ञान प्रदान करता है और अपने समक्ष बैठे बालकों को चुपचाप देखकर अपने शिक्षण-कार्य को सफल समझता है, तो उसकी यह एकदम भारी भूल है। मौखिक ज्ञान में बालकों का ध्यान बहुत कम समय के लिए केन्द्रित हो सकता है। बालकों को क्रिया द्वारा सिखाया गया ज्ञान स्थायी होता है और जीवन में उपयोगी भी। इसीलिए आधुनिक शिक्षाशास्त्रियों ने बहुत-सी क्रिया-प्रधान नवीन शिक्षा-प्रणालियाँ प्रस्तुत की हैं, जैसे–प्रोजेक्ट विधि, बेसिक शिक्षा, मॉण्टेसरी विधि आदि।

6. शारीरिक स्वास्थ्य (Health of the Teacher and the Taught): विद्यार्थियों को शारीरिक रूप से पूर्ण स्वस्थ होना चाहिए। इसके अभाव में पढ़ाने तथा पढ़ने में मन कम लगता है तथा अधिक देर तक ध्यान केन्द्रित भी नहीं हो सकेगा। थकान और बीमारी उनकी कार्य-क्षमता को कम करते हैं। कोई भी शारीरिक त्रुटि, जैसे–कम दिखाई देना, कम सुनना या अन्य कष्ट पढ़ाई में रुचि पैदा नहीं होने देते, अतः वे पढ़ाई में पिछड़ जाते हैं।

7. उपयुक्त अधिगम अनुभवों की व्यवस्था (Appropriate Opportunities for Learning): जैसी खाद्य-सामग्री होगी उसी के अनुरूप उसको खाने या प्राप्त करने की इच्छा प्रकट की जाएगी। इसी प्रकार बालकों को जैसे अधिगम अनुभव दिये जायेंगे उनकी महत्ता, उपयोगिता तथा। बालकों की दृष्टि से उपयुक्तता को आधार बनाकर उतनी ही मात्रा में बालकों को अभिप्रेरित किया जा सकेगा। इस दृष्टि से पाठ्यक्रम तथा पाठ्यवस्तु का इस प्रकार चयन तथा आयोजन किया जाना चाहिए कि छात्र उसे पढ़ने के लिए अग्रसर हों तथा उनके पठन-पाठन में पर्याप्त निरन्तरता और उत्साह बना रहे।

8. उपयुक्त शिक्षण-विधियों तथा तकनीकों का प्रयोग (Use of Appropriate Teaching Methods and Techniques): शिक्षक के पढ़ाने के ढंग पर बहुत कुछ निर्भर करता है। एक अच्छा अधयापक विषय, शिक्षण-परिस्थितियों तथा बालकों की आवश्यकताओं को ध्यान में रखकर इस प्रकार की विधियों एवं तकनीकों को अपनाता है, जिनसे लापरवाह बच्चे को भी पढ़ने के प्रति आकर्षित किया जा सके और उसे सीखने-सिखाने की प्रक्रिया में सक्रिय रूप से साझीदार बनाया जा सके। नवीन शिक्षण विधियों, मनोवैज्ञानिक नियमों, शिक्षण-तकनीकों एवं उपयुक्त सहायक सामग्री का प्रयोग इस दिशा में अध्यापक की काफी सहायता कर सकता है। अतः अध्यापक को इनका भली-भाँति उपयोग करने का पूरा-पूरा प्रयोग करना चाहिए।

9. सहायक सामग्री का उपयोग (Use of Teaching Aids): शिक्षण को प्रभावशाली तथा रोचक बनाने के लिए कुछ दृश्य-श्रव्य साधनों का प्रयोग भी आवश्यक है। बालकों की निष्क्रियता दूर करने, विषयों को स्पष्ट करने तथा उन्हें आकर्षक और रुचिकर बनाने के लिए सफल अध्यापक श्यामपट्ट, चार्ट, मॉडल आदि का प्रयोग करता है। सहायक सामग्री के माध्यम से छात्रों का ध्यान पाठ्य-विषय पर सरलता से केन्द्रित किया जा सकता है। अध्यापक द्वारा इनका उचित उपयोग पाठ को सजीव व सरल बना देता है।

10. नवीन ज्ञान को पूर्व ज्ञान से सम्बन्धित करना (Linking New Knowledge with the Previous One): अध्यापक द्वारा किसी भी तथ्य को पढ़ाने से पहले यह पता लगा लेना चाहिए कि उस विषय या प्रकरण के सम्बन्ध में बालक पहले से ही क्या जानते हैं। इस पूर्व ज्ञान को आधार बनाकर ही नवीन-अधिगम सामग्री (Learning-Material) बालकों के सामने रखी जानी चाहिए। इस तरह से उन्हें नवीन ज्ञान को ग्रहण करने में कोई झिझक, शंका या भय नहीं रहता और वे उसे सीखने के प्रति आवश्यक रुचि तथा उत्साह का प्रदर्शन करते दिखाई देते हैं।

11. प्रतियोगिताओं का आयोजन किया जाना (Organising Competitions): बालकों के व्यवहार को अभिप्रेरित करने में प्रतियोगिताओं के आयोजन से पर्याप्त सहायता मिल सकती है। इन प्रतियोगिताओं का आयोजन व्यक्तिगत तथा सामूहिक दोनों स्तरों पर ही हो सकता है। परीक्षा में अधिक अंक प्राप्त करने की इच्छा जगाने तथा दौड़ में प्रथम स्थान प्राप्त करने के लिए अथक परिश्रम करने से लेकर अपनी कक्षा या विद्यालय को किसी भी प्रतियोगिता में सर्वोच्च स्थान दिलाने की बात प्रतियोगिताओं के माध्यम से ही बालक के दिमाग में आती है। अध्यापकों द्वारा प्रतियोगिताओं के इस महत्त्व को ध्यान में रखते हुए उन्हें कक्षा-शिक्षण तथा विद्यालय की पाठान्तर क्रियाओं के संगठन में उचित स्थान देने का प्रयत्न करना चाहिए। ऐसा करने में उन्हें इस बात का भी समुचित ध्यान रखना चाहिए कि इन प्रतियोगिताओं के आयोजन से बालकों में स्वस्थ प्रतिस्पर्धा की भावना ही विकसित हो।

12. आत्मसम्मान तथा अहं की तुष्टि पर ध्यान दिया जाना (Giving Consideration to the Self-Respect and Ego of the Students): यह कार्य मेरे द्वारा किया गया है अथवा यह वस्तु मेरे द्वारा बनाई गई है। इस तरह की भावना जिसमें व्यक्ति के अहं की तुष्टि होती है, व्यक्ति को पर्याप्त ढंग से अभिप्रेरित रख सकती है। ऐसे बहुत से अवसर आते हैं जिनमें व्यक्तिगत अथवा सामूहिक रूप से विद्यार्थियों को किसी भी कार्य में इस तरह लगा दिया जाए कि वे उसे अपनी प्रतिष्ठा का प्रश्न बना लें।

13. पाठों की उचित व्यवस्था (Proper Organisation of Lessons): सरल पाठों को पहले पढ़ाया जाना चाहिए। कठिन पाठों या समस्याओं की ओर धीरे-धीरे अग्रसर होना ही उचित है, क्योंकि कठिन पाठ में बालकों की रुचि एकदम उत्पन्न नहीं होती। धीरे-धीरे बालक मानसिक रूप से कठिन समस्याओं को हल करने की क्षमता प्राप्त कर लेते हैं और विषय में भी उनकी रुचि बढ़ जाती है। अत: पाठों को इस क्रम से व्यवस्थित करना कि सरल और छोटे पाठ पहले और कठिन तथा लम्बे बाद में हों, अध्यापक के कार्य को आसान बना देता है। इससे बालकों को भी सीखने में सरलता होगी।

14. पारितोषिक और दण्ड (Use of Rewards and Punishments): पारितोषिक और दण्ड दोनों ही बालक को सीखने के लिए प्रेरित करते हैं। इनाम पाने की लालसा में बालक अधिक चेष्टा करेगा। इसके विपरीत दण्ड से बचने के लिए भी उसे सीखने का प्रयास करना होगा। मनोवैज्ञानिक खोजों के आधार पर पारितोषिक देना अधिक उपयोगी सिद्ध हुआ है, जबकि दण्ड देना अधिक प्रेरणात्मक सिद्ध नहीं हुआ तथा इससे बालक का उत्साह घटता है। अत: कठिन कार्य में सफलता-प्राप्ति पर बालकों को पुरस्कार देना बालकों को प्रेरित करने का कार्य करता है। कभी-कभी प्रशंसा के शब्द ही पुरस्कार तथा उत्साहवर्धन का कार्य करते हैं।

15. प्रतियोगिताओं का आयोजन (Organisation of Competitions): कक्षा में वाचन, कविता-पाठ, पुस्तकालय की पुस्तकों को पढ़ने में तथा सहायक सामग्री तैयार करने में स्वस्थ प्रतियोगिताओं का आयोजन किया जाना चाहिए। इससे बालक सीखने में सचेत रहते हैं और अधिक उत्साह दिखाते हैं। कार्य को पूरा करने तथा आगे बढ़ जाने की प्रवृत्ति उनके लिए प्रेरणा का साधन बनती है, परन्तु ये प्रतियोगिताएँ यदि सामूहिक रूप में हों तो अच्छा होगा। दो बालकों में व्यक्तिगत प्रतियोगिता अधिक उपयोगी नहीं रहती। इससे कभी-कभी बैर और वैमनस्य की भावना बढ़ जाती है।

16. अध्यापक की शिक्षण में रुचि (Teacher's Interest in Teaching): अध्यापक की रुचि और उत्साह के बिना शिक्षण में सजीवता ला सकना असम्भव है। उत्साहहीन अध्यापक बालकों के लिए कभी भी प्रेरणा का स्रोत नहीं बन सकता। अच्छे से अच्छा पाठ्यक्रम प्रेरणा के अभाव में बालक को अपनी ओर स्वयं आकर्षित नहीं कर सकता। अध्यापक ही अपनी योग्यता, उत्साह और रुचि से बालकों को सीखने के लिए प्रेरित कर सकेगा और बेजान ज्ञान को सजीवता से बालक के ग्रहण करने योग्य बना सकता है।

17. अध्यापक का स्वर (Voice of the Teacher): ज्ञान को विद्यार्थियों तक ठीक प्रकार से पहुँचाने के लिए अध्यापक के बोलने का ढंग विशेष महत्त्व रखता है। उसे अभिनेता की तरह इस पर ध्यान देना चाहिए। भाषा में उतार-चढ़ाव, मुख्य शब्दों या भावों का उचित प्रयोग करना चाहिए।

18. उचित आदतों का विकास (Development of Right Habits): बालकों को सीखने के लिए अभिप्रेरित करने के कार्य में स्वस्थ आदतें भी महत्त्वपूर्ण भूमिका निभाती हैं। शारीरिक तथा मानसिक रूप से सजग एवं स्वस्थ बालक पढ़ने में पर्याप्त रुचि दिखाते हैं। इसी तरह संवेगात्मक एवं सामाजिक रूप से भली-भाँति समायोजित बालक को सीखने के लिए अभिप्रेरित करने में सुविधा होती है। ठीक समय पर सोना, जागना, नियमित खान-पान, दिनचर्या, पढ़ने-लिखने की उपयुक्त आदतें आदि सभी का बच्चों के अभिप्रेरण कार्य पर पर्याप्त प्रभाव पड़ता है। जहाँ वांछित आदतें इस क्रिया में सहायक सिद्ध होती हैं वहीं अवांछित आदतें इसमें काफी बाधक सिद्ध होती हैं। अतः बालकों को भली-भाँति अभिप्रेरित करने के लिए स्वस्थ एवं वांछनीय आदतों के विकास पर आरम्भ से ही ध्यान दिया जाना चाहिए।

उपसंहार: शिक्षण अधिगम प्रक्रिया को रोचक, आकर्षक तथा प्रभावी बनाने के लिए आवश्यक है कि अभिप्रेरणा का प्रबल तथा उचित प्रयोग किया जाए। इसके लिए नई-नई शैक्षिक तकनीकों को अपनाया जाए। सबसे महत्त्वपूर्ण बात है—छात्रों की रुचि कक्षा कार्य में बनाए रखना।

7

धारण तथा विस्मृति
(Retention and Forgetting)

7.1 समृति का अर्थ (Meaning of Memory)

पूर्व अनुभवों को अचेतन मन में संचित रखने और आवश्यकता पड़ने पर चेतन मन में लाने को स्मृति कहते हैं। दूसरे शब्दों में सीखे हुए ज्ञान तथा पूर्व अनुभवों को इस प्रकार सुरक्षित रखा जाए कि जब हमें आवश्यकता हो तो उनका उपयोग किया जा सके। मनोविज्ञान जगत में धारण करने और दोहराने की यह योग्यता 'स्मृति' के नाम से जानी जाती है। स्मृति की निम्नलिखित परिभाषाएँ उसके विभिन्न पक्षों पर प्रकाश डालती हैं:

1. *वुडवर्थ* (*Woodworth*) ने 'स्मृति' शब्द तथा 'स्मरण' तथा 'याद रखना'–दोनों शब्दों का एक ही अर्थ लिया है।

2. *लैग्डगल* (*Lagdgal*) के अनुसार, "स्मृति एक आदर्श पुनरावृत्ति है जिसमें भूतकाल के अनुभव की कल्पना करना एवं पहचान लेना है कि वे अपने ही भूतकालीन अनुभव हैं।"

3. *स्टाउट* (*Stout*) के शब्दों में, "स्मृति एक आदर्श पुनरावृत्ति है जिसमें भूतकाल के अनुभव उसी क्रम तथा ढंग से जागृत होते हैं जैसे वह पहले हुए थे।"

4. *रायबर्न* (*Ryburn*) का विचार है, "अपने अनुभवों को संचित रखने और उनको प्राप्त करने के कुछ समय बाद चेतना के क्षेत्र में पुनः वापिस लाने की जो शक्ति हममें होती है, उसी को स्मृति कहते हैं।

5. जे.एस. रॉस (*J.S. Ross*) ने स्मृति को इस प्रकार परिभाषित किया है, "स्मृति एक नया अनुभव है जो पूर्व अनुभवों की स्थिति द्वारा निर्धारित होता है तथा दोनों के बीच का संबंध स्पष्ट समझा जाता है।"

7.2 स्मृति की अवस्थाएँ (Phases of Memory)

1	2	3	4
अधिगम (Learning)	**धारण करना (Retention)**	**प्रत्यास्मरण (Recall)**	**पहचान (Recognition)**
सीखना	सीखे हुए अनुभव तथा तथ्यों को सुरक्षित रखना	सीखे हुए अनुभवों और तथ्यों को फिर से चेतना में लाना	किसी वस्तु या परिस्थिति को उसी रूप में देखना जिस रूप में उनकी छाप मानस पटल पर अंकित हो गई हो।

7.3 स्मृति के प्रकार (Types of Memory)

प्राय: स्मृति के प्रकारों को तीन भागों में बांटा जाता है:

स्मृति के प्रकार: वर्गीकरण I
(Types of Memory: Classification I)

(1) तत्कालिक या संवेदी स्मृति (Immediate or Sensory Memory)

(2) अल्पकालिक स्मृति (Short Term Memory)

स्मृति के प्रकार: वर्गीकरण II
(Types of Memory Classification II)

(1) अल्पकालिक स्मृति (Short Term Memory)

(2) दीर्घकालिक स्मृति (Long Term Memory)

स्मृति के प्रकार: वर्गीकरण III
(Types of Memory: Classification III)

चार्ट 7.1 देखें।

7.4 तत्कालिक स्मृति तथा अल्पकालिक स्मृति की तुलना (Comparison of Intermediate Memory and Short Term Memory)

तत्कालिक स्मृति	अल्पकालिक स्मृति
(i) अल्प समय-सेकेंड से भी कम धारण समय	(i) तुलनात्मक अधिक कार्यकाल-कम से कम 30 सेकंड तथा स्मृति को धारण किया जा सकना।
(ii) स्मृति चिन्ह (दृश्यात्मक उद्दीपन पानी के बुलबले की भांति)	(ii) स्मृति चिन्हों को अधिक समय तक धारण कर सकना
(iii) प्रयासों का अधिगमकर्त्ता पर कोई प्रभाव नहीं	(iii) अभ्यास का प्रभाव
(iv) स्मृति विस्तार (Span of Memory) तुलनात्मक अधिक	(iv) स्मृति विस्तार तुलनात्मक कम
(v) स्मृति चिन्हों का कुछ समय के पश्चात् समाप्त हो जाना अथवा अल्पकालिक स्मृति में बदल जाना	(v) अभ्यास के परिणामस्वरूप स्मृति चिन्हों का दीर्घकाल स्मृति में स्थानान्तरित हो जाना

(*क्रमश:*)

चार्ट 7.1–स्मृति के प्रकार: वर्गीकरण III
(Types of Memory: Classification III)

1	2	3	4	5	6	7	8	9
स्थायी स्मृति (*Permanent Memory*)	*तत्कालीन स्मृति* (*Immediate Memory*)	*सक्रिय स्मृति* (*Active Memory*)	*निष्क्रिय स्मृति* (*Passive Memory*)	*यान्त्रिक स्मृति* (*Mechanical Memory*)	*रटंत स्मृति* (*Cramming Memory*)	*तार्किक स्मृति* (*Logical Memory*)	*व्यक्तिगत स्मृति* (*Personnel Memory*)	*अव्यक्तिगत स्मृति* (*Impersonnel Memory*)
(i) सीखी हुई बात का बहुत समय तक प्रत्यास्मरण कर सकना। (ii) तथ्यों में साहचर्य की दृढ़ता।	तीखी हुई बात को तुरन्त सुना देना	पुराने अनुभवों तथा तथ्यों का प्रत्यास्मरण कुछ परिश्रम से करना	पूर्व अनुभव का प्रत्यास्मरण बिना परिश्रम के करना	शरीर के भागों अर्थात् हाथों और पैरों को हिलाकर प्रत्यास्मरण करना	तथ्यों को बिना समझे याद करना	किसी कार्य तथा तथ्य में बुद्धि का प्रयोग करना	पूर्व अनुभवों का प्रत्यास्मरण करते हुए उनसे जुड़ी अपनी बातों का प्रत्यास्मरण करना	पुस्तकों तथा साहित्यों से सीखी हुई बातों को याद करना

तत्कालिक स्मृति	अल्पकालिक स्मृति
(vi) स्मृति चिन्हों के नष्ट होने से स्मृति में अंकित सामग्री को तुरन्त भूल जाना	(vi) स्मृति चिन्हों के धुंधले पड़ने या नष्ट होने पर पुरानी सामग्री के स्थान पर नई सामग्री का स्थान ले लेना

7.5 अल्पकालिक तथा दीर्घकालिक स्मृति की तुलना (Comparison Between Short Term and Long Term Memory)

अल्पकालिक स्मृति (*Short Term Memory*)	*दीर्घकालिक स्मृति* (*Long Term Memory*)
(i) स्मृति विस्तार सामान्यतः 5 से लेकर 9 इकाइयों तक ही सीमित (अंक, अक्षर तथा वस्तु)।	(i) स्मृति विस्तार अपेक्षाकृत अधिक पूरी की पूरी कहानियों, घटनाओं आदि को स्मृति में बनाए रखना।
(ii) स्मृति चिन्हों का जल्दी मिट जाना।	(ii) स्मृति चिन्हों का अपेक्षाकृत अधिक मजबूत तथा स्थायी होना।
(iii) मस्तिष्क में संजोयी विषय सामग्री का मस्तिष्क द्वारा स्वतः रिहर्सल या पुनरावृत्ति का न होना।	(iii) मस्तिष्क में संजोयी विषय सामग्री का समुचित मानसिक रिहर्सल तथा पुनरावृत्ति का होते रहना।
(iv) कार्यकाल बहुत छोटा-सामान्यतया 30 सेकेंड से अधिक न होना।	(iv) अपेक्षाकृत कार्यकाल लम्बा–कुछ स्थितियों में कार्यकाल घंटों, दिनों या वर्षों तक ही सीमित न रहकर जीवनपर्यन्त बने रहना।
(v) सूचनाओं को बहुत असम्बन्धित ढंग से ग्रहण किया जाना।	(v) सूचनाओं को सम्बन्धित ढंग से ग्रहण किया जाना।
(vi) सूचनाओं के भण्डारण की उचित व्यवस्था का न होना।	(vi) सूचनाओं के भण्डारण की उचित व्यवस्था का होना।
(vii) पुनरावृत्ति अथवा अभ्यास के न होने से धारण की गई सूचनाओं का मानस पटल से बिल्कुल गायब हो जाना।	(vii) धारण की गई सामग्री का गायब न होना।
(viii) उचित अभ्यास द्वारा सूचनाओं या विषय सामग्री का दीर्घकालिक स्मृति में स्थानान्तरण हो जाना।	(viii) इस प्रकार का कोई स्थानान्तरण नहीं होता।
(ix) पुरानी सूचनाओं में अस्थिरता का होना।	(ix) विस्मृति की बहुत कम सम्भावना। अतः सूचनाओं में स्थिरता।

7.6 अच्छी स्मृति के लक्षण तथा इसे प्रभावित करने वाले कारक (Marks of Good Memory and Factors Contributing to Good Memory)

अच्छी स्मृति में निम्नलिखित गुण, लक्षण या विशेषताएँ होती हैं:

1- *शीघ्र अधिगम* (*Quick Learning*): अच्छी स्मृति का पहला गुण है—जल्दी सीखना या याद होना। जो व्यक्ति किसी बात को शीघ्र सीख लेता है, उसकी स्मृति अच्छी समझी जाती है।

2. *उत्तम-धारण शक्ति* (*Good Retention*): अच्छी स्मृति का दूसरा गुण है—सीखी हुई बात को बिना दोहराए हुए देर तक स्मरण रखना। जो व्यक्ति एक बात को जितने अधिक समय तक मस्तिष्क में धारण रख सकता है, उसकी स्मृति उतनी ही अधिक होती है।

3. *शीघ्र पुन: स्मरण* (*Immediate Recall*): अच्छी स्मृति का तीसरा गुण है—सीखी हुई बात का शीघ्र याद आना। जिस व्यक्ति को सीखी हुई बात जितनी जल्दी याद आती है, उसकी स्मृति उतनी ही अधिक अच्छी होती है।

4. *शीघ्र पहचान* (*Quick Recognition*): अच्छी स्मृति का चौथा गुण है—शीघ्र पहचान। किसी बात का शीघ्र **पुनः स्मरण** ही पर्याप्त नहीं है। इसके साथ यह भी आवश्यक है कि आप शीघ्र ही **यह जान** जायें कि आप जिस बात को स्मरण करना चाहते हैं, वही बात आपको याद आई है।

5. *अनावश्यक बातों की विस्मृति* (*Forgetting Unnecessary Elements*): अच्छी स्मृति का पांचवाँ गुण है—अनावश्यक या व्यर्थ की बातों को भूल जाना। यदि ऐसा नहीं है, तो मस्तिष्क को व्यर्थ में बहुत-सी ऐसी बातें स्मरण रखनी पड़ती हैं, जिनकी भविष्य में कभी आवश्यकता नहीं पड़ती है। वकील मुकदमे के समय उससे सम्बन्धित सब बातों को याद रखता है, पर उसके समाप्त हो जाने पर उसमें अनावश्यक बातों को भूल जाता है।

6. *विशुद्धता* (*Accuracy*): अच्छी स्मृति में ज्यूं तथा त्यूं तत्त्व की प्रधानता रहती है।

7. *गति* (*Speed*): अच्छी स्मृति वाला व्यवित तेज गति से तत्त्वों का पुन: स्मरण कर लेता है।

8. *उपयोगिता* (*Utility*): अच्छी स्मृति का अन्तिम गुण है–उपयोगिता। इसका अभिप्राय यह है कि वही स्मृति अच्छी होती है, जो अवसर आने पर उपयोगी सिद्ध होती है। यदि परीक्षा देते समय बालक स्मरण की हुई सब बातों को लिखने में सफल हो जाता है, तो उसकी स्मृति उपयोगी है, अन्यथा नहीं।

स्मृति को प्रभावित करने वाले कारक (Factors Influencing Memory)

1. आन्तरिक कारक (Natural Factors)

- (i) छात्र का स्वास्थ्य
- (ii) छात्र की मानसिक तथा शारीरिक दशा
- (iii) छात्र की इच्छा शक्ति
- (vi) छात्र का मानसिक, शारीरिक, संवेगात्मक तथा सामाजिक दृष्टि से समायोजन
- (v) छात्र की रुचि तथा अवधान
- (vi) दोहराना तथा अभ्यास

2. बाह्य कारक (External Factors)

- (i) स्मरण की जाने वाली विषय वस्तु की प्रकृति
- (ii) स्मरण किए जाने हुतु अपनाए गए तरीके तथ ाविधियाँ

7.7 स्मृति प्रशिक्षण (Memory Training)

विद्वानों में स्मृति प्रशिक्षण की धारणा में बहुत मतभेद और पाया गया है।

कुछं मनोवैज्ञानिकों के अनुसार स्मृति व्यक्ति का जन्मजात गुण है। इसीलिए, व्यक्तियों की स्मृति या स्मरण-शक्ति में अन्तर पाया जाता है। पर विभिन्न प्रयोगों द्वारा यह सिद्ध किया जा चुका है कि प्रशिक्षण और अभ्यास द्वारा स्मृति में उन्नति की जा सकती है। इसका कारण बताते हुए वुडवर्थ ने लिखा है-"सीखने या स्मरण करने की प्रक्रिया एक नियंत्रित क्रिया होने के कारण प्रशिक्षण से अत्यधिक प्रभावित होती है।"

स्मृति उन्नत करने के उपाय (Methods of Enhancing Memory)

1. जिस बात को बालक स्मरण करना चाहता है उसे याद करने के लिए उसमें दृढ़ निश्चय होना चाहिए।

2. बालक जिस बात को स्मरण करना चाहते हैं, उसका लाभ और उद्देश्य उन्हें स्पष्ट रूप से ज्ञात होना चाहिए।

3. बालकों को पाठ स्मरण करने के लिए विभिन्न विधियों का प्रयोग करने के लिए प्रोत्साहित करना चाहिए।

4. बालकों को जो पाठ स्मरण करने के लिए दिया जाये, उसका अर्थ उन्हें पहले ही पूर्ण रूप से समझा दिया जाना चाहिए।

6. बालकों को स्मरण करने के लिए जो पाठ दिया जाये, उसमें उनकी रुचि होनी चाहिए या रुचि उत्पन्न की जानी चाहिए।

7. बालकों की स्मरण करने की क्रिया, निष्क्रिय न होकर सक्रिय होनी चाहिए। अतः स्मरण करने के समय उनको अपनी ज्ञानेन्द्रियों का अधिक से अधिक प्रयोग करने का अवसर दिया जाना चाहिए।

8. पाठ स्मरण करने के समय बालकों में भय, क्रोध, कष्ट, थकान, परेशानी आदि नहीं होनी चाहिए, अन्यथा उन्हें पाठ को स्मरण करने में बहुत देर लगती है और स्मरण करने के बाद वे उसे शीघ्र ही भूल जाते हैं।

9. बालकों द्वारा स्मरण किया गया पाठ कुछ-कुछ समय के पश्चात् दोहराया जाना चाहिए।

रायबर्न के अनुसारः इस बात का पूर्ण प्रयास किया जाना चाहिए कि बालक अपने पाठ को एकाग्रचित होकर याद करें।

कोलेसनिक के अनुसारः स्मृति-प्रशिक्षण की तीन मुख्य विधियाँ: 1. निरीक्षण शक्ति का विकास करना, 2. तार्किक शक्ति को बलवती बनाना, और 3. निर्णय की प्रक्रिया में उन्नति करना।

स्मरण करने की मितव्ययी विधियाँ (Economical Methods of Learning)

मनोवैज्ञानिकों ने स्मरण करने की अनेक विधियों की खोज की है जिनका प्रयोग करने से समय तथा शक्ति की बचत होती है। इनमें से अधिक महत्त्वपूर्ण निम्नांकित हैं:

1. *सक्रिय विधि (Active Method)*: इस विधि में स्मरण किये जाने वाले पाठ को बोल-बोलकर याद किया जाता है। यह विधि छोटे बच्चों के लिए अच्छी है, क्योंकि इससे उनका उच्चारण ठीक हो जाता है।

2. *निष्क्रिय विधि* (*Passive Method*): यह विधि, 'सक्रिय विधि' की उल्टी है। इसमें स्मरण किए जाने वाले पाठ को बिना बोले मन ही मन याद किया जाता है। यह विधि अधिक आयु वाले बालकों के लिए अच्छी है।

3. *सस्वर विधि* (*Recitation Method*): इस विधि में याद किए जाने वाले पाठ को लय से पढ़ा जाता है। यह विधि छोटे बच्चों के लिए उपयोगी है, क्योंकि उनको गा-गाकर पढ़ने में आनन्द आता है।

4. *पूर्ण विधि* (*Whole Method*): इस विधि में स्मरण किए जाने वाले पूरे पाठ को आरम्भ से अन्त तक बार-बार पढ़ा जाता है। *कोलेसनिक* के अनुसार-"यह विधि बड़े, बुद्धिमान और अधिक परिपक्व मस्तिष्क वाले बालकों के लिए उपयोगी है।"

5. *खण्ड विधि* (*Part Method*): इस विधि में स्मरण किए जाने वाले पाठ को कई खण्डों या भागों में बांट दिया जाता है। इसके बाद उन खण्डों को एक-एक करके याद किया जाता है। इस विधि का दोष यह है कि आगे के खण्ड याद होते जाते हैं और पीछे के भूलते जाते हैं। *कोलेसनिक* का विचार है:-"यह विधि छोटे, कम बुद्धिमान और साधारण बालकों के लिए उपयोगी है।"

6. *मिश्रित विधि* (*Mixed Method*): इस विधि में पूर्ण और खण्ड विधियों का साथ-साथ प्रयोग किया जाता है। इसमें पहले पूरे पाठ को आरम्भ से अन्त तक पढ़ा जाता है। फिर उसे खण्डों में बांटकर उनको स्मरण किया जाता है। अन्त में, पूरे पाठ को आरम्भ से अन्त तक फिर पढ़ा जाता है। यह विधि कुछ सीमा तक पूर्ण और खंड विधियों से अच्छी है।

7. *प्रगतिशील विधि* (*Progressive Method*): इस विधि में पाठ को अनेक खण्डों में विभाजित कर लिया जाता है। सर्वप्रथम, पहले खण्ड को स्मरण किया जाता है, उसके बाद पहले और दूसरे खण्ड को साथ-साथ स्मरण किया जाता है। फिर पहले, दूसरे और तीसरे खण्ड को याद किया जाता है। इसी प्रकार, जैसे-जैसे स्मरण करने के कार्य में प्रगति होती जाती है, वैसे-वैसे एक नया खण्ड जोड़ दिया जाता है। इस विधि का दोष यह है कि इसमें पहला खण्ड सबसे अधिक स्मरण किया जाता है और उसके पश्चात् के खण्ड क्रमशः कम।

8. *अन्तरयुक्त विधि* (*Spaced Method*): इस विधि में पाठ को थोड़े-थोड़े अन्तर या समय के बाद स्मरण किया जाता है। यह अन्तर एक मिनट का भी हो सकता है और चौबीस घण्टे का भी। यह विधि 'स्थायी स्मृति' के लिए अति उत्तम है। वुडवर्थ का मत है:-"अन्तरयुक्त विधि से स्मरण करने में सर्वोत्तम परिणाम प्राप्त होता है।"

9. *अन्तरहीन विधि* (*Unspaced Method*): इस विधि में पाठ को स्मरण करने के लिए समय में अन्तर नहीं किया जाता है। यह विधि 'अन्तरयुक्त विधि' की उल्टी है और उससे अधिक प्रभावशाली है।

10. *रटने की विधि* (*Memorisation*): इस विधि में पूरे पाठ को रट लिया जाता है। इस विधि का दोष बातो हुए जेम्स ने लिखा है: "इस विधि से जो बातें स्मरण कर ली जाती हैं, वे अधिकांश रूप में शीघ्र ही विस्मृत हो जाती है।" प्रायः इस विधि को दोषपूर्ण माना जाता है।

11. *साभिप्राय स्मरण विधि* (*Purposive Memorisation Method*): पाठ को स्मरण करने के लिए चाहे जिस विधि का प्रयोग किया जाये, पर यदि बालक उसको स्मरण करने का संकल्प या निश्चय नहीं करता है, तो उसको पूर्ण सफलता नहीं मिलती है। वुडवर्थ ने ठीक ही लिखा है:–"यदि कोई भी बात याद की जानी है, तो याद करने का निश्चय आवश्यक है।" दूसरे शब्दों में वही विधि कारगर होती है जब बालक का निश्चित उद्देश्य होता है।

12. *निरीक्षण विधि* (*Observation Method*): इस विधि में स्मरण किए जाने वाले पाठ का पहले भली प्रकार निरीक्षण या अवलोकन कर लिया जाता है। यदि बालक को संख्याओं की कोई सूची स्मरण करनी है, तो वह पहले इस बात का निरीक्षण कर ले कि वे निश्चित क्रम में हैं। इस विधि के उचित प्रयोग के विषय में वुडवर्थ ने लिखा है:–"पाठ को एक बार पढ़ने के बाद उसकी रूपरेखा को और दूसरी बार उसकी विषय-वस्तु को विस्तार से याद करना चाहिए।"

13. *क्रिया-विधि* (*Learning by Doing Method*): इस विधि में स्मरण की जाने वाली बात को साथ-साथ किया भी जाता है। यह विधि बालक की अनेक ज्ञानेन्द्रियों को एक-साथ सक्रिय रखती है। अतः उसे पाठ सरलता और शीघ्रता से स्मरण हो जाता है।

14. *विचार-साहचर्य की विधि* (*Correlated Metthod*): इस विधि में स्मरण की जाने वाली बातों का जानी गई बातों से भिन्न प्रकार से सम्बन्ध स्थापित कर लिया जाता है। ऐसा करने से स्मरण शीघ्रता से होता है और स्मरण की हुई बात बहुत समय तक याद रहती है। जेम्स का मत है:–"विचार-साहचर्य उत्तम चिन्तन द्वारा उत्तम स्मरण की विधि है।"

उपसंहार: स्मरण करने की मितव्ययी विधियों का उपयोग विषय-वस्तु की प्रकृति, शिक्षण अधिगम सामग्री तथा परिस्थितियों पर निर्भर रहता है। अध्यापक को चाहिए कि आवश्यकतानुसार इन विधियों को प्रयोग में लाए। केवल एक ही विधि का सभी परिस्थितियों में प्रयोग नहीं करना चाहिए। विधियों में भिन्नता रहना आवश्यक है ताकि पाठ रुचिकर तथा प्रभावी बन सके।

'कैसे पढ़ा जाऐ', 'कैसे सीखा जाए' इस पर विशेष ध्यान दिया जाए।

छात्र के सर्वांगीण विकास पर जोर देने के सम्बन्ध में हर छात्र को अपनी वास्तविक क्षमता और रचनात्मक प्रतिभा का विकास करने के पर्याप्त अवसर प्रदान करने की आवश्यकता है।

7.8 धारणा अथवा धारण करना (Retention)

7.9 धारणा/धारण करने का अर्थ (Meaning of Retention)

धारणा का अर्थ है–सीखी हुई बात अथवा बातों को दिमाग में बैठाए रखना।

इसमें कोई सन्देह नहीं है कि स्मृति धारण करने पर आश्रित है। धारण के बिना स्मृति का कोई अस्तित्व नहीं है। धारणा से ही सीखी हुई वस्तु हमारे मस्तिष्क में रहती है। धारण का भौतिक आधार वही है जो सीखने का है। हम सभी अनुभवों को धारण नहीं कर सकते और ऐसा करना आवश्यक भी नहीं है। धारण शक्ति सभी व्यक्तियों में एक जैसी नहीं होती है।

7.10 धारणा को प्रभावित करने वाले कारक (Factors Influencing Retention)

निम्नलिखित कारक हमारी धारण शक्ति को प्रभावित करते हैं:

1. **विषय-सामग्री की प्रकृति (Nature of the Subject Matter):** सार्थक (Meaningful) पाठ्य सामग्री मस्तिष्क में दीर्घ काल तक रखी जा सकती है परन्तु अनावश्यक सामग्री दीर्घ काल तक मस्तिष्क में रखी नहीं जा सकती।

2. **स्पष्ट उद्देश्य (Clear-Cut Objective):** पाठ्य सामग्री क्यों पढ़ाई जाती है, इस का उद्देश्य अध्यापक तथा छात्र दोनों के लिए स्पष्ट होना चाहिए।

3. **उपयोगिता (Usefulness):** पाठ्य-सामग्री की परीक्षा तथा जीवन में कितनी उपादेयता है, यह तत्त्व भी धारण को प्रभावित करता है।

4. **मानसिक तत्परता (Mental Readiness):** यदि छात्र का मन किसी तत्त्व अथवा तथ्य को सीखने के लिए तत्पर है तो वह उसे ज्यादा देर तक मस्तिष्क में धारण कर सकेगा।

5. **परिपक्वता (Maturtion):** परिपक्वता का स्तर छात्रों की धारण शक्ति को प्रभावित करता है।

6. **बुद्धि (Intelligence):** प्रतिभाशाली छात्र तथ्यों तथा तत्त्वों आदि को अधिक समय के लिए धारण करते हैं। मन्दबुद्धि छात्रों की धारण शक्ति बहुत कम होती है।

7. **रुचि (Inerest):** जिस वस्तु में हमारी रुचि अधिक होती है, उसे हम शीघ्र तथा देर तक धारण कर सकते हैं।

8. **शिक्षण विधियाँ (Teaching Method):** हमारी धारण शक्ति शिक्षण विधियों पर प्रभावित रहती है। सार्थक विषय सामग्री भी यदि उचित ढंग से न सिखायी जाए तो वह अधिक समय तक मस्तिष्क में नहीं रखी जा सकती है।

9. **सीखने की विधियाँ (Methods of Learning):** प्राय: हम देखते हैं कि कई छात्र किसी वस्तु को सीखने में अधिक समय लगाते हैं क्योंकि उनकी सीखने की विधियाँ उचित नहीं होती हैं। केवल रटने से ही नहीं अधिगम दृढ़ तथा चिर स्थायी नहीं होता है।

10. **प्रभाव की पुनरावृत्ति (Frequency of Impression):** जिस बात का ज्यादा अथवा बार-बार प्रभाव पड़ता है, वह बात उतनी ज्याद याद रहती है।

7.11 धारणा, स्मृति के मापन का आधार (Retention as the Basis of Measurement of Memory)

स्मृति का मापन किसी व्यक्ति की 'धारणा शक्ति' (Power of Retention) के आधार पर किया जाता है। जो कुछ सीखा जाता है, वह अपना प्रभव अवश्य छोड़ता है जिसे मस्तिष्क में एनग्राम्स (Engrams) नामक एक प्रकार के स्मृति चिन्हों के रूप में सुरक्षित रखा जाता है। अनुभव या अधिगम का स्मृति चिन्हों के रूप में हमारे मस्तिष्क द्वारा इस प्रकार सुरक्षित रखा जाना या संचित करना ही अनुभव अथवा अधिगम का धारण करना कहलाता है।

किसी भी धारणा शक्ति को मापन करने के लिए प्राय: निम्न सूत्र का प्रयोग किया जाता है: स्मृति में धारण की गई विषय सामग्री की मात्रा (Amount of Retention); स्मरण की गई विषय सामग्री की मात्रा (Amount Learnt)! तथा विस्मृत सामग्री की मात्रा (Amount Forgotten).

7.12 धारणा के मापन की विधियों का वर्गीकरण (Classification of Methods of Measuring Retention)

(1) प्रत्यास्मरण या पुनः स्मरण विधि (Method of Recall)

(2) पहचान अथवा अभिज्ञान विधि (Method of Recognition)

(3) बचत विधि (Saving Method)

(4) पुनर्रचना या नवनिर्माण विधि (Reconstruction Method)

प्रत्यास्मरण (Method of Recall)

प्रत्यास्मरण के लिए निम्नलिखित तीन तरीकों को प्रयोग किया जाता है:

(i) मुक्त प्रत्यास्मरण, (ii) संकेतात्मक प्रत्यास्मरण, (iii) क्रमिक प्रत्यास्मरण।

(i) *मुक्त प्रत्यास्मरण* (i) पढ़ाकर सुनाए गए या दिखाए गए अर्थयुक्त शब्दों की सूची में से छात्र से पूछना, क्रम अथवा स्थान की परवाह किए बिना।

उदाहरण: CAR, HAT, CAP, आदि।

(ii) अंक पूछना: 28, 58, 18, 72 आदि।

(iii) अर्थहीन शब्द पूछना: TAR, TAH, PAC

(iv) कोई गद्य या पद्य का अंश, घटना आदि पूछना।

क्रमिक प्रत्यास्मरण: उदाहरण के लिए यदि किसी को 10 शब्दों का क्रमिक प्रत्यास्मरण करने को कहा गया और उसने 8 शब्दों का प्रत्यास्मरण कर लिया। परन्तु 2 का क्रम गलत बताया तो उसका स्कोर 8-2 = 6 ही होगा।

पहचान अथवा अभिज्ञान विधि (Method of Recognition)

(1) **साधारण अभिज्ञान परीक्षण (Simple Recognition Test)**

इस परीक्षण में व्यक्ति द्वारा देखी गई वस्तु, स्थान या व्यक्ति का चित्र सामने रखा जाता है या सुनी हुई बात का आडियो टेप सुनाया जाता है।

(2) **बहु-विकल्पीय अभिज्ञान परीक्षण (Multiple Alternative Recognition Test)**

भारत के प्रथम राष्ट्रपति कौन थे?– (i) राजीव गांधी, (ii) राजेन्द्र प्रसाद (iii) वी.वी. गिरी, (iv) महात्मा गांधी

बचत विधि (Saving Method)

इस विधि का उदाहरण नीचे दिया जा रहा है:

एक परीक्षार्थी के सामने 20 शब्दों से युक्त एक अर्थहीन शब्दों (Non Sense Syllables) की सूची प्रस्तुत की गई। इस सूची को उससे आरम्भ से अन्त तक भली प्रकार देखने और पढ़ने के लिए (मन ही मन या बोलकर) कहा गया। उसने इस प्रकार 15 पुनरावृत्तियों (Repetitions or trials) में उसे भली-भाँति स्मरण कर लिया, जिसे उसकी

परीक्षा लेकर देखा गया। अब कुछ समय के पश्चात् विश्राम देकर उसे पुनः उस सूची को स्मरण करने को कहा गया। देखा गया कि वह काफी भूल चुका है। उसको पुनः स्मरण करने के लिए समय दिया गया। इस बार उसने पूरी सूची को पूरी तरह स्मरण करने में कम समय लिया तथा केवल 10 पुरावृत्तियों से ही उसका काम चल गया। इस तरह एक नए सिरे से स्मरण करने में 20-10 = 10 पुनरावृत्तियों की बचत हो गई। जबकि उसके अन्य साथियों की यह बात 6 या 7 ही रही। स्पष्ट है कि इस विद्यार्थी की धारणा क्षमता दूसरे अन्य विद्यार्थियों की तुलना में पर्याप्त अच्छी मानी जा सकती है।

7.13 विस्मृति (Forgetting)

7.14 विस्मृति का अर्थ तथा परिभाषाएँ (Meaning and Definitions of Forgetting)

भूतकाल के किसी अनुभव, विचार तथा तथ्य को वर्तमान चेतना में लाने की असफलता को विस्मृति कहते हैं।

जब हम कोई नई बात सीखते हैं या नया अनुभव प्राप्त करते हैं, तो हमारे मस्तिष्क में उसका चित्र अंकित हो जाता है। हम अपनी स्मृति की सहायता से उस अनुभव को अपनी चेतना में फिर लाकर उसका स्मरण कर सकते हैं। पर कभी-कभी, हम ऐसा करने में सफल नहीं होते हैं। हमारी यही असफल क्रिया 'विस्मृति' कहलाती है।

'विस्मृति' के अर्थ को और अधिक स्पष्ट करने के लिए कुछ परिभाषाएँ नीचे दी जा रही हैं:

1. *मन*: "सीखी हुई बात को स्मरण रखने या पुनः स्मरण करने की असफलता को विस्मृति कहते हैं।"

2. ड्रेवर: "विस्मृति का अर्थ है-किसी समय प्रयास करने पर भी किसी अनुभव का स्मरण करने या पहले सीखे हुए किसी कार्य को करने में असफलता।"

7.15 विस्मृति की प्रकृति (Nature of Forgetting)

विस्मृति की प्रकृति जानने के लिए विस्मृति का निम्नलिखित वर्गीकरण नीचे प्रस्तुत है:

विस्मृति के प्रकार: वर्गीकरण I (Types of Forgetting)

(1) सक्रिय विस्मृति (Active Forgetting)

(2) निष्क्रिय विस्मृति (Passive Forgetting)

विस्मृति के प्रकार: वर्गीकरण II

(1) स्वाभाविक विस्मृति (Natural Forgetting)

(2) अस्वाभाविक विस्मृति (Unnatural or Morbid Forgetting)

विस्मृति के प्रकार: वर्गीकरण III

(1) सामान्य विस्मृति (General Forgetting)

(2) विशिष्ट विस्मृति (Specific Forgetting)

विस्मृति के प्रकार: वर्गीकरण–IV

(1) शारीरिक, भौतिक अथवा जैविक विस्मृति (Physical or Organic Forgetting)

(2) मनोवैज्ञानिक विस्मृति (Psychological Forgetting)

पहले दो प्रकार के वर्गीकरण विस्मृति की प्रकृति को एक जैसा ही दर्शाते हैं।

सक्रिय विस्मृति तथा निष्क्रिय विस्मृति

1. *सक्रिय विस्मृति*: इस विस्मृति का कारण व्यक्ति स्वयं है। वह स्वयं किसी बात को भूलने का प्रयत्न करके उसे भुला देता है। फ्रायड (Freud) का कहना है: ''हम विस्मृति की क्रिया द्वारा अपने दु:खद अनुभव को स्मृति से निकाल देते हैं।''

2. *निष्क्रिय विस्मृति*: इस विस्मृति का कारण व्यक्ति नहीं है। वह प्रयास न करने पर भी किसी बात को स्वयं भूल जाता है।

सामान्य विस्मृति तथा विशिष्ट विस्मृति

सामान्य विस्मृति में विस्मृति आक्रान्त व्यक्ति को पहले याद की हुई किसी भी बात का पुन:स्मरण (Recall) नहीं होता जबकि विशिष्ट विस्मृति में स्मृति में धारण की गई सामग्री में से कुछ विशेष बातों की ही विस्मृति होती है, सभी की नहीं।

शारीरिक विस्मृति तथा मनोवैज्ञानिक विस्मृति

शारीरिक विस्मृति का कारण आय की वृद्धि, बीमारी, चोट लगना आदि के कारण स्नायु संस्थान तथा मस्तिष्क की रचना में विकार या कमी का आ जाना है।

चिन्ता, तनाव, अरुचि, भय, क्रोध, दमन, दबाव, विराग के कारण स्मृति लुप्त हो जाती है तो उसे मनोवैज्ञानिक विस्मृति कहते हैं।

7.16 इबिनहास का विस्मृति वक्र (Ebbinghaus Curve of Forgetting)

विस्मृति की प्रकृति को समझने के लिए इबिनहास नामक मनोवैज्ञानिक ने खोज करके यह निष्कर्ष निकाला कि सीखी हुई या स्मरण की गई सामग्री कितना कुछ स्मरण रहती है अथवा भुला दी जाती है। यह स्मरण करने के पश्चात् गुजरने वाले समय की अवधि पर निर्भर रहता है। शुरू में भूलने की गति तेज होती है, किन्तु बाद में जैसे-जैसे समय का अन्तराल लंबा होता चला जाता है, इसमें कमी होती चली जाती है। ये परिणाम विस्मृति चक्र में दर्शाए गए हैं।

विस्मृति वक्र (Curve of Forgetting)

विस्मृति वक्र का अर्थ: विस्मृति वक्र वह आकृति है जो यह प्रदर्शित करती है कि एक विशेष परिस्थिति में कोई व्यक्ति विशेष अपनी स्मरण की हुई सामग्री को समय के गुजरने के साथ-साथ किस प्रकार भूलता है।

तालिका: परीक्षण का परिणाम

बीता हुआ समय (*Time Lapsed*)	*भूल जाने वाली सामग्री का प्रतिशत* (*Percentage of Amount Forgotten*)
20 मिनट के पश्चात्	47%
1 दिन के पश्चात्	66%
2 दिन के पश्चात्	72%
6 दिन के पश्चात्	75%
31 दिन के पश्चात्	79%

इन परिणामों को ग्राफ पेपर पर अंकित करके निम्न प्रकार का विस्मृति वक्र प्राप्त होता है:

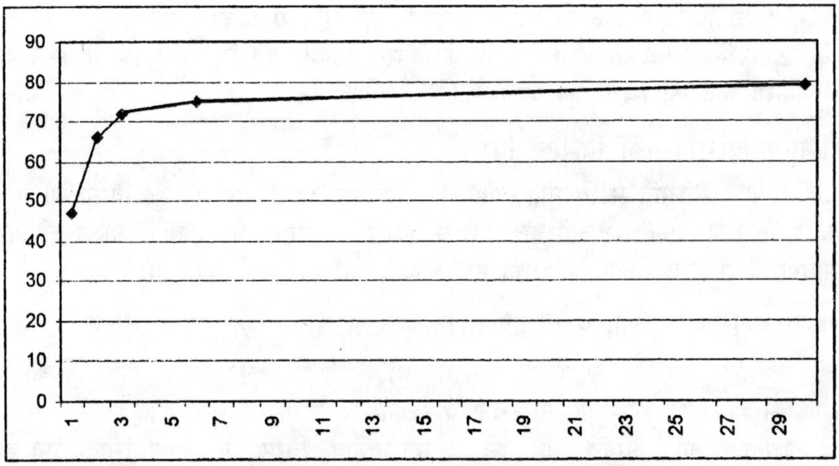

चित्र 6.1: इबिनहास का भूलने का वक्र
(Ebbinghaus's curve of Forgetting)

7.17 विस्मरण के कारण तथा इसे कम करने के तरीके (Causes and Ways of Minimising Forgetting)

विस्मृति के कारण

मनोवैज्ञानिकों ने विस्मृति के कारणों की जांच के लिए अनेक प्रयोग किए हैं तथा उनके आधार पर कुछ सिद्धान्त निकाले हैं। यहां पर संक्षेप में इन सिद्धान्तों पर चर्चा की गई है।

मनोवैज्ञानिकों की खोज के अतिरिक्त भी विस्मरण के कुछ सामान्य कारक बताए जाते हैं जिनका उल्लेख भी किया जा रहा है।

विस्मृति के कारण

(1) **मनोवैज्ञानिकों द्वारा खोजे गए सिद्धान्त**

(1) बाधा का सिद्धान्त
(2) दमन का सिद्धान्त
(3) अनाभ्यास का सिद्धान्त
(4) अनुपयोगिता का सिद्धान्त
(5) भंडारण में विफलता का सिद्धान्त
(6) विकृत विस्मृति का सिद्धान्त

(2) **अन्य कारण**

(1) समय का प्रभाव
(2) रुचि का अभाव

विस्मृति के मुख्य कारण नीचे दिए जा रहे हैं:

1. *बाधा का सिद्धान्त:* इस सिद्धान्त के अनुसार, यदि हम एक पाठ को स्मरण करने के बाद दूसरा पाठ स्मरण करने लगते हैं, तो हमारे मस्तिष्क में पहले पाठ के स्मृति-चिन्हों में बाधा पड़ती है। फलस्वरूप, वे निर्बल होते चले जाते हैं और हम पहले पाठ को भूल जाते हैं।

2. *दमन का सिद्धान्त:* इस सिद्धान्त के अनुसार, हम दुःखद और अपमानजनक घटनाओं को स्मरण नहीं रखना चाहते हैं। अतः हम उनका दमन करते हैं। परिणामतः वे हमारे अचेतन मन में चली जाती हैं और हम उनको भूल जाते हैं।

3. *अनाभ्यास का सिद्धान्त:* थार्नडाइक एवं एबिंग-हॉस ने विस्मृति का कारण अभ्यास का अभाव बताया है। यदि हम सीखी हुई बात का बार-बार अभ्यास नहीं करते हैं, तो हम उसको भूल जाते हैं।

4. *समय का प्रभाव* : हैरिस के अनुसार–सीखी हुई बात पर समय का प्रभाव पड़ता है। अधिक समय पहले सीखी हुई बात अधिक और कम समय पहले सीखी हुई बात कम भूलती है।

5. *रुचि, ध्यान व इच्छा का अभाव:* जिस कार्य को हम जितनी कम रुचि, ध्यान और इच्छा से सीखते हैं, उतनी ही जल्दी हम उसको भूलते हैं। स्टाउट का कहना है: "जिन बातों के प्रति हमारा ध्यान रहता है, उन्हें हम स्मरण रखते हैं।"

6. *सीखने की दोषपूर्ण विधि:* यदि अध्यापक बालकों के सीखने के लिए उचित विधियों का प्रयोग न करके दोषपूर्ण विधियों का प्रयोग करता है, तो वे उसको कम ही समय में भूल जाते हैं।

7. *सीखे जाने वाले विषय का स्वरूप:* हमें सरल, सार्थक और लाभप्रद बातें बहुत समय तक स्मरण रहती हैं। इसके विपरीत, हम कठिन, निरर्थक और हानिप्रद बातों को शीघ्र ही भूल जाते हैं। *मर्सेल* के विचार में "निरर्थक विषय की तुलना से सार्थक विषय का विस्मरण बहुत धीरे-धीरे होता है।"

8. *विषय की मात्रा:* विस्मरण विषय की मात्रा के कारण भी होता है। हम छोटे विषय को देर में और लम्बे विषय को शीघ्र भूलते हैं।

9. *सीखने में कमी*: हम कम सीखी हुई बात को शीघ्र और भली प्रकार सीखी हुई बात को विलम्ब से भूलते हैं।

10. *संवेगात्मक असन्तुलन*: किसी संवेग के उत्तेजित होने पर व्यक्ति की शारीरिक और मानसिक दशा में असाधारण परिवर्तन आ जाता है। उस दशा में उसे पिछली बातों का स्मरण करना कठिन हो जाता है। बालक भय के कारण भली प्रकार स्मरण किए गए पाठ को भी भूल जाता है।

11. *स्मरण न करने की इच्छा*: यदि हम किसी बात को स्मरण नहीं रखना चाहते हैं, तो हम उसे अवश्य भूल जाते हैं। *स्टर्ट व ओकडन* के अनुसार :–"हम बहुत-सी बातों को स्मरण न रखने की इच्छा के कारण भूल जाते हैं।

12. *मादक वस्तुओं का प्रयोग*: मादक वस्तुओं का प्रयोग मानसिक शक्ति को क्षीण कर देता है। अतः विस्मरण एक स्वाभाविक बात हो जाती है।

13. *मानसिक रोग*: कुछ मानसिक रोग ऐसे हैं, जो स्मरण-शक्ति को निर्बल बना देते हैं, जिसके फलस्वरूप विस्मरण की मात्रा में वृद्धि हो जाती है। इस प्रकार का एक मानसिक रोग–दु:साध्य उन्माद (Psychosis) है।

14. *मानसिक द्वन्द्व*: मानसिक द्वन्द्व के कारण मस्तिष्क में किसी न किसी प्रकार की परेशानी उत्पन्न हो जाती है। यह परेशानी विस्मृति का कारण बनती है।

15. *मानसिक आघात*: सिर में आघात या चोट लगने से स्नायु कोष्ठ छिन्न-भिन्न हो जाते हैं। अतः उन पर बने स्मृति-चिन्ह अस्त-व्यस्त हो जाते हैं। फलस्वरूप, व्यक्ति स्मरण की हुई बातों को भूल जाता है। वह कम चोट लगने से कम और अधिक चोट लगने से अधिक भूलता है।

विस्मृति कम करने के उपाय (Ways of Minimising Forgetting)

हम सबकी यह प्रबल इच्छा रहती है कि छात्र जो पढ़ते हैं अथवा सीखते हैं, उसे अधिक से अधिक मात्रा तथा गुण में याद रखें। यहां पर संक्षेप में उन विधियों पर प्रकाश डाला गया है जो धारणा को प्रबल बनाने में सहायक होती हैं।

1. *बाल केन्द्रित शिक्षण अधिगम शिक्षण*: अधिगम की समस्त प्रक्रिया बालकों की आवश्यकताओं, रुचियों तथा अभिरुचियों पर आधारित होनी चाहिए।

2. *छात्रों की भागीदारी पर आधारित शिक्षण अधिगम*: जहां तक सम्भव हो, शिक्षण-अधिगम प्रक्रिया में छात्रों की भागीदारी अधिक से अधिक होनी चाहिए। कक्षा में वे सदा सक्रिय रहें। उनको प्रश्न करने, उत्तर देने आदि के अवसर प्रदान किए जाने चाहिए।

3. *पाठ की विषयवस्तु–कोलेसनिक का मत है*: पाठ की विषयवस्तु, अर्थपूर्ण और क्रमबद्ध बालक की मानसिक योग्यता के अनुरूप होनी चाहिए, क्योंकि इस प्रकार की विषयवस्तु की विस्मृति की गति और मात्रा बहुत कम होती है। इसके अतिरिक्त, पाठ में आवश्यकता से अधिक तथ्य, तिथियां और विस्तृत सूचनाएँ नहीं होनी चाहिए।

4. *बालक का स्मरण करने में ध्यान*: पाठ को स्मरण करते समय बालक को अपना पूर्ण ध्यान उस पर केन्द्रित रखना चाहिए। वुडवर्थ के शब्दों में इसका कारण यह है:– "पाठ स्मरण हो जाने के बाद जितना अधिक स्मरण किया जाता है, उतना ही अधिक वह समृति में धारण रहता है।"

5. *पूरे पाठ का अर्थपूर्ण और क्रमबद्ध स्मरण*: बालक को पूरा पाठ सोच-समझकर याद करना चाहिए। जब तक उसे पूरा पाठ याद न हो जाए, तब तक उसे स्मरण करने का कार्य स्थगित नहीं करना चाहिए। साथ ही, उसे पाठ को आंशिक रूप से स्मरण नहीं करना चाहिए। ऐसा करने से पाठ का भूल जाना स्वाभाविक है।

6. *पाठ का अधिक स्मरण*: पाठ स्मरण हो जाने के बाद भी बालक को उसे कुछ समय तक और स्मरण करना चाहिए। इसका कारण बताते हुए *नन* ने लिखा है– "पाठ स्मरण हो जाने के बाद जितना अधिक स्मरण किया जाता है, उतना ही अधिक वह स्मृति में धारण रहता है।"

7. *अधिक समय तक स्मरण रखने का विचार*: बालक को पाठ यह विचार करके स्मरण करना चाहिए कि उसे उसको बहुत समय तक याद रखना है। तभी वह उसे शीघ्र भूलने की सम्भावना को कम कर सकता है। *बोरिंग, लैंगफील्ड* एवं *वील्ड* ने लिखा है: "अधिक समय तक स्मरण रखने के विचार से याद किया हुआ पाठ अधिक समय तक स्मरण रहता है।"

8. *विचार-साहचर्य के नियमों का पालन*: पाठ स्मरण करते समय बालक को विचार-साहचर्य के नियमों का पालन करना चाहिए। उसे नवीन तथ्यों और घटनाओं का उन तथ्यों और घटनाओं से सम्बन्ध स्थापित करना चाहिए, जिनको वह जानता है।

ऐसा करने से वह सम्भवतः पाठ का विस्मरण नहीं करेगा।

9. *पूर्ण व अन्तरयुक्त विधियों का प्रयोग*: बालक को पाठ याद करने के लिए पूर्ण और अन्तरयुक्त विधियों का प्रयोग करना चाहिए।

10. *सस्वर वाचन*: बालक को पाठ बोल-बोलकर स्मरण करना चाहिए। *वुडवर्थ* के शब्दों में इसका कारण यह है:– "सक्रिय सस्वर वाचन के पश्चात् विस्मरण की गति धीमी होती है।"

11. *स्मरण के बाद विश्राम*: बालक को पाठ स्मरण करने के उपरान्त कुछ समय तक विश्राम अवश्य करना चाहिए, ताकि पाठ के स्मृति-चिह्न उसके मस्तिष्क में स्पष्ट रूप से अंकित हो जाएँ। *वुडवर्थ* के शब्दों में "सीखने के बाद कुछ समय तक विश्राम का महत्त्व अनेक परीक्षणों द्वारा सिद्ध किया गया है।"

12. *पाठ की पुनरावृत्ति*: पाठ को स्मरण करने के बाद बालक को उसे थोड़े-थोड़े समय के उपरान्त दोहराते रहना चाहिए। पाठ की जितनी अधिक पुनरावृत्ति हो जाती है, उतनी ही अधिक देर में वह भूलता है। *वुडवर्थ* ने लिखा है– "पुनः अधिगम स्मृति-चिह्नों को सजीव बनाता है और विस्मरण को कम करता है।"

13. *समय सारिणी*: जहां तक सम्भव हो दो समान विषयों के घण्टे एक दूसरे के बाद नहीं आने चाहिए।

14. *समझ कर स्मरण करना*: समझ कर विषय-सामग्री को याद करना चाहिए।

15. *स्पष्ट लक्ष्य*: छात्र के मन में यह स्पष्ट होना चाहिए कि उसे क्या सीखना है और किस बिन्दु पर विशेष ध्यान देना है।

उपसंहार: अध्यापक को विद्यालय के वातावरण और बालकों के शारीरिक, मानसिक और संवेगात्मक पहलुओं में इतने विवेक और कुशलता से सामंजस्य स्थापित करना चाहिए कि वे थकान का अनुभव न करें। पर इससे अधिक आवश्यक है बालकों में यह विश्वास

उत्पन्न करना कि उनको अपने शिक्षा-सम्बन्धी कार्य में असफलता का सामना नहीं करना पड़ेगा। इसकी पुष्टि में *सिम्पसन* के अग्रांकित शब्द बहुत महत्त्वपूर्ण हैं–"अनावश्यक थकान उत्पन्न न होने देने के लिए शिक्षकों द्वारा सामंजस्य स्थापित किए जाने वाले अनेक कार्यों में से सर्वश्रेष्ठ यह है कि वे बालकों में आत्म-विश्वास और सुरक्षा की भावना का विकास करें।"

विस्मरण का महत्त्व (Significance of Forgetting)

कॉलिन्स व ड्रेवर ने विस्मरण के महत्त्व के बारे में लिखा है– "यह सत्य है कि विस्मरण स्मरण के विपरीत है, पर व्यावहारिक दृष्टिकोण से विस्मरण लगभग उतना ही लाभप्रद है, जितना कि स्मरण।"

विस्मरण लाभप्रद क्यों है? बालक की शिक्षा में उसका कार्य, महत्त्व और आवश्यकता क्या है? हम इनसे सम्बन्धित तथ्यों पर कुछ विद्वानों के मत दे रहे हैं।

1. बालक प्रतिदिन अनेक बातें सीखता है। वे सब उसके लिए समान रूप से उपयोगी नहीं होती हैं। अत: जैसा कि *क्रो एवं क्रो* ने लिखा है : "सीखने वाले के लिए यह जानना आवश्यक है कि वह क्या स्मरण रखे और क्या भुला दे?"

2. यदि बालक के मस्तिष्क में सभी बातों के स्मृति-चिह्न अंकित होते चले जाएँ, तो उसके विचार पूर्ण रूप से अस्त-व्यस्त होने की आशंका रहती है। अत: अपने विचारों को व्यवस्थित रूप प्रदान करने के लिए उसे कुछ बातों को भुलाना अनिवार्य है। *स्टर्ट एवं ओकडन* का मत है: "यदि हम अपने विचारों में व्यवस्था और बल चाहते हैं, तो हमारे लिए विस्मरण आवश्यक है।"

3. बालक को अपने विद्यालय और पारिवारिक जीवन में समय-समय पर कटु या दु:खद अनुभव होते हैं। ये अनुभव, स्मरण की प्रक्रिया में बाधा उपस्थित करते हैं। अत: इनका विस्मरण करके ही बालक विद्यार्जन के लक्ष्य की प्राप्ति कर सकता है। "भली प्रकार स्मरण करने के लिए हमें बहुत-कुछ भुला देना आवश्यक है।"

4. *मन* के अनुसार– "उचित प्रतिक्रिया का अर्जन करने के लिए हमें अनुचित प्रतिक्रियाओं को बहुधा भुला देना आवश्यक है।"

5. स्कूल में बालक अनेक बातें सीखता है, जो उसके लिए क्षणिक महत्त्व की होती हैं। अत: इसके लिए उन्हें स्थायी रूप से स्मरण न रखकर भुला देना ही अच्छा है। *कोलेसनिक* के अनुसार–"जीवन के अनेक अनुभवों का केवल क्षणिक महत्त्व होता है और वे स्मरण रखने के योग्य नहीं होते हैं।"

7. बालक का स्मृति-क्षेत्र सीमित होता है। अत: यदि वह सब बातों को स्मरण रखे, तो उसे अपने स्मृति-क्षेत्र में नवीन बातों को स्थान देना असम्भव हो जाएगा। इस दृष्टि में उसे पुरानी बातों का विस्मरण करना आवश्यक है। *कोलिन्स एवं ड्रेवर* का कहना है–"विस्मरण किसी भी प्रकार के लाभप्रद अधिगम का आवश्यक अंग है।"

6. बहुत सी ऐसी बातें होती हैं, जिनको बालक पुरानी बातों को भूलकर ही सीख सकता है; जैसे–पढ़ने या लिखने की उपयुक्त विधियाँ। अत: उसे उन विधियों को भुला देना आवश्यक है, जिनका प्रयोग वह करता चला आ रहा है परन्तु वे विधियाँ उचित नहीं

थीं। वुडवर्थ के अनुसार–"नई बातों को सीखना पुरानी बातों के स्मरण में बाधा डालता है और पुरानी बातों का स्मरण नई बातों को सीखने में बाधा डालता है।"

उपसंहार: उपर्युक्त तथ्यों के आधार पर हम कह सकते हैं कि बालक की शिक्षा में विस्मरण का स्थान अति महत्त्वपूर्ण है। वह विस्मरण करके ही शिक्षा संबंधी नई बातों को सीख सकता है। एम. रिबट ने ठीक ही कहा है, "स्मरण करने की एक शर्त यह है कि हमें विस्मरण करना चाहिए।"

8

प्रशिक्षण अथवा अधिगम का स्थानान्तरण
(Transfer of Training or Learning)

8.1 सीखने का स्थानान्तरण : अर्थ तथा प्रकार
(Transfer of Learning : Meaning and Types)

प्रशिक्षण/अधिगम के स्थानान्तरण का अर्थ
(Meaning of Transfer of Training)

अधिगम का सामान्य अर्थ है–किसी विषय को सीखने से उपलब्ध होने वाले ज्ञान या किसी कार्य का अभ्यास करने से प्राप्त होने वाले ज्ञान का दूसरी परिस्थिति में प्रयोग करना। कई विद्वान इसे अधिगम अन्तरण अथवा अधिगम प्रशिक्षण स्थानान्तरण का नाम भी देते हैं।

आज से हजारों वर्ष पूर्व यूनान के प्रसिद्ध विद्वान *प्लेटो* (Plato) ने कहा कि "यदि मन्द बुद्धि को भी ज्योमेट्री पढ़ायी जाए तो वह दूसरों की अपेक्षा सब विषयों को समझने में प्रवीण होगा। अर्थात् ज्योमेट्री की पढ़ाई दूसरे विषयों को पढ़ने में भी सहायक होगी।"

जॉन लॉक (*Locke*) के अनुसार "गति पढ़ने में व्यक्ति विवेकशील बनता है और इस विवेक शक्ति को वह दूसरे विषयों को सीखने में भी स्थानान्तरित करने में सफल हो सकता है।"

मनोवैज्ञानिकों ने अधिगम के स्थानान्तरण को इस प्रकार परिभाषित किया है।

1. *क्रो व क्रो* ने अधिगम के स्थानान्तरण के बारे में लिखा है, "सीखने के एक क्षेत्र से प्राप्त होने वाले ज्ञान या कुशलताओं का, सोचने और अनुभव करने या कार्य करने की आदतों का दूसरे क्षेत्र में प्रयोग करना साधारणतः अधिगम का स्थानान्तरण कहा जाता है।

2. "*शैक्षिक अनुसंधान विश्वकोष*" (*Encyclopaedia of Educational Research*) के अनुसार–"अधिगम एक विशेष प्रकार के अन्तरण रूप पर लागू होता है। इसमें अधिगम तथा परीक्षण की दशाओं में बहुत समानता रहती है।"

3. *सोरेन्सन* (*Sorenson*) का कथन है–"स्थानान्तरण एक परिस्थिति में अर्जित ज्ञान, प्रशिक्षण तथा आदतों का दूसरी परिस्थिति में उपयोग कहलाता है।"

4. *कोलेसनिक* (*Kolesnick*) के विचार में, "स्थानान्तरण पहली परिस्थिति से प्राप्त ज्ञान, कुशलताओं, आदतों, अभियोग्यताओं, अथवा अन्य क्रियाओं का दूसरी परिस्थिति में प्रयोग करना है।"

5. *यलीन एवं वीनस्टीन* (*Yelon and Weinstein*) का लिखना है, "अधिगम के स्थानान्तरण से अभिप्राय है, "एक कार्य को निष्पत्ति दूसरी निष्पत्ति (*Performance*) से प्रभावित होती है।"

8.2 अधिगम के स्थानान्तरण के प्रकार (Types of Transfer of Learning)

(1) सकारात्मक स्थानान्तरण (Positive Transfer of Learning)

(2) नकारात्मक स्थानान्तरण (Negative Transfer of Learning)

(3) शून्य स्थानान्तरण (Zero Transfer)

(1) **सकारात्मक प्रशिक्षण–स्थानान्तरण:** यदि पूर्व ज्ञान, अनुभव या प्रशिक्षण नये प्रकार के सीखने में सहायता देता है, तो उसे सकारात्मक प्रशिक्षण–स्थानान्तरण कहते हैं; उदाहरणार्थ, जो व्यक्ति स्कूटर चलाना जानता है, उसे मोटर–साइकिल चलाने में कोई कठिनाई नहीं होती है। सितार सीखने के पश्चात् वायलिन तथा सरोद सीखना सुविधाजनक हो जाता है।

(2) **नकारात्मक प्रशिक्षण–स्थानान्तरण:** यदि पूर्व ज्ञान, अनुभव या प्रशिक्षण नये प्रकार के सीखने में कठिनाई उपस्थित करता है, तो उसे नकारात्मक प्रशिक्षण–स्थानान्तरण कहते हैं; उदाहरणार्थ, संस्कृत भाषा सीखने के पश्चात् उर्दू या फारसी भाषा सीखने में कठिनाई होती है।

(3) **शून्य स्थानान्तरण:** जब पहले सीखे हुए कार्य का दूसरे सीखे जाने वाले कार्य के सीखने पर कोई प्रभाव नहीं पड़ता, तो उसे शून्य स्थानान्तरण की संज्ञा दी जाती है।

8.3 प्रशिक्षण के स्थानान्तरण के सिद्धान्त तथा शिक्षण अधिगम में उपयोगिता (Principles of Transfer of Training and Implications for Teaching Learning Situation)

अधिगम स्थानान्तरण के सिद्धान्त

(1) मानसिक अनुशासन या मानसिक शक्तियों का सिद्धान्त (Theory of Mental Discipline or Faculty Theory)

(2) समरूप तथ्यों का सिद्धान्त (Theory of Identical Elements)

(3) सामान्यीकरण का सिद्धान्त (Theory of Generalisation)

(4) सामान्य व विशिष्ट तत्त्वों का सिद्धान्त (Theory of 'g' and 's' Factor)

(5) आदर्शों एवं मूल्यों का सिद्धान्त (Theory of Ideals)

1. मानसिक अनुशासन या मानसिक शक्तियों का सिद्धान्त (Theory of Mental Discipline or Faculty Theory): प्रशिक्षण-स्थानान्तरण का यह सबसे पुराना सिद्धान्त है। *गेट्स एवं अन्य* (*Gates and Others*) के अनुसार, इस सिद्धान्त का अर्थ यह है–तर्क, ध्यान, स्मृति, कल्पना आदि मानसिक शक्तियाँ एक-दूसरे से स्वतन्त्र हैं। अतः उनको स्वतंत्र रूप से प्रशिक्षित करके सबल बनाया जा सकता है। उदाहरण के लिए यदि किसी प्रकार स्मृति को लम्बे-लम्बे वाक्यों या सूत्रों को स्मरण करने के द्वारा भली-भांति प्रशिक्षित करके सशक्त बना दिया जाए तो फिर उनसे किसी भी प्रकार के अंकों, नामों, तिथियों आदि सामग्री को स्मरण करने के काम में लाया जा सकता है। आधुनिक मनोविज्ञान मस्तिष्क की शक्तियों के विभाजन को स्वीकार नहीं करते हैं। अतः इस सिद्धान्त की मान्यता समाप्त हो गई है।

2. समरूप तथ्यों का सिद्धान्त (Theory of Identical Elements): इस सिद्धान्त का प्रतिपादक *थॉर्नडाइक* (*Thorndike*) है। इसका स्पष्टीकरण करते हुए *क्रो एवं क्रो* (*Crow and Crow*) ने लिखा है: "समरूप तत्त्वों के सिद्धान्त के अनुसार, एक स्थिति से दूसरी स्थिति में स्थानान्तरण उसी अनुपात में होता है, जिसमें दोनों स्थितियों की विषय-सामग्री, दृष्टिकोण, विधि या उद्देश्य के तत्त्वों में समरूपता होती है।" दूसरे शब्दों में दो कार्यों, विषयों, अनुभवों आदि में जितनी अधिक समरूपता होती है, उतना ही अधिक वे एक-दूसरे के अध्ययन में सहायता देते हैं; उदाहरणार्थ, भूगोल का ज्ञान, अर्थशास्त्र के अध्ययन में सहायता दे सकता है, पर कला या विज्ञान के अध्ययन में नहीं।

3. सामान्यीकरण का सिद्धान्त (Theory of Generalisation): इस सिद्धान्त के प्रतिपादक *सी.एच. जुड* (*C.H. Judd*) ने सामान्यीकरण के अर्थ पर प्रकाश डालते हुए लिखा है :–"जब एक छात्र विज्ञान के किसी विषय के सामान्य सिद्धान्त को भली प्रकार समझ जाता है, तब उसमें अपने प्रशिक्षण की दूसरी स्थितियों में स्थानान्तरित करने की क्षमता उत्पन्न हो जाती है।" यदि एक व्यक्ति अपने किसी कार्य, ज्ञान या अनुभव से कोई सामान्य नियम या सिद्धान्त निकाल लेता है, तो वह दूसरी परिस्थिति में उनका प्रयोग कर सकता है; उदाहरणार्थ, यदि अध्यापक को बाल-मनोविज्ञान, सीखने के सिद्धान्तों और व्यक्तिगत विभिन्नताओं का ज्ञान है, तो वह अपने इस ज्ञान का प्रयोग कक्षा की समस्याओं का समाधान करने और सफलतापूर्वक पढ़ाने के लिए कर सकता है।

क्रो एवं क्रो (*Crow and Crow*) के अनुसार, "किसी एक परिस्थिति में विशेष कुशलताओं के विकसित होने, विशिष्ट तथ्यों का ज्ञान होने और विशेष आदतों अथवा अभिवृत्तियों की प्राप्ति का किन्हीं दूसरी परिस्थितियों में अन्तरण या स्थानान्तरण तब तक नहीं होता जब तक कि अर्जित ज्ञान, कौशल और आदतों को ठीक प्रकार से व्यवस्थित कर उन परिस्थितियों से सम्बन्धित न कर दिया जाए जिनमें कि उनका उपयोग किया जा सकता हो।"

4. सामान्य व विशिष्ट तत्त्वों का सिद्धान्त (Theory of 'G' and 'S' Factors): इस सिद्धान्त का प्रतिपादक *स्पीयरमैन* (*Spearman*) है। उसके अनुसार, मनुष्य में दो प्रकार की बुद्धि होती है: सामान्य और विशिष्ट, जिनका सम्बन्ध सामान्य योग्यता और विशिष्ट योग्यता से होता है। स्थानान्तरण केवल सामान्य योग्यता का होता है; उदाहरणार्थ, यदि छात्र भूगोल, गणित, विज्ञान आदि किसी विषय का अध्ययन करता है, तो वह

केवल अपनी सामान्य योग्यता का ही स्थानान्तरण करता है। विशिष्ट योग्यताओं का स्थानान्तरण नहीं होता है।

5. आदर्शों एवं मूल्यों का सिद्धान्त (Theory of Ideals): *डब्ल्यू.सी. बागले* (*W.C. Bagley*) ने इस सिद्धान्त का प्रतिपादन किया है। इस सिद्धान्त के अनुसार एक बार बच्चों में आदर्शों तथा मूल्यों की नीव कुछ परिस्थितियों में पड़ जाए, तो उनका स्थानान्तरण जीवन के प्रत्येक क्षेत्र में होता रहता है।

8.4 अधिगम स्थानान्तरण की परिस्थितियाँ (Conditions for Transfer of Learning)

निम्नलिखित परिस्थितियों में अधिगम का स्थानान्तरण होता है:

1. अधिगमकर्त्ता की इच्छाशक्ति (Leaner's Will power)
2. अधिगमकर्त्ता की शैक्षिक योग्यता (Learner's Educational Performance)
3. अधिगमकर्त्ता की सामान्य बुद्धि (Learner's General Intelligence)
4. अधिगमकर्त्ता की समरूपता करने की योग्यता (Learner' Ability of Generalisation)
5. समान अध्ययन विधियाँ (Uniform Teaching Methods)
6. समान विषय-वस्तु (Uniform Subject-Matter)
7. विषय-सामग्री तथा विषयों में स्थानान्तरण का गुण (Quality of Transfer in the Subject-Matter and Subjects)
8. स्थानान्तरण में प्रशिक्षण (Training in Transfer)

8.5 अधिगम-स्थानान्तरण में अध्यापक की भूमिका और इसकी शैक्षिक उपादेयता (Teacher's Role and Educational Implications of Transfer of Learning in Teaching Learning)

फ्रेंडसन (Frandson) के शब्दों में, ''स्थानान्तरण अधिगम की कुशलता पर महत्त्वपूर्ण प्रभाव डालने वाला कारक है।" इस उद्देश्य की प्राप्ति के लिए अध्यापक को निम्नलिखित कार्य करने चाहिए:

1. स्थानान्तरण में प्रशिक्षण: *गैरेट* (*Garrett*) के शब्दों में, ''स्कूल कार्य में स्थानान्तरण की सर्वोत्तम विधि है–स्थानान्तरण में प्रशिक्षण देना।

स्किनर (*Skinner*) के शब्दों में–''अधिगम स्थानान्तरण में शिक्षा के लिए विचारपूर्ण तैयारी और पाठों के विकास की आवश्यकता है।''

2. सामान्यीकरण: शिक्षक को चाहिए कि वह बालकों को अपने अध्ययन के विषयों के सामान्य सिद्धान्त निकालने की विधियाँ बताए।

3. अर्जित ज्ञान का विभिन्न परिस्थितियों में प्रयोग: शिक्षक को चाहिए बालकों को अपने ज्ञान का प्रयोग करने के लिए अधिक से अधिक परिस्थितियाँ प्रदान करे।

4. समझदारी: *मर्सेल* (*Mursell*) के अनुसार–"स्थानान्तरण को प्रभावित करने वाला महत्त्वपूर्ण कारक है–समझदारी। अतः शिक्षक को बालकों में इस गुण का विकास करने का प्रयत्न करना चाहिए।"

5. विषयों की समानता: शिक्षक को अपने शिक्षण के समय पाठ्य-विषय में आने वाले तथ्यों को दूसरे विषयों के तथ्यों में समानता बतानी चाहिए। साथ ही, उसे बालकों को इस प्रकार की समानता की खोज करने के लिए प्रोत्साहित करना चाहिए।

6. अध्ययन की विधियाँ: शिक्षक को चाहिए कि वह बालकों को अध्ययन की सर्वोत्तम विधियां बताए।

7. बालकों की मानसिक योग्यता: शिक्षक को प्रत्येक सम्भव विधि से उनकी मानसिक योग्यता के विकास में योग देना चाहिए।

8. बालकों की व्यक्तिगत विभिन्नता: *फ्रैंडसन (Franson)* के अनुसार :—स्थानान्तरण को प्रभावित करने वाला महत्त्वपूर्ण कारक है–बालकों की व्यक्तिगत विभिन्नतायें। अत: शिक्षक को इन विभिन्नताओं के अनुसार पाठ्यक्रम का निर्माण और शिक्षण-विधियों का चयन करना चाहिए।

9. अधिगमकर्त्ता को स्थानान्तरण की जानकारी: अधिगमकर्त्ता को अधिगम के सकारात्मक स्थानान्तरण के बारे में भली-भांति जानकारी होनी चाहिए तथा उसकी इस बारे में सकारात्मक अभिवृत्ति भी होनी चाहिए ताकि वह जो कुछ भी अधिगम करे उसका अन्य परिस्थितियों में उपयोग करने के बारे में पूरी तरह सक्रिय रह सके।

10. सिद्धान्त तथा व्यवहार में समन्वय: सभी परिस्थितियों में सीखते हुए सैद्धान्तिक ज्ञान और व्यवहारात्मक अनुभवों के समन्वय का प्रयास किया जाना चाहिए।

11. सहसम्बन्ध: अधिगम अर्जन में अधिगमकर्त्ता द्वारा सदैव ही समवाय या सह-सम्बन्ध के सिद्धान्त का पालन किया जाना चाहिए।

12. समान तत्वों की पहचान: किन्हीं दो परिस्थिति में दिए जाने वाले ज्ञान अथवा कौशल के बीच जो समान तत्त्व हैं उनको भली प्रकार से पहचानने और उनके बीच जो सम्बन्ध है उसको ठीक प्रकार से समझने की चेष्टा की जानी चाहिए।

13. सोच समझ कर स्मरण करना: बिना सोचे-समझे रट कर स्मरण करने को निरुत्साहित किया जाना चाहिए। बौद्धिक शक्तियों का उपयोग करके तथा अच्छी तरह सोच-समझकर स्मरण करने या सीखने की प्रवृत्ति को बढ़ावा देना चाहिए।

14. श्रव्य दृश्य सामग्री का प्रयोग: अधिगम को अधिक रोचक, प्रभावपूर्ण और सजीव बनाने के लिए मौखिक उदाहरण तथा श्रव्य-दृश्य सामग्री का उपयोग करना चाहिए।

15. स्व-शिक्षण: जहाँ तक हो सके सीखने वाला स्वयं अपने प्रयत्नों से सीखने का प्रयत्न करे। वह अपने आप तथ्यों की खोज करे तथा अपनी समस्या के हल के लिए प्रयत्न करे।

16. नियमों पर बल: बिखरे हुए तथ्यों के स्थान पर नियम, सामान्यीकरण और सिद्धान्तों के अर्जन पर पूरा जोर देना चाहिए।

इकाई II

विशिष्ट आवश्यकताओं वाले अधिगमकर्त्ता
(Learners with Special Needs)

9

विशेष अथवा विशिष्ट आवश्यकताओं वाले अधिगमकर्त्ताओं की अवधारणा
(Concept of Learners with Special Needs)

9.1 विशिष्ट आवश्यकताओं वाले अधिगमकर्त्ताओं का अर्थ (Meaning of Learners with Special Needs)

विशिष्ट आवश्यकताओं वाले अधिगमकर्त्ता वे सीखने वाले छात्र होते हैं जिनकी आवश्यकताएँ सामान्य अधिगमकर्त्ता से भिन्न होती हैं। यह भिन्नता कम अथवा बहुत अधिक भी हो सकती है। भिन्नता के आयाम (Dimension) भी बहुत हो सकते हैं–शारीरिक भिन्नता तथा मानसिक भिन्नता आदि। जब भिन्नता की मात्रा तथा स्वरूप बहुत होता है तो ऐसे अधिगमकर्त्ताओं की शिक्षा सामान्य अधिगमकर्त्ताओं के साथ सामान्य स्कूलों में नहीं की जा सकती है। ऐसे बच्चों के लिए विशेष प्रकार के वातावरण की आवश्यकता पड़ती है तथा इनके लिए विशेष सुविधाओं वाले विशेष शैक्षिक संस्थाएँ स्थापित की जाती हैं।

वर्तमान में इस बात पर बल दिया जा रहा है कि विशिष्ट अधिगम आवश्यताओं वाले बच्चों की शिक्षा भी सामान्य शैक्षिक संस्थाओं में प्रदान की जाए ताकि ऐसे बच्चों को वास्तविक वातावरण के रहने के अवसर मिल सकें। शिक्षा सम्बन्धी विशेष प्रावधानों के साथ ऐसे बच्चों को मुख्य शिक्षा धारा (Main Stream of Education) के साथ जोड़ने के प्रयास किए जा रहे हैं। इस प्रणाली को समेकित शिक्षा प्रणाली (Integrated Education System) कहा जाता है।

9.2 विशेष बच्चों की परम्परागत परिभाषाएँ तथा अवधारणा (Traditional Definitions and Concept of Special Children)

जहाँ पर कुछ प्रसिद्ध परम्परागत परिभाषाओं का उल्लेख किया जा रहा है जो विशिष्ट अधिगमकर्त्ताओं के विभिन्न पक्षों अथवा आयामों पर प्रकाश डालती हैं:

1. *क्रो तथा क्रो* (*Crow and Crow*): "विशिष्ट शब्द किसी एक ऐसे गुण को धारण करने वाले व्यक्ति के लिए तब प्रयोग किया जाता है जब उस गुण को धारण करने वाले अन्य व्यक्तियों की तुलना में वह इतना अधिक असामान्य प्रतीत हो कि उस गुण विशेष के कारण अपने साथियों के विशिष्ट ध्यान की मांग करे या उसे प्राप्त करे और साथ ही उसके व्यवहार की क्रियाएँ तथा अनुक्रियाएँ भी प्रभावित हों"

2. *जर्सिल्ड, टेलफॉर्ड तथा सावरे* (*Jersild, Telford and Survey*): "प्राय: विशिष्ट शब्द उन बच्चों के लिए प्रयोग किया जाता है जो सामान्य बच्चों से उल्लेखनीय रूप से भिन्न होते हैं।"

3. *जे.ई. विलियम* (*J.E.William*): "प्राथमिक स्कूल के बच्चों के एक विशिष्ट समूह में जो बच्चे निम्न, मध्यम तथा उत्कृष्ट आर्थिक तथा सामाजिक स्तर वाले वातावरणों से आते हैं, वे विशिष्ट शैक्षिक, बौद्धिक, संवेगात्मक, सामाजिक विलक्षणतया या शारीरिक परिस्थितियों के कारण विशेष समायोजनों की आवश्यताओं का अनुभव करते हैं। अत: हम उन्हें विशिष्ट बच्चों की संज्ञा प्रदान करते हैं।"

4. *के.सी. पांडा* (*K.C.Panda*): "विशिष्ट बच्चे वे होते हैं जो शारीरिक तथा मनोवैज्ञानिक विशेषताओं में सामान्य बच्चों से इस सीमा तक भिन्न होते हैं कि स्कूल के पारम्परिक कार्यक्रम से उनका सम्पूर्ण विकास नहीं हो पाता है। अपनी योग्यता के अनुरूप विकसित होने के लिए उन्हें विशेष शिक्षा या सहायक सेवाओं की आवश्यकता होती है।"

5. *हेक* (*Heck*): "हेक के अनुसार विशिष्ट अथवा असाधारण बच्चे वे हैं जो शारीरिक, सामाजिक एवं मानसिक दृष्टि से बाधित (Handicaped) हैं। साथ ही वे बच्चे भी इस श्रेणी में शामिल हैं जो मानसिक मापन में किसी भी क्षेत्र में प्रतिभाशाली होते हैं।"

6. *अमेरिकन शिक्षा अध्ययन राष्ट्रीय परिषद* (*National Council of American Education Study*) ने असाधारण बालकों को इस प्रकार परिभाषित किया है–"असाधारण बालक वे हैं जो कि सामान्य बच्चों से शारीरिक, मानसिक, संवेगात्मक या सामाजिक विशेषताओं में इतना अधिक अलग (deviate) होते हैं कि अपनी उच्चतम योग्यता तक विकसित होने के लिये उन्हें विशेष शैक्षिक सेवाओं की आवश्यकता पड़ती है।"

7. *जे.टी. हण्ट* (*J.T. Hunt*) ने विशिष्ट बालकों की इस प्रकार परिभाषा दी है–"विशिष्ट बालक वे हैं जो शारीरिक, संवेगात्मक या सामाजिक विशेषताओं में सामान्य बालकों से इतने पृथक् हैं कि उनकी क्षमताओं के अधिकतम विकास के लिए विशिष्ट शिक्षा सेवाओं की आवश्यकता होती है।"

8. *क्रूकशॉक* (*Cruickshank*) ने अपने विचार इस प्रकार व्यक्त किए–"विशिष्ट बालक वे हैं जो सामान्य बौद्धिक, शारीरिक, सामाजिक तथा संवेगात्मक बुद्धि तथा विकास में इतने भिन्न हैं कि वे नियमित तथा सामान्य विद्यालय-शैक्षणिक कार्यों से अधिकतम लाभ नहीं उठा सकते हैं तथा जिनके लिए विशिष्ट कक्षाओं एवं अतिरिक्त शिक्षण व सेवाओं की आवश्यकता होती है।"

9.3 विशिष्ट बच्चों का वर्गीकरण (Classification of Exceptional Children)

I. शारीरिक रूप से विकलांग बालक (Physically Handicapped Children)

(i) दृष्टि-दोष से ग्रस्त बालक (Children with Visual Impairments)
(ii) श्रवण-दोष से ग्रस्त बालक (Children with Hearing Impairments)
(iii) वाणी-दोष से ग्रस्त बालक (Children with Speach Impairments)
(iv) गामक तथा तंत्रिकीय दोषों से ग्रस्त बालक (Children with Loco-motor and Neurological Impairments)
(v) अन्य शारीरिक दोषों से ग्रस्त बालक (Children with other Physical Impairments)

II- मानसिक क्षेत्र में भिन्नता (Children with Intellecutual Differences)

(i) प्रतिभा-सम्पन्न बच्चे (Gifted Children)
(ii) मन्द-बुद्धिता बच्चे (Children with Intellectual Impairments)
(iii) अधिगम मन्द बुद्धि बालक (Learning Retarted Children)

III. व्यक्तिगत संतुलन के क्षेत्र में भिन्नता (Difference in Individual Balance)

(i) संवेगात्मक असंतुलित बालक (Emotionally Unbalanced Children)
(ii) सामाजिक असंतुलित बालक (Socially Unbalanced Children)

हेक द्वारा किया गया असाधारण बच्चों का वर्गीकरण (Heck's Classification of Exceptional children)

1. **सामाजिक दृष्टि से बाधित या असाधारण बालक:** इस वर्ग में मुख्यतया बाल-अपराधी (Delinquents) आते हैं।

2. **शारीरिक दृष्टि से बाधित या असाधारण:** इनमें निम्न प्रकार के असाधारण बालक आते हैं:

(i) अपंग (Cripple)
(ii) अन्धे (Blind)
(iii) बहरे (Deaf)
(iv) वाक्-दोषी (Speech Defective)
(v) ऊँचा सुनने वाले (Hard of Hearing)
(vi) दृष्टि दोषी (Defective Vision)
(vii) नाजुक बच्चे (Delicate Children)

3. **मानसिक दृष्टि से असाधारण:** इस श्रेणी में निम्नलिखित प्रकार के बालक आते हैं:

(i) मन्द बुद्धि (Feeble Minded)
(ii) विशिष्ट प्रतिभा सम्पन्न (Specially Gifted)
(iii) प्रतिभाशाली (Gifted)

बेकर (Baker) द्वारा किया गया वर्गीकरण

बेकर (*Baker*) ने असाधारण बालकों का वर्गीकरण निम्नलिखित प्रकार से किया है:

(1) वे बालक जो मानसिक स्वास्थ्य और व्यावहारिक गड़बड़ियों से पीड़ित हैं
(2) स्नायुविक और मानसिक विकार और रोग से ग्रसित बालक
(3) योग्यता एवं अभिक्षमता में सामान्य से दूर बालक जैसे मन्द बुद्धि, प्रतिभाशाली, तथा धीमी अधिगम वाले बालक
(4) शैक्षिक उपलब्धि में साधारण से अधिक विचलित बालक
(5) संवेदन के विकार एवं दोष से ग्रसित बालक
(6) शारीरिक विकास एवं दोष से युक्त बालक

विशिष्ट बच्चों के प्रकार का चार्ट
(Chart of Special Children)

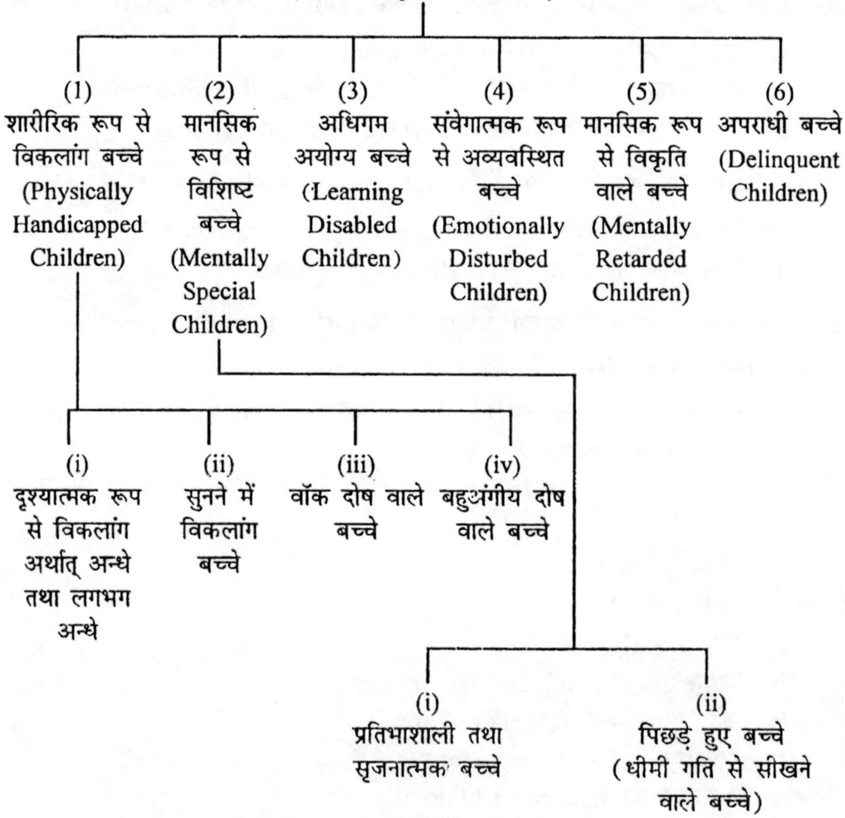

9.4 विशिष्ट आवश्यकताओं वाले बच्चों की नयी अवधारणा— प्रथम पीढ़ी के अधिगमकर्त्ता बालक
(New Concept of Exceptional Children: First Generation Learners)

भारत में विशेष अथवा विशिष्ट आवश्यकताओं वाले बच्चों की श्रेणी में निम्न प्रकार

के बच्चे भी लिए जाते हैं। राष्ट्रीय शिक्षा नीति (1986 तथा 1992) में समानता के आधार पर विशेष प्रकार की आवश्यकताओं वाले बच्चे इस प्रकार से दर्शाए हैं:

1. पहाड़ी क्षेत्र।
2. रेगिस्तान क्षेत्र।
3. दूरस्थ क्षेत्र।
4. दुर्लभ क्षेत्र।
5. टापू क्षेत्र।
6. ग्रामीण क्षेत्र।
7. विकलांग।
8. अल्पसंख्यक।
9. अनुसूचित जनजाति।
10. अनुसूचित जाति।
11. झुग्गी-झोपड़ी क्षेत्र।
12. बंजारे आदि।

इन बच्चों को प्रथम पीढ़ी के अधिगमकर्त्ता बालक (First Generation Learners) भी कहा जाता है। इन वर्गों में बहुत से विचारक लड़कियों को भी शामिल करते हैं।

ये बच्चे प्राय: ऐसे परिवारों से आते हैं जिनमें से पहले किसी ने शिक्षा प्राप्त नहीं की होती है।

9.5 विशिष्ट बच्चों की शिक्षा: प्रजातन्त्र में शिक्षा में समान अवसरों का महत्त्व (Education of the Exceptional Children: Importance of Equality of Opportunity in Education in Democracy)

जवाहरलाल नेहरू ने समानता के बारे में कहा, "हमें ऐसे समाज का निर्माण करना है, जिसमें प्रत्येक व्यक्ति को अपने गुण और योग्यता के अनुसार उन्नति करने के अवसर मिलें। मैं चाहता हूँ कि शिक्षा का इस उद्देश्य की प्राप्ति के लिए विकास किया जाए।"

हमारा देश अब प्रजातांत्रिक गणराज्य है। इसके संविधान में प्रत्येक नागरिक को कुछ मौलिक अधिकार दिए गए हैं, जिनमें स्वतंत्रता (विचार भाषण एवं लेखन की), समानता एवं भ्रातृत्व प्रमुख मौलिक अधिकार हैं। अत: शिक्षा में भी समान अवसर की माँग करने का प्रत्येक नागरिक का अधिकार है। अब जाति-पाँति, धर्म-संप्रदाय, राजनैतिक विचार या लिंग भेद के कारण शिक्षा प्राप्त करने से वंचित नहीं किया जा सकता। प्रजातांत्रिक देश में प्रत्येक नागरिक को, जो मतदाता है, शिक्षित होना आवश्यक है। अत: राज्य का यह कर्त्तव्य है कि वह सबकी शिक्षा के लिए नि:शुल्क व्यवस्था करे, जिससे आर्थिक बाधा के कारण कोई व्यक्ति शिक्षा से वंचित न रह जाए। प्रजातंत्र की सफलता मतदाताओं पर है और मतदाता जब तक शिक्षित नहीं है वे अपना उत्तरदायित्व और अपने मत का महत्त्व नहीं समझ सकते। अत: कम-से-कम प्रारंभिक शिक्षा (वरन् अब तो माध्यमिक स्तर तक) सबके लिए अनिवार्य होनी चाहिए। अनिवार्य शिक्षा तभी सफल हो सकती है जब वह नि:शुल्क भी हो, क्योंकि शिक्षा यदि खर्चीली होगी तो बहुत से वर्गों के बच्चे क्षमता, रुचि

एवं आकांक्षा होते हुए शिक्षा प्राप्त करने से वंचित रह जाएंगे। अत: शिक्षा के अवसर की समानंता प्रजातांत्रिक देश की अनिवार्य आवश्यकता है।

कोठारी शिक्षा आयोग (1964-66) ने इस विषय में अपना मत इस प्रकार व्यक्त किया है:

> "*शिक्षा का एक महत्त्वपूर्ण उद्देश्य है सबको समान अवसर प्रदान करना, जिससे पिछड़े हुए तथा सामाजिक सुविधाओं से वंचित वर्गों के बच्चे भी अपनी आर्थिक एवं सामाजिक दशा सुधारने के लिए शिक्षा को साधन के रूप में प्रयुक्त कर सकें। जिस समाज में सामाजिक न्याय को महत्त्व दिया जाता है और जो सामान्य व्यक्ति की दशा सुधारने के लिए इच्छुक है एवं सभी उपलब्ध प्रतिभाओं का उपयोग करना चाहता है उसे देश के प्रत्येक वर्ग के लोगों को क्रमश: अवसर की समानता प्रदान करनी चाहिए। कल्याणकारी साम्यवादी समाज की स्थापना के लिए एकमात्र यही उपाय है जिससे सबल द्वारा दुर्बल का शोषण कम-से-कम हो सके। समान अवसर का अर्थ समान शिक्षा नहीं है। वैयक्तिक भिन्नता सृष्टि का व्यापक नियम है। दो व्यक्ति, चाहे वे जुड़वाँ भाई या बहिन ही क्यों न हों, बिल्कुल समान नहीं होते, उनमें भी कुछ-न-कुछ अन्तर रहता ही है। भौतिक शरीर की बनावट के अतिरिक्त उनकी मानसिक शक्ति, उनके विचार, उनकी रुचि, ढंग, अभिवृत्ति, विश्वास आदि के कारण उनमें अंतर होना स्वाभाविक है। अत: सभी को एक ही प्रकार की शिक्षा देने और समान अवसर प्रदान करने से यह आवश्यक नहीं है कि सबका विकास एक समान हो। अवश्य ही कोई तो उस अवसर का लाभ उठा कर उस शिक्षा से लाभान्वित होगा और कोई सर्वथा विफल मनोरथ होगा। समान अवसर का केवल यही तात्पर्य है कि धनी-गरीब दोनों को एक प्रकार की शिक्षा प्राप्त करने का समान अवसर मिलेगा और आर्थिक कठिनाई उसमें बाधक न होगी। इसके लिए अन्य प्रकार की भौतिक बाधाएँ भी दूर कर देनी चाहिए। जाति-भेद, रंग भेद, धार्मिक विश्वास, लिंग भेद इत्यादि किसी प्रकार का अवरोध नहीं होना चाहिए, जिससे प्रत्येक युवक-युवती को अपनी रुचि की संस्था एवं पाठ्य-विषय चुनने को पूरी स्वतंत्रता होनी चाहिए।*"

शिक्षा के अवसरों की विषमता अथवा असमानता के कारण

1. गरीब बालकों के लिए अच्छे स्कूलों में शिक्षा-प्राप्ति के साधनों का अभाव।
2. देहाती स्कूलों तथा शहरी स्कूलों के स्तरों में असमानता।
3. घरेलू वातावरण में भिन्नता तथा अनपढ़ माता-पिता के कारण शिक्षा में विषमताएँ।
4. उन्नत वर्गों और पिछड़े वर्गों--अनुसूचति जाति और अनुसूचित आदिम जातियों के बीच शैक्षिक विकास का अन्तर।
5. लड़के और लड़कियों की शिक्षा में भारी अन्तर।

शैक्षिक असमानता तथा सामाजिक विकास में बाधाएँ

विद्यार्थियों के समुचित विकास में अनेक बाधाएँ आती हैं। उनमें हीनता की भावना का विकास होता है। निराशा कई बार उत्तेजना को जन्म दे देती है। व्यक्ति उचित अवसर न मिलने पर विद्रोही बन जाता है। आर्थिक विषमताओं का तथा शैक्षिक विषमताओं का

परस्पर गहरा सम्बन्ध है। शैक्षिक विषमताएँ सामाजिक तथा राजनीतिक विषमताओं को जन्म देती है।

असमानता के प्रभाव (Effects of Inequality)

अवसरों की असमानता के कारण निम्नलिखित सामाजिक प्रभाव दिखाई दे रहे हैं:

1. समाज में सामाजिक असमानता बढ़ रही है।
2. विभिन्न क्षेत्रों में असमानता बढ़ रही है।
3. राजकीय तथा राजकीय सहायता प्राप्त स्कूलों में बच्चों के शिक्षा के अवसर तो मिल रहे हैं परन्तु शैक्षिक सुविधाओं के कारण शिक्षा के स्तर गिर रहे हैं। इस कारण सामाजिक खाई पाटने के स्थान पर बढ़ रही है।
4. असमानता के कारण प्रजातान्त्रिक व्यवस्था में भी कई प्रकार की विषमताएँ आ गई हैं।
5. असमानता के कारण समाज में असामाजिक तत्त्व पनप रहे हैं।
6. असमानता के कारण अलगाववाद बढ़ रहा है।
7. असमानता के कारण राष्ट्रीय समाकलन में बाधाएँ आ रही हैं।

9.6 विशिष्ट बच्चों की शिक्षा की आवश्यकता (Need for Education for the Exceptional Special Children)

निम्न कारणों से विशिष्ट बच्चों की शिक्षा की आवश्यकता रहती है:

1. बच्चों की व्यक्तिगत भिन्नताएँ (Individual Differenes of Children)

2. विकास के अवसरों की समानता (Equality of Opportunity for Development)

3. सभी का सर्वांगीण विकास का उद्देश्य (Objective of All Round Developments of All)

4. नियमित कक्षाओं की सीमाएँ (Limitaions of Formal Schooling)

5. आत्मनिर्भरता पक्ष (Self-Sufficieny Aspect)

6. विशेष उपकरण तथा विधियों की उपलब्धता (Availability of Special Tools and Methods)

7. संवैधानिक प्रतिबद्धता (Constitutional Commitment) भारतीय संविधान में सार्वभौमिक निःशुल्क प्राथमिक शिक्षा का प्रावधान है।

8. बालकों का राष्ट्रीय नीति (1974) (National Policy for Children, 1974) में सामाजिक रूपसे विकलांग बच्चों तथा प्रतिभाशाली बच्चों की शिक्षा तथा प्रशिक्षण पर बल दिया गया है।

9. राष्ट्रीय शिक्षा नीति (1986 and 1992) में कहा गया है कि विकलांग व्यक्तियों की शिक्षा के लिए विशेष शिक्षा का प्रबन्ध किया जाएगा।

10. संयुक्त राष्ट्र संघ के सार्वभौमिक मानव अधिकार घोषणा पत्र 1948 (Universal Declaration of Human Rights, 1948) में सभी व्यक्तियों की समानता तथा शिक्षा के अधिकार को स्वीकार किया गया है।

11. सभी के लिए शिक्षा का विश्व सम्मेलन,1990 (The World Conference of Education for All, 1990) जो जॉमिटन (थाइलैंड) में आयोजित हुआ, उसमें स्वीकार

किया गया कि विकलांग व्यक्तियों की अधिगम आवश्यकताओं के लिए विशिष्ट शिक्षा की आवश्यकता है तथा इस दिशा में उचित कदम उठाए जाने चाहिए।

12. सालामान्स कथन 1997 (Salamance Statement, 1994) जिसमें लगभग 100 देशों तथा 25 अन्तर्राष्ट्रीय संगठनों ने भाग लिया तथा कथन जारी किया कि "विशिष्ट शिक्षा की आवश्यकता वाले बच्चों को नियमित स्कूलों तक पहुँच प्राप्त होनी चाहिए।" यह भी कहा गया कि इनको बाल केन्द्रित शिक्षण सिद्धान्तों के अनुसार उन्हें समायोजित किया जाना चाहिए।

9.7 क्षतिग्रस्त तथा वंचित वर्गों की सामाजिक तथा भावात्मक समस्याएँ (Socio-Emotional Problems of Handicapped and Deprived Groups)

क्षतिग्रस्त तथा वंचित वर्गों की सामाजिक तथा भावात्मक समस्याएँ कई प्रकार से भिन्न होती हैं क्योंकि इनका सम्पूर्ण वातावरण भी अलग होता है। परन्तु फिर भी कुछ समान समस्याएँ हैं जिनका उल्लेख नीचे किया गया है:

1. सामान्यत: समाज का इन वर्गों के प्रति उदासीनता का दृष्टिकोण होना है।
2. इन वर्गों का स्वयं का अपने प्रति हीन भावना रखना।
3. समाज में इन वर्गों के प्रति तिरस्कार की भावना का होना।
4. समाज का इन वर्गों के प्रति 'तरस खाने' की भावना रखना तथा दया के तौर पर इनकी सहायता करना।
5. अनुसूचित जातियों तथा जनजातियों में इस प्रकार की भावना कि सदियों तक उनका शोषण उच्च वर्गों ने किया है।
6. अनुसूचित जातियों तथा जनजातियों में धीरे-धीरे जागरूकता आना। परन्तु साथ ही रोष तथा क्रोध का पनपना। कई बार यह रोष आवश्यकता से अधिक होकर उग्र रूप भी धारण कर लेता है।
7. मानव अधिकारों के प्रति विभिन्न आन्दोलनों ने पिछड़े वर्गों में अपने अधिकारों के प्रति सजगता की भावना को बढ़ावा देना तथा 'आशाओं का विस्फोट' (Explosion of Expectations)।
8. क्षतिग्रस्त तथा वंचित वर्गों को समाज की मुख्य धारा से जोड़ना।

9.8 सामाजिक तथा भावात्मक समस्याओं के कारक अथवा कारण (Factors or Reasons for Socio-Emotional Problems)

चार्ट 9.1 देखें।

9.9 असाधारण बालकों की शिक्षा के निर्देशक सिद्धांत (Guiding Principles for the Education of Exceptional Children)

1. आत्मविश्वास की भावना का विकास (Development of Self-Confidence)

असाधारण बालकों की शिक्षा का सर्वप्रथम निर्धारक सिद्धांत तो यही होगा कि ऐसे बालकों को इस प्रकार की शिक्षा दी जाय कि उनके जीवन में एक नया अर्थ, एक नया अनुभव और एक नया विश्वास विकसित हो। उन्हें यह अनुभव होने लगे कि वे

चार्ट 9.1: सामाजिक तथा भावात्नक समस्याओं के कारक अथवा कारण
(Factors or Reasons for Socio-Emotional Problems)

(1) पारिवारिक

मनोवैज्ञानिक

(i) घर का अनुपयुक्त अनुशासन।
(ii) बच्चों से अवास्तविक आशाएँ।
(iii) माता-पिता का अधिक लाड प्यार।
(iv) घर में उचित भाषा का प्रयोग न होना।
(v) बच्चों के साथ पक्षपूर्ण व्यवहार।
(vi) असुरक्षा का भय।

सामाजिक

(i) परिवार का समाज में निम्न स्तर।
(ii) परिवार के प्रति समाज की उपेक्षा की भावना-असामाजिक तत्त्वों से संज्ञा करना।

(2) व्यक्तिगत शारीरिक दोष

(3) संग-साथी (Pears)

(i) साथियों की अनुपयुक्त गतिविधियाँ।
(ii) साथियों का तिरस्कार की दृष्टि से देखना।
(iii) साथियों का छात्र की भावनाओं का अनादर करना।

(4) स्कूल का वातावरण

(i) स्कूल का आकर्षक भौतिक वातावरण न होना।
(ii) अव्यावहारिक पाठ्यक्रम'
(iii) दूषित शिक्षण विधियाँ।
(iv) पाठान्तर क्रियाओं का अभाव।
(v) स्कूल में अनुशासन की कमी।

(5) अध्यापक

(i) अध्यापकों का छात्रों की आवश्यकताओं की अनदेखी करना।
(ii) स्नेह का अभाव।
(iii) तिरस्कार की मनोवृत्ति।
(iv) पक्षपात रवैया।
(v) अपशब्दावली का प्रयोग।
(ii) स्वयं में असंवेगात्मक असन्तुलन।

समाज के लिये आवश्यक हैं। और समाज में उन्हें भी सम्मान की दृष्टि से देखा जाता है। ऐसी शिक्षा में कुछ इस प्रकार की व्यवस्था करनी होगी कि प्रत्येक बालक कोई-न-कोई व्यवसाय करने के लिए सक्षम हो जाए और इसके साथ-ही-साथ उन बालकों का सांस्कृतिक और सामाजिक विकास भी हो सके।

2. व्यक्तिगत अध्ययन (Individual Study)

असाधारण बालकों की शिक्षा प्रत्येक बालक के व्यक्तिगत अध्ययन (child study) के आधार पर होनी चाहिए। दूसरे शब्दों में हम यह कहेंगे कि प्रत्येक बालक की अपंगता या असाधारणता को भली-भाँति समझने के पश्चात् ही उसकी शिक्षा की व्यवस्था की जाए।

3. शिक्षा में समान अवसर (Equality of Opportunity in Education)

'शिक्षा में समान अवसर' असाधारण बालकों की शिक्षा का महत्त्वपूर्ण सिद्धांत है। समानता का सिद्धांत इस बात की ओर संकेत करता है कि इन बालकों को केवल कुछ कौशल सिखा देना मात्र पर्याप्त नहीं होगा। व्यावसायिक शिक्षा के साथ-साथ इनके व्यक्तित्व के सर्वांगीण विकास की ओर भी ध्यान देना होगा।

4. नागरिकता के मूल्यों का विकास (Development of Values of Citizenship)

असाधारण बालकों में अच्छी नागरिकता का विकास करना, इनकी शिक्षा का मुख्य उद्देश्य होगा।

5. सन्तुलित दृष्टिकोण (Balanced View)

उन्हें ऐसी शिक्षा देनी होगी कि उनका जीवन सरल बन सके। जीवन को सरल बनाने के लिये यह आवश्यक है कि बालकों में ऐसी योग्यता विकसित की जाय कि वे अपने दृष्टिकोण के साथ-साथ दूसरे के दृष्टिकोणों को भी समझ सकें।

6. जीवनयापन में सहायक शिक्षा (Supporting Education for Livelihood)

विकलांग तथा अपंग बालकों की शिक्षा के लिए ऐसा प्रशिक्षण आवश्यक होगा जो उनकी अपंगता को दूर कर सके तथा जीवनयापन में उनकी सहायता कर सके।

7. शैक्षिक तथा व्यावसायिक प्रशिक्षण सुविधाओं की जानकारी (Knowledge of Educational and Vocational Training Facilities)

भारत सरकार, राज्य सरकारें तथा स्वयंसेवी संस्थाओं ने पिछड़े तथा वंचित वर्गों के लिए अनेक प्रकार की विशेष सुविधाओं का प्रावधान किया हुआ है। अतः इन वर्गों के बच्चों को इन सुविधाओं से अवगत कराया जाए।

8. उपचारात्मक शिक्षा (Remedial Education)

जो बालक शारीरिक अपंगता अथवा सामाजिक असामान्यता एवं मानसिक असामान्यता से पीड़ित हैं उनके लिए उपचारात्मक (remedial) शिक्षा की व्यवस्था करनी होगी। इसका

उद्देश्य यही होगा कि ये बालक अपनी कमियों को दूर कर सकें तथा अपने पैरों पर खड़े हो सकें और समाज में सम्मानयुक्त जीवन व्यतीत कर सकें।

9. निवारक शिक्षा (Preventive Measures)

उपचारात्मक शिक्षा से भी महत्त्वपूर्ण कार्य निवारक शिक्षा (Preventive Measures) का प्रबन्ध करना होगा। इसका उद्देश्य यह होगा कि समाज में ऐसी शिक्षा व्यवस्था की जाय कि बालकों में मनोविकार, अपंगता एवं सामाजिक असमायोजन को रोका जा सके।

9.10 राष्ट्रीय शिक्षा नीति (1986 तथा 1992) एवं विकलांगों अथवा क्षतिग्रस्त बच्चों की शिक्षा (National Policy on Education, 1986 and 1992 and Education of the Handicapped Children)

विकलांगों की शिक्षा का उद्देश्य (Objective of the Education of the Handicapped)

विकलांगों को शिक्षा देने का उद्देश्य यह होता है कि वे पूरे समाज के साथ संकलित होकर रह सके। उनकी उन्नति भी आम लोगों की तरह हो। वे पूरे भरोसे और हिम्मत से जीवन जीएं।

विकलांगों की शिक्षा के उपाय (Measures for the Education of the Handicapped)

शिक्षा नीति में इस सम्बन्ध में निम्नलिखित उपाय दर्शाए गए हैं:

1. विकलांगता अगर चलने-फिरने की या मामूली सी हो, तो ऐसे बच्चों की शिक्षा आम बच्चों के साथ हो।
2. गंभीर रूप से विकलांग बच्चों के लिए छात्रावास वाले स्कूलों की आवश्यकता है। जहाँ तक सम्भव हो, इस प्रकार के स्कूल जिला मुख्यालयों में बनाए जाएँ।
3. सभी स्कूलों में विकलांगों के लिए व्यावसायिक प्रशिक्षण की पर्याप्त व्यवस्था की जाए।
4. शिक्षकों, विशेष तौर से प्राथमिक कक्षाओं के शिक्षकों के प्रशिक्षण के लिए कार्यक्रमों को भी नया रूप दिया जाए ताकि वे कम उम्र के विकलांग बच्चों की कठिनाइयों को ठीक तरह से समझ सकें।
5. विकलांगों की शिक्षा के लिए स्वैच्छिक प्रयासों को हर संभव तरीके से प्रोत्साहित किया जाए।

9.11 विकलांगों की संख्या (Number of Persons with Disabilities/Handicapped)

राष्ट्रीय सैम्पल सर्वेक्षण संगठन (National Sample Survey Organisation) के सर्वेक्षण (2002) के अनुसार विकलांग व्यक्तियों की संख्या 1.85 करोड़ थी, जो देश की कुल संख्या का 1.8 प्रतिशत था। विभिन्न वर्गों के विकलांगों की संख्या नीचे दी गई है:

1. लोकोमोटर (Locomotor) = 106.34 लाख

2. श्रवण विकलांगता (Hearing Handicapped) = 30.62 लाख
3. मूक (Speech) = 21.55 लाख
4. दृष्टिहीन (Blindness) = 20.33 लाख
5. आंशिक दृष्टिदोष (Low Vision) = 8.13 लाख
6. मानसिक अल्पविकास (Mental Retardation) = 9.95 लाख

2001 की जनगणना के अनुसार विकलांग व्यक्तियों की संख्या 2.19 करोड़ थी जो कुल संख्या का 2.13 प्रतिशत् था।

9.12 जनगणना 2001 के अनुसार विकलांग की परिभाषा (Definition of Disability in accordance with Census 2001)

1. देखने में (In Seeing): ऐसा व्यक्ति जो कुछ भी नहीं देख सकता था, जिसे ऐनक के द्वारा भी बहुत धुंधला नजर आता है, उसे दृष्टिहीन कहा जाता है। जिस व्यक्ति को सिर्फ एक आँख द्वारा ठीक दिखाई देता है, उसे भी चाक्षुक विकलांग समझा जाता है। जिस व्यक्ति को धुंधला नजर आता है, पर उसके पास यह अवसर उपलब्ध नहीं है कि ऐनक के साथ उसकी दृष्टि ठीक हो जाएगी, उसे भी चाक्षुक विकलांग कहते हैं।

2. बोलने में (In Speech): ऐसा व्यक्ति जो कि बोल नहीं सकता, उसे गूंगा कहा जाता है। जिस व्यक्ति का बोल ठीक सुनने वाले को समझ नहीं आता, उसे भी ध्वनिहीन विकलांग कहा जाता है। जो व्यक्ति रुक-रुक कर बोलता है उसमें में बोलने की विकलांगता पाई जाती है।

3. सुनने में (In Hearing): जो व्यक्ति सुन नहीं सकता उसमें बहरेपन की विकलांगता होती है। जो व्यक्ति किसी यंत्र की सहायता से सुनता है, उसमें भी बहरेपन की विकलांगता है। अगर कोई व्यक्ति एक कान से सुन सकता है, पर दूसरे से नहीं, तब भी उसमें सुनने की विकलांगता होती है।

4. चलने में (In Movement): अंग विकलांग वह व्यक्ति होता है जिसका या तो कोई अंग नहीं है, या वह उसे ठीक तरह से इस्तेमाल नहीं कर सकता। किसी अंगुली या अंगूठे का न होना अंग विकलांगता नहीं है, परन्तु यदि सभी अंगुलियाँ या अंगूठे नहीं हैं, तो वह व्यक्ति ठीक प्रकार से चल नहीं सकता। शरीर के किसी भी अंग में यदि विकास है, तो व्यक्ति को विकलांग कहा जाता है। यदि कोई व्यक्ति किसी अन्य की सहायता से चल नहीं सकता तब भी वह विकलांग कहलाता है। ऐसा व्यक्ति जो पास में रखी वस्तुओं को उठा नहीं सकता या जोड़ों में दर्द के कारण काम नहीं कर सकता, वह भी विकलांग कहलाता है।

5. मानसिक (Mental): जो व्यक्ति अपनी उम्र के अनुरूप बातों को समझ नहीं पाता, उसे मानसिक रूप से विकलांग कहते हैं। इसका यह अर्थ नहीं कि अगर कोई परीक्षा पास नहीं कर पाया या पढ़ने में कमजोर है तो उसे हम मानसिक रूप से विकलांग समझेंगे। मानसिक रूप से विकलांग व्यक्ति दैनिक चर्या के लिए परिवार के सदस्यों पर निर्भर रहता है। यह जानने के लिए कि कोई व्यक्ति मानसिक रूप से विकलांग है, कोई परीक्षण नहीं किए जाते।

6. बहु विकलांगता (Multiple Disabilities): अगर कोई व्यक्ति दो या उससे ज्यादा तरह की विकलांगताओं से पीड़ित है, तो उसे बहुविकलांग कहा जाता है।

9.13 विकलांगों की सुविधाओं के लिए सरकारी प्रावधान (Provision of Governmental Facilities for the Handicapped)

यहाँ पर सरकारी सुविधाओं के प्रावधान संक्षेप में दिए जा रहे हैं:

1. विकलांग व्यक्ति अधिनियम, 1995 (Persons with Disabilities Act, 1995)

विकलांग व्यक्ति (समान अवसर, अधिकारों की रक्षा और पूर्ण सहभागिता) अधिनियम, 1995 नामक व्यापक कानून फरवरी 1996 में लागू किया गया। इस कानून के अन्तर्गत केन्द्र और राज्य-स्तर पर विकलांगों के पुनर्वास को बढ़ावा देने वाले कार्यक्रमों–जैसे शिक्षा, रोजगार और व्यावसायिक प्रशिक्षण, अनुकूल परिवेश का निर्माण, विकलांगों के लिए पुनर्वास सेवाओं का प्रावधान, संस्थान सेवाएँ और सहायक सामाजिक सुरक्षा उपाय, बेरोजगारी भत्ता तथा शिकायत निवारण तंत्र आदि बातों पर ध्यान दिया गया है।

2. आत्मविमोह, मस्तिष्क पक्षाघात, मन्दबुद्धि और बहु-विकलांगता के शिकार व्यक्तियों के लिए राष्ट्रीय न्याय 1999 (National Trust for the Welfare of Persons with Autism Cerebral Palsy, Mental Retardation and Multiple Disabilities)

इस न्यास की स्थापना 1999 में की गई। इस न्यास का कार्यक्षेत्र विकलांगों को आत्मनिर्भर बनाना है।

3. विकलांगों के लिए मुख्य आयुक्त का कार्यालय (Office of the Chief Commissioner for Persons with Disabilities)

यह कार्यालय विकलांगों के लिए राज्य आयुक्तों के काम में समन्वय स्थापित करता है।

4. भारतीय पुनर्वास परिषद् (Rehabilitation Council of India)

इस परिषद् के निम्नलिखित कार्य हैं:

1. देशभर के सभी प्रशिक्षण संस्थानों में विभिन्न स्तरों पर पाठ्यक्रमों का मानकीकरण और नियमन (Standardization and Regulation) करना।
2. इस प्रकार के पाठ्यक्रम चलाने वाले प्रशिक्षण संस्थानों तथा विश्वविद्यालयों को मान्यता प्रदान करना। इस समय लगभग 40 पाठ्यक्रमों का संचालन किया जा रहा है।

5. राष्ट्रीय संस्थान (National Institutes)

विकलांगों की विभिन्न समस्याओं से प्रभावी ढंग से निबटने के लिए निम्नलिखित संस्थाओं की स्थापना की गई है:

1. राष्ट्रीय दृष्टिहीन संस्थान, देहरादून (National Institute of the Visually Handicapped, Dehradun)
2. राष्ट्रीय अस्थिरोग विकलांग संस्थान, कोलकाता (National Institute for Orthopaidically Handicapped, Kolkata)
3. अलीयावरजंग राष्ट्रीय बधिर संस्थान, मुम्बई (Ali Yavar Jang National Institute for the Hearing Handicapped, Mumbai)

4. राष्ट्रीय मानसिक विकलांग संस्थान, सिकन्दराबाद (National Institute for the Mentally Handicapped, Secundrabad)
5. राष्ट्रीय पुनर्वास प्रशिक्षण एवं अनुसंधान संस्थान, कटक (National Institute of Rehabilitation Training and Research, Cuttack)
6. शारीरिक विकलांग संस्थान, नई दिल्ली (Institute for the Physically Handicapped, New Delhi)
7. बहु-विकलांगता सशक्तिकरण संस्थान, चेन्नई (Institute for Empowerment of Persons with Multiple Disabilities, Chennai)
8. विकलांग बच्चों को पढ़ाने के लिए विशेष शिक्षकों के लिए प्रशिक्षण संस्थाएँ (Special Teacher Training Institutions for Providing B.Ed./M.Ed. (Special Education)—भारत में इस समय इस प्रकार की लगभग 20 प्रशिक्षण संस्थाएँ हैं।

9.14 गैर-सरकारी संगठन तथा विशिष्ट आवश्यकताओं वाले छात्रों के लिए सुविधाओं का प्रावधान (Non-Government Organisations (NGOs) and Provision for Facilities for the Students with Special Needs)

भारत में राष्ट्रीय जीवन के विभिन्न क्षेत्रों में सरकार के साथ-साथ गैर-सरकारी संगठन भी कार्य कर रहे हैं। राष्ट्रीय शिक्षा नीति (1986 तथा 1992) में शिक्षा के विभिन्न क्षेत्रों में गैर-सरकारी संगठनों के योगदान पर बल दिया गया है। उन्हें कार्य करने के लिए अनेक प्रकार की सुविधाएँ भी प्रदान करने की व्यवस्था की गई है।

शिक्षा नीति के *भाग 10* में सम्बन्धित विवरण इस प्रकार दिया गया है:

10.1 शिक्षा की योजना और प्रबन्ध की व्यवस्था में पुनर्गठन को उच्च प्राथमिकता दी जाएगी, इस सम्बन्ध में जिन सिद्धान्तों का ध्यान रखा जाएगा, वे निम्नलिखित हैं:

(i) विकेन्द्रीकरण तथा शिक्षा संस्थाओं में स्वायत्तता की भावना उत्पन्न करना।

(ii) लोक-भागेदारी को प्रधानता देना, जिसमें गैर-सरकारी एजेंसियों का जुड़ाव तथा स्वैच्छिक प्रयास शामिल है।

गैर सरकारी संगठनों का वर्गीकरण (Classification of NGOs)

गैर सरकारी अथवा स्वयंसेवी संगठनों का वर्गीकरण कई प्रकार से किया जा सकता है। यहाँ पर प्रमुख वर्गीकरणों के भेद दिए जाते हैं:

स्वयंसेवी संगठनों का वर्गीकरण-I

(1) एक ही समूह तक सीमित कार्य

(2) कई समूहों तक कार्य-विस्तार

स्वयंसेवी संगठनों का वर्गीकरण-II

(1) औपचारिक संगठन

(2) गैर-औपचारिक संगठन

(3) अनौपचारिक संगठन

स्वयंसेवी संगठनों का वर्गीकरण-III

(1) किसी विशेष धर्म पर आधारित संगठन

(2) धर्मनिरपेक्ष संगठन

स्वयंसेवी संगठनों का वर्गीकरण-IV

(1) सरकार द्वारा मान्यता प्राप्त संगठन

(2) सरकार द्वारा न मान्यता प्राप्त संगठन

स्वयंसेवी संगठनों का वर्गीकरण-V

(1) सरकार से सहायता प्राप्त संगठन

(2) सरकार से बिना सहायता प्राप्त संगठन

स्वयंसेवी संगठनों का वर्गीकरण-VI

(1) केवल एक ही कार्य करने वाला संगठन

(2) अनेक कार्य करने वाला संगठन

स्वयंसेवी संगठनों का वर्गीकरण-VII

(1) समुदाय स्तर पर संगठन

(2) जिला स्तर पर संगठन

(3) राज्य स्तर पर संगठन

(4) राष्ट्रीय स्तर पर संगठन

(5) अन्तर्राष्ट्रीय स्तर पर संगठन

दीनदयाल विकलांग पुनर्वास योजना (Deendayal Disabled Rehabilitation Scheme)

विकलांगों को अनेक प्रकार की सुविधाएँ प्रदान करने के लिए देश में अनेक स्वयंसेवी संगठन कार्य कर रहे हैं। इन संगठनों ने विकालांगों की शिक्षा के लिए शैक्षिक संस्थाएँ स्थापित की हैं। कुछ संगठनों ने विशेष शिक्षा के क्षेत्र में अध्यापकों के प्रशिक्षण हेतु प्रशिक्षण संस्थान भी खोले हुए हैं। विकलाग बच्चों के लिए समेकित शिक्षा योजना (Integrated Education for Disabled Children Scheme) के अन्तर्गत इन संस्थाओं को सहायता दी जा रही है।

'दीनदयाल विकलांग पुनर्वास योजना' के अन्तर्गत भी गैर सरकारी संगठनों को विकलांग व्यक्तियों के कल्याण के लिए विशेष स्कूल, व्यावसायिक प्रशिक्षण केन्द्र तथा समुदाय आधारित पुनर्वास कार्यक्रम (Community Based Rehabilitation Programme) जैसी योजनाएँ चलाने के लिए सहायता दी जाती है।

इस योजना के अन्तर्गत लगभग 480 विशेष स्कूल तथा 190 व्यावसायिक प्रशिक्षण केन्द्र चलाए जा रहे हैं।

9.15 निर्योग्यताओं वाले व्यक्तियों के लिए राष्ट्रीय नीति (2006) (National Policy for Persons with Disabilites, 2006)

नीति दर्शन (Philosophy of the Policy)

नई विचारधारा के अनुसार ऐसा माना जाता है कि यदि निर्योग्यता वाले बच्चों को वांछित अवसर प्रदान किए जाएँ तो उनके जीवन की गुणवत्ता में काफी सुधार आ सकता है। विकास के परिणामों की सुलभता मिलने का इन लोगों का पूरा अधिकार है। 2006 की राष्ट्रीय नीति इसी दृष्टिकोण पर आधारित है कि निर्योग्यता वाले व्यक्तियों को राष्ट्र की मुख्यधारा का एक अभिन्न अंग बनाया जाए। राष्ट्रीय नीति में यह माना गया है कि निर्योग्यता वाले व्यक्ति देश के लिए मूल्यवान मानव संसाधन हैं–"Persons with disabilities are valuable human resource for the country". इस नीति में इस प्रकार के वातावरण के निर्माण पर जोर दिया गया है जिसमें ऐसे व्यक्तियों को बराबरी के समान अवसरों की प्राप्ति हो सके।

नई नीति के प्रमुख बिन्दु (Main Focal Points of the Policy)

ये बिन्दु इस प्रकार है:

1. निर्योग्यताओं का निरोध करना (Prevention of Disabilities)
2. पुनर्निवास उपाय (Rehabilitation Measures)

I. *निर्योग्यताओं का निरोधन (Prevention of Disabilities)*

इसके अन्तर्गत इस प्रकार के कार्यक्रम आते हैं:

(i) निर्योग्यता को कम करना।
(ii) जागृति उत्पन्न करना।

II. पुनर्वास उपाय

1. *शारीरिक पुनर्वास* (*Physical Rehabilitation*)

इसके अन्तर्गत कार्य हैं:

(i) प्रारम्भिक पहचान

(ii) परामर्श

(iii) चिकित्सा

(iv) सहायक साधनों तथा उपकरणों का प्रावधान

2. *शैक्षिक पुनर्वास* (*Educational Rehabilitation*)

इसके अन्तर्गत निम्नलिखित गतिविधियाँ हैं:

(i) शिक्षा का विकास

(ii) प्रशिक्षण

3. *आर्थिक पुनर्वास* (*Economic Rehabilitation*)

इसके अन्तर्गत निम्न प्रकार के कार्यक्रम शामिल हैं:

(i) रोजगार के अवसरों का प्रावधान करना।

(ii) निजी उद्योग-धन्धों में नौकरियाँ।

(iii) स्वरोजगार

नीति में अयोग्य नारियों तथा बच्चों की आवश्यकताओं की पूर्ति पर विशेष ध्यान देने पर बल दिया गया है।

10

विशेष आवश्यकताओं वाले बच्चों की पहचान तथा विभिन्न वर्गों का उत्तरदायित्व
(Identification of Special Children and Role of the Various Sections)

10.1 विशेष आवश्यकताओं वाले बच्चों की पहचान की आवश्यकता (Need for the Indentfication of Special Children)

प्रजातान्त्रिक मूल्यों के अनुसार प्रत्येक व्यक्ति को उसकी क्षमता के अनुसार विकास का अवसर मिलना चाहिए। इसी सन्दर्भ में यह आवश्यक है कि सामान्य व्यक्ति की भाँति विशेष आवश्यकता वालों अथवा दोषग्रस्त वालों को उनकी क्षमता के अनुसार विकास के अवसर मिलने चाहिए। कोई भी प्रजातान्त्रिक राज्य इस तथ्य की अवहेलना नहीं कर सकता। महान् विद्वान *गेब्रिएल मिसान* का कथन है, "हम कई गलतियों और भूलों के दोषी हैं परन्तु हमारा सब से बड़ा अपराध है बच्चों की अनदेखी करना जो वास्तव में खिलते जीवन की अनदेखी है। हमारी कई आवश्यकताएँ टाली जा सकती हैं परन्तु बच्चों की उपेक्षा नहीं की जा सकती। बाल्यावस्था में हड्डियाँ विकसित होती हैं। शरीर में रक्त बनता है। इन्द्रियों का विकास होता है। उसे कल पर नहीं छोड़ सकते। उसका नाम आज है, केवल आज।"

विद्यालय में सजग रह कर तथा बच्चों के दैनिक निरीक्षण से अनेक बच्चों को विकलांगता से बचाया जा सकता है। समय पर उपचार करके उन्हें समाज के उपयोगी सदस्य बनाया जा सकता है।

दोषग्रस्त बालकों को उनकी क्षमता के अनुसार विकास के लिए आवश्यक है कि दोषों की पहचान की जाए।

10.2 दोषग्रस्त बच्चों के पहचान की विधियाँ अथवा उपकरण (Methods and Tools for the Identification of the Special Children)

मनोवैज्ञानिक परीक्षण (Psychological Tests)

1. उपलब्धि परीक्षण (Attitude Test)
2. प्रवृत्ति परीक्षण (Aptitude Test)

3. मेधा परीक्षण (Intelligence Test)
4. रुचि सूची (Interest Inventory)
5. व्यक्तित्व माप (Personality Measures)

जाँच सम्बन्धी उपकरण

1. प्रश्नावली (Questionnaire)
2. अनुसूची (शेडयूल) (Schedule)
3. जाँच सूची (Check List)
4. श्रेणी प्रतापनी (Rating Scale)
5. उपलब्धि पत्र (Score Card)
6. अभिमतावली या अभिवृत्ति प्रमापनी (Attitudinal Scale)

(अ) प्रेक्षण (Observation)
(इ) साक्षात्कार (Interview)
(ई) समाजमिति (Sociometry)

जाँच सूची (Check List)

जाँच सूची का अर्थ तथा उपयोग: जाँच सूची एक प्रकार से प्रश्नों की सूची होती है जो तथ्यों सूचनाओं, जानकारियों, आँकड़ों के संग्रह के लिए तैयार की जाती है जिसे प्रश्नकर्त्ता या अनुसंधाता प्राय: अपने पास रखता है और प्राप्त उत्तरों के आधार पर भरता जाता है या केवल हाँ-नहीं अथवा सही-गलत के निशान लगाता जाता है। इसे उत्तरदाता को भी भरने अथवा निशान लगाने के लिए दिया जा सकता है। प्रेक्षण में भी इसका उपयोग हो सकता है। जाँच-सूची की उपयोगिताएँ अनेक हैं। इसके लाभों से प्रभावित होकर ही प्राय: शैक्षिक शोध में इसका अधिकतर प्रयोग किया जाता है। प्रश्नावली में भी इसका समावेश किया जाता है।

जाँच सूची (Check List) द्वारा प्राप्त तथ्यों का विश्लेषण उसी प्रकार किया जाता है जिस प्रकार प्रश्नावली, प्रेक्षण, साक्षात्कार आदि से प्राप्त आँकड़ों का होता है।

जाँच सूची की सीमाएँ: जाँच सूची की कुछ सीमाएँ हैं। अत: इसका प्रयोग सर्वत्र नहीं किया जा सकता। जाँच सूची उत्तर की गहराई के लिए अपर्याप्त सिद्ध होती है। जिस प्रकार प्रश्नावली में परिप्रश्न करने का अवसर नहीं मिलता, उसी प्रकार जाँच सूची में जानकारी या सूचना की गहराई में जाने का अवसर नहीं मिलता। अत: इससे अपर्याप्त जानकारी प्राप्त होती है।

जाँच सूची को तैयार करने सावधानियाँ: जाँच सूची तैयार करने के लिए निम्नलिखित बातों पर ध्यान देना आवश्यक है:

(क) सफल शोधकर्त्ताओं द्वारा प्रयुक्त जाँच-सूचियों का अध्ययन एवं परीक्षण कर लेना चाहिए।

(ख) जाँच सूची तैयार करने के लिए उपलब्ध साहित्य का अध्ययन कर लेना चाहिए। यह भी जान लेना चाहिए कि जाँच-सूची का उपयोग किन-किन परिस्थितियों में लाभकर होता है।

(ग) जिन मुद्दों पर जानकारी या सूचना चाहिए उन पर भली-भाँति विचार करके उनकी क्रमबद्ध सूची तैयार कर लेनी चाहिए। क्रम-निर्धारण की अनेक विधियाँ हो

सकती हैं। अनुसंधाता को अपनी सुविधा के अनुसार क्रम निर्धारित करना चाहिए। अवश्य ही एक विषय या मुद्दे से सम्बद्ध जानकारियाँ एक वर्ग में रखी जानी चाहिए। इस प्रकार प्रत्येक सम्बद्ध समूह में अनेक प्रश्न हो सकते हैं।

प्रेक्षण (Observation)

प्रेक्षण का अर्थ: प्रेक्षण का अर्थ है विशेष रूप से ध्यान देते हुए किसी वस्तु, सूचना अथवा घटना को देखना। गुड के अनुसार "उपयुक्त परिस्थिति में किसी व्यक्ति का बाह्य व्यवहार प्रेक्षण कहलाता है।"

प्रेक्षण सम्भवत: सबसे प्राचीन प्रविधि है। डॉक्टर तथा मनोवैज्ञानिक रोगी के व्यवहार के प्रेक्षण से कई तथ्यों का पता लगा लेते हैं। प्राय: किसान मौसम का अनुमान प्रेक्षण के आधार पर लगाते हैं।

प्रेक्षण का उपयोग: जब किसी व्यक्ति, प्राणी, या उनके समूह के व्यवहार का किसी विशेष परिस्थिति में अध्ययन करना होता है तब प्रेक्षण प्रविधि का उपयोग किया जाता है। जैसे कोई जानवर या बंदर या कोई बालक क्रोध के आवेश में किस प्रकार का व्यवहार करता है इसका अध्ययन प्रेक्षण के द्वारा किया जा सकता है। इसी प्रकार किसी अध्यापक, प्रधानाध्यापक या अध्यापकों के समूह का छात्रों की अनुशासनहीनता के समय कैसा व्यवहार होता है यह प्रेक्षण का विषय हो सकता है। तात्पर्य यह है कि जब हम मापन के लिए किसी भौतिक उपकरण का प्रयोग नहीं करते, तब प्रेक्षण द्वारा ही मापन करने का प्रयास करते हैं।

प्रेक्षण से लाभ:

(1) प्रेक्षण किसी के वास्तविक व्यवहार का प्रत्यक्ष अध्ययन एवं आकलन करता है इसलिए जाँच के उपकरण के रूप में यह सर्वाधिक विश्वसनीय है।

(2) यह किसी व्यक्ति या व्यक्ति-समूह का स्वाभाविक वातावरण में अध्ययन है। इसलिए यह उस अध्ययन से, जो नियंत्रित स्थिति में परीक्षण के लिए किया जाता है, अधिक उपयोगी है।

(3) इस प्रविधि का उपयोग सभी आयु के बच्चों का अध्ययन करने के लिए किया जा सकता है। बच्चा जितना छोटा होगा उसका प्रेक्षण उतना ही सरल होगा। विशेषत: संकोची बच्चों का अध्ययन करने के लिए यह प्रविधि सर्वाधिक उपयोगी मानी गई है।

(4) इसके प्रयोग के लिए किसी विशेष प्रशिक्षण की आवश्यकता नहीं पड़ती। प्राय: सभी अध्यापक इसका उपयोग कर सकते हैं। इसके लिए किसी उपकरण या औजार की भी आवश्यकता नहीं पड़ती।

(5) इसका प्रयोग अनेक परिस्थितियों में किया जा सकता है चाहे वह कोई शारीरिक क्रिया हो या कार्य-गोष्ठी हो या कक्षा-भवन में छात्रों का व्यवहार हो।

प्रेक्षण की सीमाएँ:

प्रेक्षण सर्वदा, सब स्थितियों में सम्भव नहीं है। कई बार ऐसा देखा जाता है कि कुछ घटनाएँ ऐसे समय घट सकती हैं जब उनका प्रेक्षण करने के लिए हम तैयार न हों। जिस घटना का हम प्रेक्षण करना चाहते हैं, आवश्यक नहीं कि वह हमारी इच्छा के अनुसार निर्धारित समय पर ही घटे। कोई व्यक्ति नाराज होने पर कैसा व्यवहार करता है इसका प्रेक्षण यदि हमें करना हो तो तब तक हमें प्रतीक्षा करनी पड़ेगी जब तक वह नाराज न हो

जाए। कभी-कभी तो कुछ घटनाएँ हमारे जीवन-काल में घटती ही नहीं; जैसे युद्ध अथवा युद्ध में अणुबम का प्रयोग, भूकम्प, अकाल, महामारी इत्यादि।

प्रश्नावली (Questionnaire)

प्रश्नावली का अर्थ: प्रश्नावली एक विशेष प्रकार की अनुसूची है जिसके द्वारा जाँच से सम्बन्धित प्राथमिक तथ्यों की जानकारी उत्तरदाताओं (Respondents-students) के उत्तरों से प्राप्त की जाती है। उत्तर प्रश्नावली भेजकर डाक द्वारा भी प्राप्त किए जाते हैं। प्रश्नावली में दिए गए प्रश्नों का उत्तर स्वयं उत्तरदाता लिखते हैं।

प्रश्नावली के प्रकार

(1) बन्द प्रश्नावली

(2) खुली प्रश्नावली

(3) चित्रमय प्रश्नावली

(4) मिश्रित प्रश्नावली

उत्तम प्रश्नावली की विशेषताएँ:

1. प्रश्नों की संख्या तुलनात्मक दृष्टि से कम होनी चाहिए।
2. प्रश्नों का स्वरूप मिश्रित हो।
3. भाषा सरल, स्पष्ट एवं निष्पक्ष होनी चाहिए।
4. प्रश्नों का अनुक्रम तर्क संगत होना चाहिए।
5. प्रश्नावली का विश्वसनीयता गुणांक उच्च स्तर का होना चाहिए।
6. ऐसे प्रश्नों का होना श्रेष्ठ है जिनका उत्तर संख्या में अथवा हाँ या नहीं में दिया जा सकता है।
7. उत्तम प्रश्नावली का वैधता गुणांक (Validity Index) उच्च स्तर का होना चाहिए।
8. प्रश्न जहाँ तक सम्भव हो प्रश्न एक-दूसरे को पुष्ट करने वाले हों।
9. प्रश्न इस प्रकार का हो कि इच्छित सूचना प्रत्यक्ष रूप से प्राप्त की जा सके।

प्रश्नावली की सीमाएँ:

1. प्राय: यह उच्च स्तर के शिक्षित व्यक्तियों के अध्ययन के लिए उपयोगी होती है।
2. प्रश्नावली के माध्यम से अधिकांश प्रश्नों का उत्तर अपर्याप्त रूप से प्राप्त होता है।
3. उत्तरदाता प्रश्नावली में दिए गए प्रश्नों के उत्तर देने में आलस्य करते हैं।

10.3 विशिष्ट छात्रों की विशिष्ट स्कूलों के लिए पहचान (Identification of Special Schools for Special Children)

विशेष स्कूलों की भूमिका स्पष्ट रूप से निर्धारित की जानी चाहिए। तत्सम्बन्धी विवरण निम्न प्रकार है:

1. विकलांग बच्चों की पहले ही पहचान करना और उनके तथा सम्बन्धित क्षेत्र के समुदाय के लिए चलाए जा रहे कार्यक्रमों के कार्यों को गतिशील बनाना।

2. जिन विकलांग बच्चों को सामान्य स्कूलों में नहीं पढ़ाया जा सकता ऐसे बच्चों की शिक्षा का प्रबन्ध उस समय तक करना जब तक वे सामान्य स्कूल के बच्चों के साथ मिलने की स्थिति में आएँ। इसलिए विशेष तथा सामान्य स्कूलों के बीच अलगाव रखना।

3. सामान्य स्कूलों में समेकित शिक्षा कार्यक्रमों के क्रियान्वयन के दौरान साधन

एजेंसियों के रूप में सेवा कार्य करना ताकि विकलांग बच्चे अपने आपको शैक्षिक तंत्र का अभिन्न अंग मानें।

4. विशेष और सामान्य शिक्षा सम्बन्धी पद्धतियों को सुदृढ़ बनाना।

10.4 क्षतिग्रस्त बालकों के समायोजना की समस्याएँ तथा विभिन्न वर्गों का उत्तरदायित्व (Adjustment Problems of Disabled Children and Role of Various Sections)

क्षतिग्रस्त बालकों की समायोजन सम्बन्धी समस्याएँ

क्षतिग्रस्त बालकों की सबसे बड़ी समस्या है कि समाज अर्थात् माता-पिता, अध्यापक, साथी तथा समूह जिसमें वे रहते हैं, उन की क्षति की संवेदना को समझें। उनकी क्षमताओं पर ध्यान दें। उनको तिरस्कार की निगाह से न देखें। उन से दया का भाव मान कर व्यवहार न करें। वे यह अनुभव करें कि उनकी क्षति में उन का कोई उत्तरदायित्व नहीं है। वे भी समाज के घटक हैं। उन की सीमाओं को समझा जाए। उन को उनकी योग्यता तथा क्षमता के अनुसार विकास के पूरे अवसर दिए जाएँ।

10.5 विशेष विद्यालयों की उचित व्यवस्था (Adequate Arrangement of Special Schools)

विशेष विद्यालयों की समुचित व्यवस्था पर भी पूरा ध्यान दिये जाने की आवश्यकता है। इन विद्यालयों की व्यवस्था का उत्तरदायित्व विशेष प्रकार की योग्यता वाले व्यक्तियों को सौंपा जाना चाहिए। शिक्षा-दीक्षा से जुड़े हुये कर्मचारियों तथा अध्यापकों की भी ठीक प्रकार नियुक्ति की जानी चाहिये तथा उनमें बालकों के समायोजन तथा शिक्षा-दीक्षा से सम्बन्धित सभी आवश्यक सुविधायें जुटायी जानी चाहियें। क्षतिग्रस्त बालकों का उचित रूप से वर्गीकरण करने की ओर ध्यान दिया जाना चाहिये तथा बालकों को अपने कम या अधिक पिछड़ेपन के अनुसार उचित समूहों में विभक्त करके ही शिक्षा-दीक्षा का प्रबन्ध किया जाना चाहिए। अपने-अपने योग्यता समूहों में ही रहकर उनकी विकास प्रक्रिया तथा समायोजन को सही दिशा प्रदान की जा सकती है। इन समूहों तथा समूह विशेष में शामिल बालकों की आवश्यकता के अनुकूल ही इनकी दिनचर्या, अधिगम अनुभव तथा शिक्षण विधियों की योजना बनाई जानी चाहिये। जहाँ तक हो सके इन विद्यालयों में बालकों की शिक्षा के लिये क्षतिग्रस्त बालकों की शिक्षा-दीक्षा से सम्बन्धित आधुनिकतम विधियों एवं तकनीकों का ही प्रयोग किया जाना चाहिए। प्रत्यक्ष अनुभवों तथा स्थूल सामग्री के प्रयोग पर बल दिया जाना चाहिए। सैद्धान्तिक ज्ञान की अपेक्षा क्रियात्मक अनुभवों पर जोर दिया जाना चाहिए। हस्तकला तथा उद्योगों की उचित व्यवस्था करके इन बालकों को आत्मनिर्भरता की ओर अग्रसर करने के प्रयत्न किये जाने चाहिए तथा उनके सामाजिक, संवेगात्मक एवं नैतिक विकास के लिये समुचित प्रबन्ध भी किये जाने चाहिए।

नोटः इस विषय पर विस्तारपूर्वक अलग से चर्चा की गई है।

10.6 अध्यापकों का उत्तरदायित्व (Role of the Teachers)

(i) अध्यापक अपने व्यवहार को सन्तुलित बनाए रखें।

(ii) अध्यापक प्रत्येक विशिष्ट छात्र में रुचि दिखाएँ।

(iii) अध्यापक प्रत्येक छात्र को सामाजिक स्तर पर एक समान समझें।

(iv) अध्यापक अपने व्यवहार से यह किसी प्रकार से प्रदर्शित न होने दे कि वह कोई कार्य 'तरस खाकर करता है।' अर्थात् वंचित वर्गों से समानता का व्यवहार करें।

(v) छात्रों के आत्मसम्मान का आदर किया जाए।

(vi) अध्यापक इस प्रकार की शब्दावली का प्रयोग न करें–"तुम पढ़ने योग्य नहीं हो", "तुम पिछड़ी जातियों के हो" आदि।

(vii) कक्षा के परस्पर व्यवहार सौहार्दपूर्ण बनाने के प्रयास करें।

(viii) कक्षा के प्रत्येक छात्र की विशिष्ट आवश्यकताओं पर ध्यान दें।

(ix) कक्षा के सामान्य छात्रों को प्रेरित किया जाए कि वे पिछड़े तथा विशिष्ट आवश्यकता वाले छात्रों की यथा सम्भव सहायता करें।

(x) पाठान्तर क्रियाओं में भाग लेने के समान अवसर देने की व्यवस्था करें।

(xii) छात्रों के अभिभावकों से समय-समय पर छात्रों के विकास के सम्बन्ध में विचार-विमर्श करें।

10.7 माता-पिता का उत्तरदायित्व (Role of Parents)

सबसे पहले क्षतिग्रस्त बालकों के माता-पिता द्वारा अपने बालकों की वास्तविक स्थिति तथा पिछड़ेपन को स्वीकार करने के प्रयत्न किये जाने चाहिए। उन्हें यह भी समझाया जाना चाहिए कि ऐसे इलाज नहीं हो सकता तथा उनके स्नेह मात्र तथा आश्रय से बालक का विशेषतया भला नहीं हो सकता। वह सारी उम्र उन पर आश्रित ही बना रहेगा तथा परिवार और अपने लिए एक बोझ तथा परेशानी का कारण भी बना रहेगा। अतः उन्हें अपने स्नेह पर अंकुश लगाते हुए क्षतिग्रस्त बालक की शिक्षा-दीक्षा के लिये बने विशेष विद्यालयों में भर्ती करा देना चाहिए।

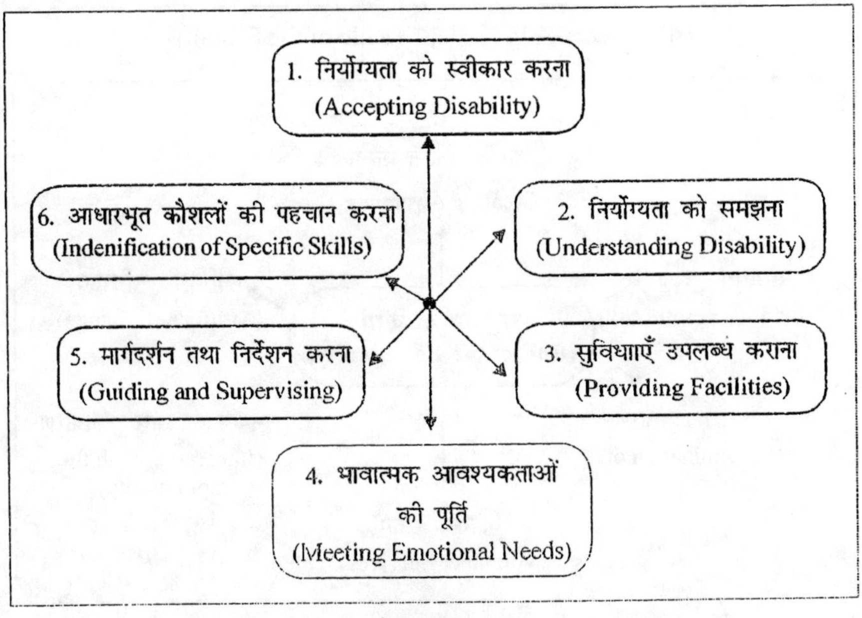

चित्र 10.1 : परिवार के कार्य (Role of the Family)

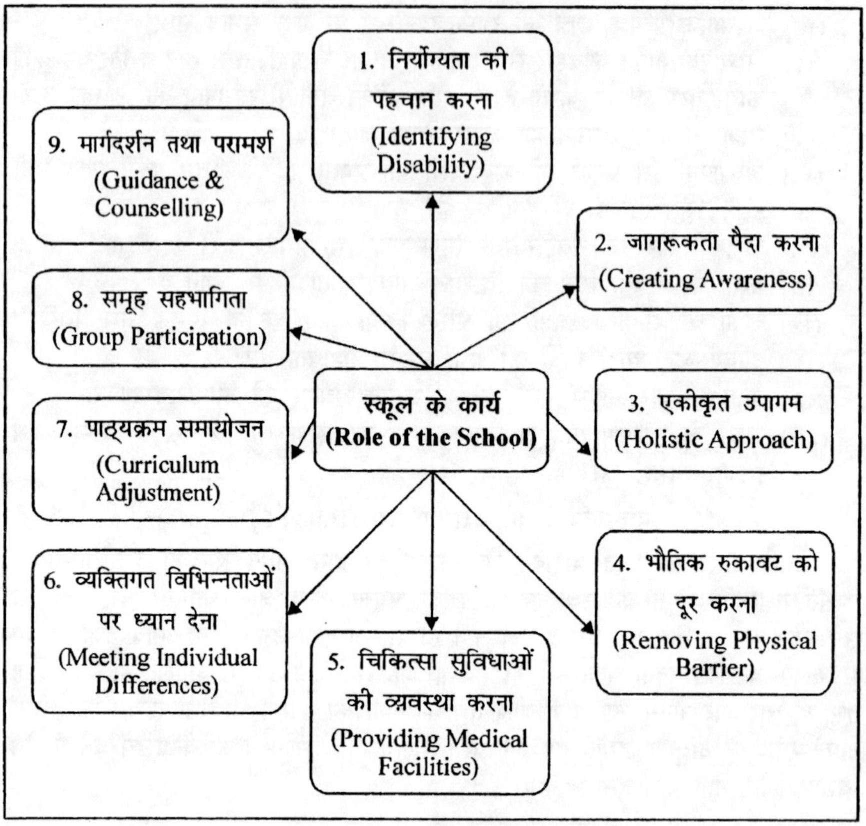

चित्र 10.2: स्कूल के कार्य (Role of the School)

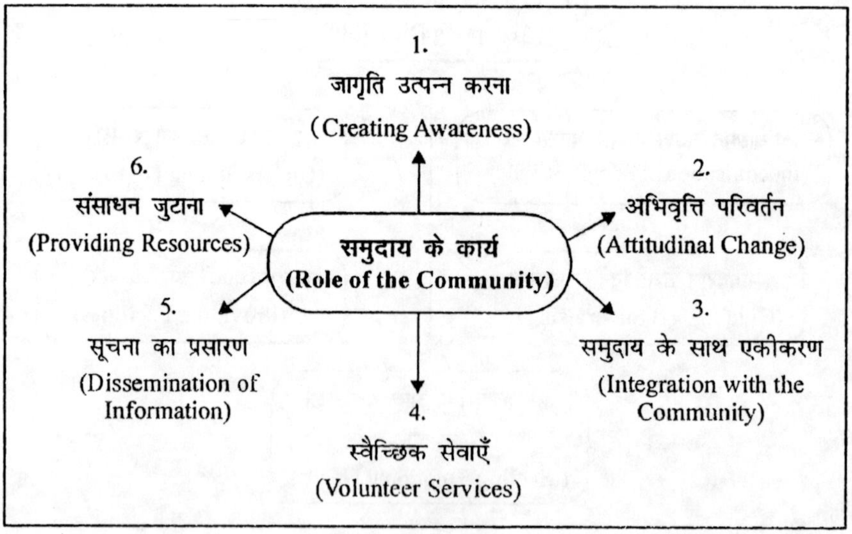

चित्र 10.3: समुदाय के कार्य (Role of the Community)

11

प्रतिभाशाली बच्चों की शिक्षा
(Education of the Gifted Children)

11.1 प्रतिभाशाली बालक का अर्थ
(Meaning of the Gifted Child)

प्रतिभाशाली छात्र वह है जो निरन्तर जीवन के किसी भी क्षेत्र में अपनी अद्‌भुत कार्यकुशलता का परिचय देता है। विद्यालय में सामान्यत: प्रतिभाशाली छात्र उसी को कहा जाता है जो बौद्धिक कार्यों में बहुत अच्छे अंक प्राप्त करता है।

कुछ विद्वानों का मत है कि यह आवश्यक नहीं है कि बुद्धिलब्धि ही प्रतिभा का आधार है। स्कूल के वे बालक जो औरों की अपेक्षा शीघ्र अपना पठन कार्य पूरा कर लेते हैं तथा परीक्षा में अधिक अंक प्राप्त करते हैं, विशेष योग्यता सम्पन्न बालक कहलाते हैं। जीवन के विभिन्न क्षेत्रों में नेता इसी वर्ग से आते हैं। अत: उनकी योग्यताओं का पूर्ण विकास करना अत्यन्त आवश्यक है।

प्रतिभाशाली बालकों की अवधारणा स्पष्ट करने के लिए निम्नलिखित परिभाषाएँ दी जा रही हैं:

1. *हैविग्हर्स्ट* (*Havighurst*) के शब्दों में, "कुशागर बुद्धि अथवा प्रतिभावान बालक वह है जो निरन्तर किसी भी उचित कार्यक्षेत्र में अपनी अद्‌भूत कार्यकुशलता अथवा प्रवीणता का परिचय देता है।"

2. *प्रेम पसरीचा* (*Prem Pasricha*) जो प्रसिद्ध भारतीय मनोवैज्ञानिक हैं तथा जिन्होंने इस क्षेत्र में महत्त्वपूर्ण कार्य किया है, के विचार में, 'प्रतिभाशाली बालक वह है जो सामान्य बुद्धि की दृष्टि से श्रेष्ठता दर्शाता है अथवा वह है जो उन क्षेत्रों में उच्चकोटि की विशिष्ट योग्ताएँ रखता है जिनका अधिक बुद्धिलब्धि से सम्बन्धित होना आवश्यक नहीं है।'

3. *किर्क* (*S.A. Kirk*) के अनुसार, "एक विशिष्ट बालक वह है जो शारीरिक, मानसिक, संवेगात्मक एवं सामाजिक विशेषताओं में से किसी सामान्य बालक से उस सीमा तक विचलित होता है जब वह अपनी क्षमताओं के अधिकतम विकास हेतु सहायता निर्देशन, स्कूल कार्यक्रमों में परिमार्जन तथा विशिष्ट सेवाओं की आवश्यकता रखता है। दूसरे शब्दों में ऐसा बालक विशिष्ट कहलाता है जिसे अपने शारीरिक, मानसिक संवेगात्मक व सामाजिक गुणों के कारण अपने विकास के लिए विशेष प्रकार की सहायता की आवश्यकता होती है।"

4. *क्रो एवं क्रो (Crow and Crow)* के शब्दों में, "विशिष्ट प्रकार या विशिष्ट पद किसी गुण या उन गुणों से युक्त व्यक्ति पर लागू होता है जिसके कारण वह व्यक्ति साथियों का ध्यान अपनी ओर विशिष्ट रूप से आकृष्ट करता है तथा इससे उसके व्यवहार की अनुक्रियाएँ भी प्रभावित होती हैं।"

5. *जेम्स ड्रेवर (James Drever)*, "सामान्य रूप में या किसी विशेष क्षेत्र में उच्च बौद्धिक योग्यता रखने वाले बालक प्रतिभाशाली होते हैं।"

6. *गिलफोर्ड (Guilford)*, "प्रतिभाशाली बालक वे होते हैं जिनकी सम्भावित बौद्धिक क्षमताएँ क्रियात्मक तथा मूल्यात्मक चिन्तन दोनों इतने उच्च विचारात्मक स्तर पर होती है कि यदि उन्हें पर्याप्त शैक्षिक अनुभव प्रदान किए जाएँ तो वे संस्कृति तथ सभ्यता के भावी समस्या-समाधानकर्त्ता नवपरिवर्तनकर्ता तथा पारखी बन सकते हैं।"

11.2 प्रतिभाशाली बालकों का टरमन द्वारा दिया गया वर्गीकरण (Classification of the Gifted Children Given by Terman)

टरमन ने उच्च बुद्धियुक्त विद्यार्थियों को निम्नलिखित तीन वर्गों में बांटा है:

1. *उच्च बुद्धियुक्त अथवा योग्य बालक*: जिनकी बुद्धिलब्धि 100 और 120 के मध्य है।
2. *उच्चतर बुद्धियुक्त अथवा विशेष योग्यता सम्पन्न बालक*: जिनकी बुद्धिलब्धि 120 से 140 के मध्य है।
3. *प्रतिभाशाली बालक*: जिनकी बुद्धिलब्धि प्राय: 140 से अधिक होती है।

11.3 प्रतिभा-सम्पन्न छात्रों की सामान्य विशेषताएँ तथा उनकी पहचान (Special Characteristics of the Gifted and Their Identification)

1. प्रतिभा सम्पन्न छात्रों की बुद्धिलब्धि साधारणतया 140 से ऊपर होती है।
2. नैतिक अभिवृत्तियों में श्रेष्ठता होती है।
3. शैशवावस्था में अपेक्षाकृत शीघ्रता से खड़ा होना, चलना तथा बोलना सीख लेते हैं।
4. निरीक्षण शक्ति तीव्र होती है।
5. स्मरण-शक्ति कुशाग्र होती है।
6. तत्काल उत्तर देने की क्षमता होती है।
7. विचारों में मौलिकता होती है।
8. ज्ञान को स्पष्ट करने की योग्यता होती है।
9. विचारों को तार्किक विधि से प्रस्तुत करने की शक्ति होती है।
10. शब्दावली विशाल होती है।
11. वर्तनी तथा वाचन में पर्याप्त श्रेष्ठता होती है।
12. विद्यालय में अध्ययन हेतु नियमित रूप से उपस्थित होते हैं।
13. प्रतिभा-सम्पन्न छात्र प्राय: व्यक्तिगत स्वास्थ्य तथा शारीरिद स्वच्छता का विशेष ध्यान रखते हैं।
14. प्रतिभा-सम्पन्न छात्र स्वच्छ कपड़े पहनते हैं।

15. प्रतिभा-सम्पन्न छात्रों का विकास संतुलित होता है।
16. प्रतिभा-सम्पन्न छात्र सभी से मधुर व्यवहार रखने का प्रयास करते हैं।
17. प्रतिभा-सम्पन्न छात्रों का सामान्य परिपक्वता स्तर ऊँचा होता है।
18. प्रतिभा-सम्पन्न छात्र तथ्यों के बीच शीघ्र सम्बन्ध स्थापित कर लेते हैं।
19. विद्यालय विषयों की परीक्षा में अच्छे अंक प्राप्त कर लेते हैं।

11.3 प्रतिभाशाली छात्रों की विशेषताओं का वर्गीकरण (Classification of Characteristics of the Gifted Students)

1. *सामाजिक एवं संवेगात्मक विशेषताएँ (Social and Emotional Characteristics)*: सामाजिक दृष्टि से ये बच्चे अपनी उम्र के अन्य बच्चों की तुलना में अधिक परिपक्व होते हैं। उन्हें ऐसे क्रिया कलाप पसन्द होते हैं जिनमें तर्क और निर्णय लेने की आवश्यकता हो। ऐसे बालक लोकप्रिय भी होते हैं।

2. *अधिगम और शिक्षा सम्बन्धी विशेषताएँ (Educational and Learning Related Characteristics)*: उनका शब्द भण्डार विस्तृत होता है तथा भाषा का विकास भी उनमें तीव्र गति से होता है। वे पढ़ने में तेज और अमूर्त (Abstract) विषयों में अधिक रुचि लेते हैं। उनकी रुचियों का विस्तार भी अधिक होता है और वे किसी एक विषय या वस्तु पर अपने मन को अधिक देर तक एकाग्र कर सकते हैं।

3. *शारीरिक विशेषताएँ (Physical Characteristics)*: एक समूह के रूप में प्राय: प्रतिभाशाली व्यक्ति सामान्य लोगों से अधिक लम्बे, भारी भरकम और अच्छी शरीर रचना वाले होते हैं। इनका सामान्य स्वास्थ्य औसत लोगों से अच्छा होता है तथा देखने में स्वास्थ्य की आदतों में भी वे सामान्य से ऊपर ही होते हैं।

4. *सामाजिक-आर्थिक विशेषताएँ (Socio-economic Characteristics)*: प्रतिभाशाली बच्चों के अभिभावक एवं माता-पिता एक समूह के रूप में सामान्य बच्चों के माता-पिता से उच्च बुद्धिलब्धि से सम्पन्न होते हैं। वे उच्च व्यवसायों और सामाजिक आर्थिक श्रेणी के होते हैं। अपवाद हर क्षेत्र में होते हैं।

11.4 क्लार्क (1988) द्वारा दी गई प्रतिभाशाली बालकों की विशेषताएँ (Characteristics of the Gifted as Given by Clark)

क्लार्क ने प्रतिभाशाली बालकों की विशेषताओं को चार भागों मे बांटा है:

1. संज्ञानामक (Intellectual)
2. शारीरिक (Physical)
3. अन्तर्ज्ञात्मक (Interdisciplinary)
4. सामाजिक (Social)

I. संज्ञानात्मक विशेषताएँ (Intellectual Characteristics)

- सूचनाओं की असाधारण गुणवत्ता तथा असामान्य धारणशीलता।
- प्रगत बोध।
- असामान्य विविध रुचियां एवं जिज्ञासा।

- भाषा विकास का उच्च स्तर।
- शाब्दिक योग्यता का उच्च स्तर।
- दृश्यिक एवं दैशिक योग्यता का उच्च स्तर।
- सूचना संसाधन की असाधारण योग्यता।
- विचार प्रक्रियाओं की त्वरित गति।
- न्याय विचार प्रक्रिया।
- व्यापक संश्लेषण।
- असाधरण विमर्शक संबंधों एवं संपूर्ण गेस्टालट को देखने की गुप्त क्षमता।
- मौलिक विचार एवं समाधान उत्पन्न करने की योग्यता।
- विचार संसाधन करने के लिए (अमूर्त एवं विकल्पनात्मकों में चिन्तन, परिणामों का भान होना एवं सामान्यीकरण करना) प्रारम्भ विभेदात्मक शैली।
- संकल्पनात्मक संरचानाओं के निर्माण एवं उपयोग की प्रारम्भिक योग्यता।
- स्वयं एवं दूसरों के प्रति मूल्यांकनात्मक उपागम।
- सतत लक्ष्योन्मुख व्यवहार।
- भावनात्मक पक्ष।
- संवेगों के बारे में सूचनाओं का दीर्घ संकलन।
- दूसरों की अपेक्षाओं एवं अनुभूतियों के प्रति असाधारण संवेदनशीलता।
- गहन स्व-सभानता (Self Awareness)
- आदर्श एवं न्याय का बोध, जो प्रारम्भिक उम्र में दिखाई देता है।
- आन्तरिक नियंत्रण के केन्द्र का प्रारम्भिक विकास।
- असाधारण संवेगात्मक गहराई एवं तीव्रता।

II. शारीरिक विशेषताएँ (Physical Characteristics)

- शारीरिक एवं बौद्धिक विकास में असाधारण विसंगति।
- शारीरिक अच्छेपन की अवहेलना एवं शारीरिक गतिविधि का बचाव।

III. अन्तर्ज्ञानात्मक विशेषताएँ (Interdisciplinary Characteristics)

- जानने, मानसिक एवं पराभौतिक घटनाओं के प्रति लगाव एवं संलग्नता।
- इस क्षेत्र में अनुभव प्राप्त करने के लिए तत्परता।
- सभी क्षेत्रों में सृजनात्मकता का प्रकटीकरण।
- अन्तर्ज्ञानात्मक योग्यता के उच्च स्तर की स्वीकृति एवं अभिव्यक्ति।

IV. सामाजिक विशेषताएँ (Social Characteristics)

- आत्मवास्तविकीकरण की आवश्यकताओं द्वारा पूरी शक्ति से अभिप्रेरित।
- संकल्पनीकरण एवं सामाजिक समस्याओं के हल के लिए प्रगत संज्ञानात्मक एवं भावात्मक क्षमता।

(स्रोत: पाल, हंसराज एवं शर्मा, मंजुलता: *प्रतिभाशालियों की शिक्षा* (*'Education of the Gifted'*: Shipra, दिल्ली, 2007)

11.5 प्रतिभाशाली छात्रों की शिक्षा की आवश्यकता (Need and Significance of the Education of the Gifted)

शिक्षा आयोग 1964-66 ने इसका महत्त्व इस प्रकार बताया है:

"आजकल राष्ट्र जीवन के प्रत्येक क्षेत्र में सुयोग्य एवं प्रशिक्षित जनशक्ति के अभाव का अनुभव किया जा रहा है और यही प्रगति के मार्ग में शायद सबसे बड़ी बाधाओं में से एक है। आर्थिक रूप से तो हम गरीब हैं ही, किन्तु प्रशिक्षित बुद्धि की दरिद्रता इससे कहीं अधिक है। अच्छा होगा कि यदि हम *व्हाइटहैड* (Whitehead) की यह चेतावनी याद रखें कि "आधुनिक संसार का यह अनिवार्य नियम है कि कोई भी जाति यदि प्रशिक्षित बुद्धि के मूल्य को नहीं पहचानती तो उसका विनाश अवश्यम्भावी है।"

सहज बुद्धि किसी भी जनसंख्या में सामान्यतया बराबर बँटी होती है। यदि इसकी उचित खोज और इसका उचित विकास किया जाए तो हमारी विशाल जनसंख्या हमारी सबसे मूल्यवान निधि सिद्ध हो सकती है।

बुद्धि की खोज हर स्तर पर होनी चाहिए। उच्चतर माध्यमिक स्तर पर तो इसकी खोज अत्यन्त आवश्यक है।

विभिन्न क्षेत्रों में भावी नेताओं की शिक्षा भी उस प्रकार भलीं-भाति योजनाबद्ध होनी चाहिए जैसी कि अनुसरण करने वालों की। यह विचार कि योग्यता स्वयं ही ऊपर उठेगी अथवा योग्य व्यक्ति अपनी चिन्ता स्वयं ही कर लेगा, गलत है। इस प्रकार की उपेक्षा के कारण हम पहले ही पर्याप्त नेतृत्व खो चुके हैं।

अब समय आ गया है जबकि हमें औद्योगिक गन्दी बस्तियों, खेतों तथा सुदूर आदिवासियों की बस्तियों में भी बुद्धि की खोज करनी चाहिए। अब हमें इन बुद्धि-पुष्पों को प्रकृति के ऊपर न छोड़कर आधुनिक वातावरण में लाना है। जिससे कि वे पूर्णतया विकसित होकर खिल सकें।

कहा जा सकता है कि हमारे जैसे गणतंत्र राज्य में शिक्षा क्षेत्र में बुद्धि से आधार पर विद्यार्थियों का वर्गीकरण अवांच्छनीय है क्योंकि इससे वर्गभेद पैदा होगा। दुर्भाग्यवश इस धारणा को रखने वाले व्यक्ति अवसर की समानता तथा अवसर के एकात्म्य में भेद नहीं कर पाते। इस विचार के रखने वाले गणतंत्र के नाम पर विशेष योग्यता-सम्पन्न बच्चों की अवहेलना करते हैं। इन विशेष योग्यता-सम्पन्न बालकों को साधारण बालकों के साथ एक ही कक्षा में एक ही प्रकार के अध्यापक, एक ही प्रकार का पाठ्यक्रम पढ़ाते हैं। इस प्रकार इन विशेष योग्यता-सम्पन्न बालकों को न तो पूर्ण रूप से विकसित होने का अवसर दिया जाता है और न ही वे अपनी गति से ज्ञान और दक्षता प्राप्त कर पाते हैं। बहुसंख्यक सामान्य बालकों के कारण उनकी उन्नति तथा विकास रुक जाते हैं। गणतंत्र का अर्थ "बहु-संख्यकों का राज्य" हो सकता है, परन्तु यह कदापि नहीं कि अल्प-संख्यकों को दबाया जाये।

11.6 उपलब्ध प्रतिभा की खोज एवं उसके विकास के लिए बहुत कम किए जाने वाले प्रयत्नों के कारण (Reasons for Not Spoting Talent and Very Few Efforts for its Promotion)

प्रायः यह देखा गया है कि प्रतिभाशाली बच्चों की पहचान निम्न कारणों से नहीं हो पाती है:

1. *माता-पिता की दरिद्रता* (*Poverty of the Parents*): अधिकांश घरों में माता-पिता की अशिक्षा एवं दरिद्रता के प्रभाव के कारण उपलब्ध सहज प्रतिभा का पूरी तरह विकास नहीं हो पाता।

2. *प्राथमिक शिक्षा पूरी करने वालों की कम संख्या* (*Insufficient Number of People Who Complete Primary Education*): काफी संभावी प्रतिभा स्कूल पहुँच ही नहीं पाती। प्राथमिक स्तर पर विभिन्न क्षेत्रों में ऐसे बच्चों का अनुपात 10 से 60 प्रतिशत है, जिन्होंने स्कूलों में प्रवेश नहीं लिया। जो स्कूलों में दाखिल होते हैं उनमें से भी लगभग 40 प्रतिशत बच्चे पहली कला में से ही स्कूल छोड़ जाते हैं और समाज के लगभग 60 प्रतिशत बच्चे ही प्राथमिक शिक्षा पूरी कर पाते हैं। माध्यमिक शिक्षा का सौभाग्य केवल 20 प्रतिशत उच्च परिवारों और उच्चतर शिक्षा का केवल 10 प्रतिशत उच्च परिवारों को मिलता है।

3. *छात्रों को पूर्ण विकास का अवसर न मिलना* (*Inadequate Opportunities for the All Round Development of Children*): उस प्रतिभा को भी जो स्कूल तक पहुँच पाती है और शैक्षिक सोपान पर चढ़ने में सफल हो पाती है अपने पूर्ण विकास का अवसर नहीं मिलता, क्योंकि काफी पहले से इसकी खोज नहीं की जाती और अधिकतर यह घटिया स्कूलों में शिक्षा पा रही होती है। गुणों की सर्वोत्तम निष्पत्ति के लिए, प्रतिभा को शुरू में खोज निकालना चाहिए और उन्हें सर्वश्रेष्ठ अध्यापकों की देख-रेख में बढ़ने का अवसर मिलना चाहिए।

4. *प्रतिभा-निर्धारण के तरीके* (*Methods for Determination of Talent*): अब भी हम प्रतिभा का निर्धारण परीक्षा में प्राप्त कुल अंकों के आधार पर करते हैं। यह बड़ा ही दोषपूर्ण तरीका है। अत्यन्त प्रतिभावान छात्रों की सृजनशीलता, अध्ययन कक्ष अनुदेश, पाठ्यपुस्तक तथा परीक्षा के घेरों से कहीं अधिक परे होती है। एक क्षेत्र में चमकने वाली प्रतिभा अधिकतर दूसरे अन्य क्षेत्रों में एकदम सामान्य होती है और हमारी परीक्षा प्रणाली में तो प्रतिभा के सर्वोच्च स्थान प्राप्त करने की अपेक्षा असफल होने अथवा भामूली अंक प्राप्त करने की अधिक संभावना है। रामानुजम और टैगोर, ऐसी साधारण परीक्षाओं में भी सफल न हो सके, जिनमें सामान्य व्यक्ति बहुत सफल हुए। इसलिए हमें हर विशिष्ट प्रतिभा को ढूंढ़ने का अलग-अलग प्रयास करना होगा, चाहे वह गणित, विज्ञान, साहित्य, ललित कला, खेल-कूद या शिल्प विज्ञान में हो।

11.7 समस्या पर चिन्तन का संक्षिप्त विवरण (Brief Description of Thinking on the Problem)

इस समस्या पर गम्भीरतापूर्वक विचार करने वाला सर्वप्रथम दार्शनिक प्लेटो (Plato) था। तदोपरांत विभिन्न विद्वानों ने समय-समय पर इस समस्या पर अपने विचार प्रगट किए हैं। टरमन तथा होलिंगकर्थ जैसे मनोवैज्ञानिकों के शोधकार्यों ने विशेष योग्यता-सम्पन्न बालकों की ओर ध्यान आकर्षित कराया है। 1946 में स्थापित 'अमेरिकन ऐसोसियेशन फार गिफ्टेड चिल्ड्रन' ने योग्य बालकों की बौद्धिक तथा भावनात्मक आवश्यकताओं को पूरा करने के लिए विभिन्न कार्यक्रम प्रस्तुत करके सराहनीय कार्य किया है। 1959 में रूस द्वारा 'स्पुतनिक' छोड़े जाने के बाद से अमरीका में विशेष योग्यता-सम्पन्न बालकों की शिक्षा

के प्रयास में पर्याप्त प्रगति हुई है। भारतवर्ष में इस 'विशेष योग्यता-सम्पन्न बालकों की शिक्षा तथा निर्देशन' पर 27 अक्तूबर से 31 अक्तूबर 1964 तक मैसूर में एक सेमीनार का आयोजन किया। इसके उपरान्त इस क्षेत्र में कई योजनाएं भी चलाई गईं।

11.8 प्रतिभाशाली छात्रों की पहचान के तरीके (Methods of Identification of the Gifted Students)

(1)	(2)	(3)	(4)	(5)	(6)	(7)	(8)	(9)
माता-पिता द्वारा अवलोकन (Observation by the Parents)	अध्यापक अवलोकन (Teacher's Observation)	छात्र के अंक (Marks of the Students)	स्वास्थ्य रिकार्ड (Health Record)	बुद्धि परीक्षण (Intelligence Test)	उपलब्धि परीक्षण (Achivement Test)	अभिरुचि परीक्षण (Aptitude Test)	रुचि अनुसूचियाँ (Interest Inventories)	सामाजिक परीक्षण (Social Metric Tests)

अनेक शोधकर्त्ताओं ने प्रतिभाशाली बच्चों के गुणों की सूचियाँ तैयार की हैं जिनके आधार पर प्रतिभाशाली की पहचान सामान्यत: की जा सकती है। एक प्रतिभाशाली निम्न गुण रखता है:

(1) वह सूक्ष्मदृष्टि वाला होता है।
(2) वह शीघ्र उत्तर देता है।
(3) वह चुस्त होता है।
(4) वह मौलिक चिन्तन कर सकता है।
(5) वह अपनी कक्षा के अन्य छात्रों की अपेक्षा, अपनी आयु से एक दो वर्ष आगे के शैक्षिक कार्य कर सकता है।
(6) वह कक्षा में अनेक प्रश्न पूछता है।
(7) वह रुचियों का विस्तृत क्षेत्र रखता है।
(8) वह विस्तृत शब्द-भण्डार रखता है।
(9) वह अनेक ऐसे विषयों तथा बातों की जानकारी रखता है जिन्हें उसके अन्य समवयस्क साथी नहीं जानते हैं।
(10) वस्तुओं से सम्बन्धित कारणों की खोज करता है।
(11) वह स्पष्ट रूप से सोचता है।
(12) सामान्य बुद्धि तथा व्यावहारिक ज्ञान का बहुत उपयोग करता है।
(13) गूढ़ तथ्यों को आसानी से समझ लेता है।

प्राय: हम प्रतिभा का निर्धारण परीक्षा में प्राप्त कुल अंकों के आधार पर करते हैं। यह बड़ा ही दोषपूर्ण तरीका है। अत्यन्त प्रतिभावान छात्रों की सृजनशीलता, अध्ययन कक्ष अनुदेश, पाठ्यपुस्तक तथा परीक्षा के घेरों से कहीं अधिक परे होती है। रामानुजम और टैगोर ऐसी साधारण परीक्षाओं में भी सफल न हो सके, जिनमें सामान्य व्यक्ति बहुत सफल हुए। इसलिए हमें हर विशिष्ट प्रतिभा को ढूँढ़ने का अलग-अलग प्रयास करना होगा, चाहे वह गणित, विज्ञान, साहित्य, ललित कला, खेल-कूद या शिल्प विज्ञान में हो।

शायद गणित और कुछ सीमा तक विज्ञान के क्षेत्र को छोड़कर प्रतिभावान छात्रों को पहचानना कोई सरल कार्य नहीं। इसके लिए लगातार मेहनत से अनुसंधान करने की आवश्यकता है। क्योंकि प्रतिभा किसी देश की परम मूल्यवान निधि होती है, इसलिए इस प्रयास के लाभ भी बहुत होंगे। इसके अतिरिक्त प्रतिभा की खोज एक निरन्तर चलने वाली प्रक्रिया है और प्रत्येक स्तर पर इसके लिए प्रयास करना चाहिए। खास तौर से माध्यमिक स्तर सबसे अधिक महत्त्वपूर्ण है।

11.9 प्रतिभाशाली छात्रों की शिक्षा के लिए कार्यक्रम (Programme for the Education of the Gifted Children)

1. विविध पाठ्यान्तर कार्यक्रमों की व्यवस्था (Variety of Co-curricular Programme): प्रतिभावान छात्रों के लिए प्रत्येक स्कूल द्वारा पृथक् रूप से या स्कूलों के आपसी सहयोग से शिक्षा-विभागों द्वारा विविध पाठयेत्तर कार्यक्रमों की व्यवस्था की जा सकती है। उदाहरणार्थ:

(1) एक ऐसे शैक्षिक केन्द्र में जहाँ विशेष अध्यापक वर्ग, पुस्तकालय, प्रयोगशाला एवं साज-सामान की विशेष सुविधा हो, विभिन्न स्कूलों के शैक्षिक प्रतिभावान छात्रों के समूह के लिए पाँच-छः सप्ताह के ग्रीष्मावकाश-कालीन कार्यक्रम का प्रबंध किया जा सकता है।

(2) प्रयोगशालाओं, संग्रहालयों तथा अन्य स्थानों के लिए सुनियोजित शैक्षिक यात्राओं का प्रबंध किया जाता है।

(3) प्रतिभावान छात्रों का सम्पर्क उनकी योग्यता अथवा रुचि से संबंधित कार्यों में संलग्न व्यक्तियों से कराया जाए। ये व्यक्ति इन विद्यार्थियों को अपने विशेष क्षेत्रों में कार्य करने के लिए अवसर प्रदान कर सकेंगे।

(4) ऐसे छात्रों के लिए, जिनका घरेलू वातावरण समुचित विद्याभ्यास के अनुकूल न हो, छात्रावास अथवा दिवस-केन्द्रों की व्यवस्था की जाए। प्रतिभावान कार्यों के विकास की योजना बनाते समय यह ध्यान रखना चाहिए कि केवल उनकी बौद्धिक सामर्थ्य या विशिष्ट योग्यता का विकास ही आवश्यक नहीं है, अपितु उनके व्यक्तित्व के भावात्मक एवं सामाजिक पहलुओं तथा समाज-वांछित अभिवृद्धियों का विकास भी अत्यन्त महत्त्वपूर्ण है।

2. शीघ्र प्रमोशन अथवा डबल प्रमोशेन (Speedy Promotion or Double Promotion): इसका अर्थ बालक को एक वर्ष में एक से अधिक प्रमोशन देना है। यदि कोई बालक एक कक्षा में विशेष प्रगति दिखाता है तथा बहुत अधिक अंक प्राप्त करता है तो उसे डबल प्रमोशन दिया जा सकता है। इस प्रमोशन का उद्देश्य योग्यता-सम्पन्न बालक को उसके उपयुक्त कार्य भार प्रदान करना है। परन्तु कई बार इस प्रकार की प्रमोशन बालक के लिए हानिकारक भी होती है। एक कक्षा में जो बालक अपने अन्य साथियों की तुलना में विशेष योग्यता-सम्पन्न है, वह अगली कक्षा के बालकों की तुलना में शारीरिक तथा मानसिक विकास की दृष्टि से अयोग्य भी हो सकता है। इस प्रकार के प्रमोशन में बालक की आयु सामाजिक विकास तथा स्वास्थ्य आदि, सबका ही पूर्ण विचार करना चाहिए।

3. समान योग्यता के अनुसार वर्गीकरण (Classification on the Basis of Performance): इस योजना के अन्तर्गत विद्यार्थियों का उनकी योग्यता की समानता के आधार पर वर्गीकरण किया जाता है। लगभग एक जैसी योग्यता वाले बालकों को एक ही सेक्शन में रखा जाता है। कुछ स्कूलों में मानसिक, शारीरिक तथा सामाजिक विकास के आधार पर बालकों को 'A', 'B', 'C' आदि सेक्शनों में रखा जाता है। इससे क्रियात्मक प्रतियोगिता को बल मिलता है। बड़े स्कूलों के लिए जहाँ कि कई सेक्शन बनाये जा सकते हैं, यह लाभदायक प्रणाली है।

4. समृद्ध पाठ्यक्रम (Enriched Curriculum): इसका अर्थ है कि विशेष योग्यता-सम्पन्न बालकों को अधिक पुस्तकें पढ़ने के लिए प्रोत्साहित किया जाए। सह-पाठ्य कार्यक्रमों में भी अधिक तथा विविध कार्यों का समुचित प्रबन्ध हो। ट्रिपिल ट्रैक योजना वर्गीकरण में पर्याप्त लचीली है। यह योजना अमरीका के स्कूलों में बहुत प्रसिद्ध है। इसके अन्तर्गत सभी बालकों के लिए एक ही पाठ्यक्रम होता है परन्तु उसे पूरा करने की अवधि बालक की योग्यतानुसार कम अथवा अधिक होती है। विशेष योग्यता-सम्पन्न बालक उसे जल्दी पूरा कर लेते हैं तथा मन्द-बुद्धि बालक अधिक समय में।

5. विशेष विद्यालय (Special Schools): कुछ उन्नत देशों ने इन बालकों के लिए विशेष विद्यालयों की व्यवस्था की है। विशेष विद्यालयों की प्रणाली की कुछ व्यक्तियों ने आलोचना की है। उनका विचार है कि इस प्रकार ये बालक नेतृत्व के उस प्रशिक्षण से वंचित रह जाते हैं जो उन्हें साधारण स्कूलों में साधारण बालकों के साथ सहज ही प्राप्त होता है।

ब्राऊन (*Brown*) का विचार है कि भावी जीवन में सफलता के लिए इन बालकों के लिए सामान्य बालकों के साथ मिलकर पढ़ना आवश्यक है क्योंकि जीवन में उन्हें इस संसार में मिले-जुले लोगों के साथ ही रहना है। उस वातावरण में योग्य, अयोग्य, साधारण, अच्छे तथा बुरे सभी प्रकार के व्यक्ति होंगे।

6. ग्रीष्मकालीन (Summer Schools): ग्रीष्मकालीन अवकाश में इन विद्यालयों का प्रबन्ध किया जाता है। अमरीका में ये विद्यालय सफल रहे हैं। मनोवैज्ञानिक परीक्षा, इन्टरव्यू और स्कूल रिकार्ड के आधार पर देश भर के स्कूलों से विशेष योग्यता-सम्पन्न बच्चे चुने जाते हैं। ग्रीष्मकालीन विद्याालयों में इनकी विशेष शिक्षा का प्रबन्ध किया जाता है। विद्वान अध्यापकों के निर्देशन में कार्यक्रम तैयार किया जाता है। विद्यार्थियों को उत्तमोत्तम पुस्तकें दी जाती हैं, जिनकी सहायता से वे अपनी रिपोर्ट तथा निबन्ध आदि तैयार करते हैं। सामान्यतया इन विद्यालयों में विज्ञान, गणित, सामाजिक विज्ञान, और साहित्य-ये क्षेत्र ही लिए जाते हैं।

कार्यक्रम की समाप्ति पर विद्यार्थी अपने-अपने विद्यालयों को लौट जाते हैं। ये विद्यार्थी जब तक अन्तिम स्कूल परीक्षा पास नहीं कर लेते, तब तक इन ग्रीष्मकालीन विद्यालयों में जाते रहते हैं। इस प्रकार की प्रणाली हमारे देश में भी प्रारम्भ की जा सकती है।

प्रणाली के लाभ (Merits of the System):

1. विद्यार्थी को जटिल समस्याओं का सामना करने का अवसर मिलता है।
2. विद्यार्थी अनुभव करने लगता है कि सिर्फ वही बुद्धिमान नहीं है, उस जैसे तथा उससे भी अधिक बुद्धिमान विद्यार्थी हैं।

3. इस प्रणाली में विशेष योग्यता-सम्पन्न विद्यार्थियों के लिए विशेष पाठ्यक्रम का प्रबन्ध होता है।
4. यह प्रणाली वैज्ञानिक तथा मनोवैज्ञानिक दोनों ही दृष्टियों से उत्तम है, क्योंकि यह देश अथवा क्षेत्र अथवा राज्य के विशेष योग्यता-सम्पन्न बालकों के लिए विशेष पाठ्यक्रम के विकास का आधार प्रस्तुत करती है।
5. यह प्रणाली विशेष योग्यता-सम्पन्न बालकों को पर्याप्त समय तक एक ही स्थान पर एक-दूसरे के साथ मिलकर रहने का वास्तविक अनुभव प्राप्त करने का अवसर प्रदान करती है।
6. यह प्रणाली अध्यापकों को भी प्रतिभाशाली बालकों की समस्याओं को समझने और हल करने के वास्तविक अनुभव प्राप्त करने का अवसर प्रदान करती है।
7. इस प्रकार की अखिल भारतीय पद्धति बिना किसी प्रकार की कठिनाई के सरलतापूर्वक बनाई जा सकती है।
8. यह प्रणाली हमारी गणतन्त्र राज्य पद्धति में बिलकुल ठीक बैठती है।
9. योग्यता-सम्पन्न बालकों की विशेष शिक्षा योजना को कार्यान्वित करने के लिए यह प्रणाली उचित वातावरण प्रस्तुत करती है।
10. इस प्रकार मानव संसाधनों का सर्वोचित प्रयोग सम्भव हो सकेगा।
11. यह प्रणाली विशेष योग्यता-सम्पन्न बालकों की शिक्षा से सम्बन्धित वैज्ञानिक शोध कार्य के लिए उपयुक्त आधार प्रस्तुत करेगी।
12. यह प्रणाली योग्य अध्यापकों की खोज में भी सहायक होगी।

7. योग्यता सम्पन्न विशेष अध्यापक (Special Talented Teacher): विशेष कक्षीय समृद्धि योजना और विशेष कार्यक्रम तब तक फलदायक नहीं होंगे, जब तक कि वे योग्यता-सम्पन्न विशेष अध्यापकों द्वारा कार्यान्वित न किए जायें। अमरीका में किए गए शोध कार्यों द्वारा जानकारी प्राप्त हुई है कि इन बालकों को पढ़ाने वाले अध्यापकों का सतर्कतापूर्वक चुनाव होना चाहिए तथा उसके बाद उन्हें विशेष प्रशिक्षण दिया जाना चाहिए। साधारण अध्यापक विशेष योग्यता-सम्पन्न विद्यार्थियों की रुचियों तथा आवश्यकताओं को भली प्रकार समझ नहीं सकते। कक्षा में उनके द्वारा पूछे गए प्रश्नों के उत्तर भी वे कई बार नहीं दे पाते। बौद्धिक उत्तेजना न मिलने के कारण इन बालकों में आलस्य की प्रवृति जन्म लेने लगती है। सामान्य कार्यक्रम में उनकी अरुचि होती है तथा साधारण पाठ्यक्रम को वे आदर की दृष्टि से नहीं देख पाते। प्रायः साधारण अध्यापकों के प्रति वे आदर की भावना नहीं रख पाते तथा जिन स्थितियों में वे अपने आपको अध्यापकों से अधिक चतुर सिद्ध कर सकते हैं, वहां वे उन्हें नीचा दिखाने का प्रयत्न करते हैं। सामान्य अध्यापक इस प्रकार की स्थिति का सफसलतापूर्वक सामना नहीं कर पाता।

अतः विशेष योग्यता सम्पन्न बालकों के शिक्षा कार्यक्रम को सफल बनाने के लिए उन्हें पढ़ाने वाले अध्यापक उच्च बुद्धि युक्त होने चाहियें तथा उन्हें विशेष प्रशिक्षण मिलना चाहिए।

8. पर्याप्त छात्रवृत्तियों का प्रबन्ध (Provision for Adequate Scholarships): योग्य विद्यार्थियों को पर्याप्त संख्या में छात्रवृत्तियाँ मिलनी चाहिएँ, जिससे कि वे अपनी शिक्षा को आगे चला सकें। योग्य विद्यार्थियों को अच्छे स्कूलों में भेजने के लिए विशेष सेवा का प्रबन्ध होना चाहिए।

9. प्रतिभा सम्पन्न छात्रों के लिए छात्रावास (Hostels for the Gifted Children): प्रत्येक जिले में एक छात्रावास अवश्य हो, जहाँ निर्देशन का भी प्रबन्ध हो।

10. योग्य और प्रतिभाशाली छात्रों को पहचानने के लिए सहायता (Help in the Identification of the Gifted Children): दो बातें यहाँ और उल्लेखनीय हैं। पहली तो यह कि प्रत्येक शिक्षा-संस्था को एक ऐसा कार्यक्रम विकसित करने के लिए सहायता दी जानी चाहिए जिससे वह अपने छात्रों में से योग्य और प्रतिभाशाली छात्रों को पहचान और छांट सके तथा उन्हें उनकी आवश्यकताओं के अनुकूल व उनके विकास में सहायक विशेष शिक्षण कार्यक्रम प्रदान कर सके। ये कार्यक्रम, जिनका स्वरूप स्तरों और शिक्षा-संस्थाओं के विभिन्न प्रकारों के अनुसार पृथक्-पृथक् होगा, अत्यधिक सावधानी से तैयार किए जायेंगे और इनके कार्यान्वयन के लिए शिक्षकों को प्रशिक्षित करना होगा। दूसरे, इन सभी कार्यक्रमों में 'प्रतिभा' का परम्परागत अर्थ ही नहीं समझना चाहिए, बल्कि गणित की, शब्दों की, कला की और प्रयोगों की योग्यता को भी इसके अन्तर्गत समझना चाहिए। समानता के आधार पर सभी शिक्षा स्तरों के सभी प्रतिभाशाली छात्रों को ये छात्रवृत्तियाँ और प्रोत्साहन उपलब्ध होने चाहिएँ।

11. विभिन्न अवस्थाओं पर उच्च समृद्धि कार्यक्रम (Advanced Programmes at Various Stages): विभिन्न विषयों में उच्च पाठ्यक्रम तैयार करने चाहियें, और अच्छे स्कूलों को चाहिए कि वे शुरू में एक या दो विषयों में परिवर्तन लायें और अपनी सुविधाओं के अनुसार थोड़ा-थोड़ा करके समस्त स्कूल पाठ्यचर्या को समेटते हुए इन पाठ्गक्रमों को अपना लें। जहां किसी स्कूल के लिए किसी विषग के उच्च पाठ्गक्रम को किसी खास कक्षा के सारे छात्रों के लिए लागू करना कठिन भी हो, वहां वह स्कूल कुछ प्रतिभाशाली छात्रों को इस प्रकार के पाठ्यक्रम का लाभ दे सकता है। दूसरे शब्दों में किसी अच्छे स्कूल में किसी खास अवस्था पर या किसी खास कक्षा में भी दो प्रकार की पाठ्यचर्यायें चल सकती हैं; एक सामान्य पाठ्यचर्या, जो औसत योग्यता वाले छात्रों के लिए होगी और दूसरी उच्च पाठ्यचर्या, जो बहुत कुशाग्र छात्रों के लिए होगी। इस संदर्भ में शिक्षा आयोग ने निम्नलिखित सिफारिशें की हैं:

(i) प्राथमिक स्तर पर समृद्धि कार्यक्रम (Enrichment Programme at the Elementary Stage): प्राथमिक अवस्था पर अलग से उच्च पाठ्यक्रम की व्यवस्था करना कठिन है। इसलिए प्रतिभाशाली छात्रों के लिए समृद्धि कार्यक्रम बनाए जाएँ ताकि उन्हें अपने अध्ययन से अपनी समस्त बौद्धिक शक्ति को आजमाने का और आत्मतुष्टि का अनुभव हो। ऐसे कार्यक्रम पांचवी और छटी कक्षा से शुरू हो सकते हैं। उदाहरण के लिए यह कार्यक्रम अतिरिक्त विज्ञान के रूप में हो सकता है जिसमें अधिक पढ़ना पड़े, प्रायोगिक कार्य करने पड़ें और ज्ञान को वास्तविक जीवन से सम्बद्ध करना पड़े। इसका मतलब भाषा या कला में अतिरिक्त कार्य करना भी हो सकता है। जिसकी परिणति सृजनात्मक आत्माभिव्यक्ति में होगी। समृद्धि कार्यक्रम की योजना शिक्षक और छात्र दोनों मिलकार बनायें तो अधिक अच्छा हो। पाठ्यचर्या सामग्री में इन बातों के बारे में सामान्य मार्गदर्शन कराया जा सकता है और शिक्षक को भी विशेष प्रकार की कार्य-पुस्तकों के लिए और विषय क्लबों की स्थानपना के लिए अतिरिक्त सहायता की आवश्यकता हो

सकती है। इस कार्यक्रम के अन्दर आने वाले कार्य स्कूल के समय के पहले या बाद में भी किए जा सकते हैं।

(ii) माध्यमिक स्तर पर समृद्धि कार्यक्रम (Enrolment Programme at the Secondary Stage): माध्यमिक अवस्था पर सामान्य और उच्च, इन दो स्तरों पर पाठ्यक्रमों का संगठन किया जाए और उन्हें आठवीं कक्षा से शुरू किया जाए। विभिन्न विषयों में उच्च पाठ्यक्रमों की व्यवस्था की जाए और उन्हें पाठ्यचर्या में ऐच्छिक आधार पर सम्मिलित किया जाए। अवर माध्यमिक कक्षाओं में प्रारम्भ में गणित, विज्ञान और भाषाओं के उच्च पाठ्यक्रम शुरू किए जाने चाहिए। लेकिन उच्चतर माध्यमिक अवस्था में सभी विशेषीकृत विषयों में ऐसे पाठ्यक्रम होने चाहिए। उच्चतर माध्यमिक स्कूल की परीक्षा में बैठने वाले छात्र को सामान्यत: दो से अधिक विषयों में उच्च पाठ्यक्रम की परीक्षा नहीं देनी चाहिए। प्रत्येक परिस्थिति के अनुसार स्कूलों को उच्च पाठ्यचर्याओं के संगठन के लिए विभिन्न व्यवस्थाएँ (जिन बड़े स्कूलों में कक्षायें अनेक भागों मे बंटीं हों वहाँ) जैसे स्कूल के घन्टों में नियमित शिक्षा देना, स्कूल के घण्टों के पहले या बाद शिक्षा देना और शिक्षा के मार्ग-दर्शन के छात्रों द्वारा स्वयं पढ़ना आदि, करनी होगी।

12. प्रतिभा परख सेवा संगठन: योग्य छात्रों को पहचानने के मार्ग में आने वाली विकट कठिनाइयों और ऐसा करने की किसी विश्वसनीय कसौटी या तरीकों के अभाव से हम भली-भाँति परिचित हैं। इसलिए इस स्तर पर प्रतिभाशाली व योग्य छात्रों को पहचानने के लिए कोई समुचित तरीका खोज निकालने की दिशा में तत्काल कदम उठाए जाने चाहिए। प्रत्येक राज्य में प्राथमिक स्तर (सातवीं या आठवीं कक्षा) और अपर माध्यमिक स्तर (दसवीं कक्षा) के भी अन्त में एक 'परख-सेवा' का संगठन करना चाहिए और इस संगठन का सहयोग और सहायता सभी स्कूलों को मिलनी चाहिए। अगर इसका समुचित ढंग से विकास किया जाए तो यह सेवा छात्रों और शिक्षा संस्थाओं के लिए अत्यधिक सहायक हो सकती है। इससे वे अपने जिले, राज्य और यहाँ तक कि राष्ट्र की औसत योग्यता और उपलब्धि के स्तर की तुलना में अपने कार्य-निष्पादन की स्थिति के सम्बन्ध में पर्याप्त जानकारी प्राप्त कर सकेंगे। ऐसी जानकारियाँ छात्रों और अभिभावकों के लिए तो उपयोगी होंगी ही, इसके अतिरिक्त ये छात्रवृत्तियाँ प्रदान करते समय शिक्षा-विभागों के लिए भी अत्यधिक सहायक सिद्ध होंगी।

13. प्रतिभा छात्र तथा परामर्शदाता का कार्य (The Gifted Children and Role of the Counsellor): प्रतिभा को विकसित करने में परामर्शदाता एक महत्त्वपूर्ण योगदान दे सकता है। प्रत्येक प्रतिभाशाली छात्र के विषय में विस्तृत जानकारी रखने के कारण परामर्शदाता एक ऐसी अनूठी स्थिति में होता है कि वह छात्र संवर्धन कार्यक्रम को सूत्रबद्ध कर सके और पाठ्यचर्या सम्बन्धी तथा पाठ्यतर आवश्यकताओं में अपेक्षित परिवर्तन सुझा सके। जहाँ विशेष परामर्शदाता उपलब्ध नहीं हैं वहाँ यह कार्य अध्यापकों को करना होगा। अत: यह आवश्यक होगा कि अन्त:सेवा गोष्ठियों तथा विशेष पाठ्यक्रमों द्वारा अध्यापकों को इस उत्तरदायित्व को वहन करने के लिए प्रशिक्षित किया जाए। उनके मन में यह बात जमा दी जाए कि अध्ययन कक्ष वातावरण तथा अध्यापकों की अभिवृत्ति का एक विशेष महत्त्व है। हमारी सामाजिक और शैक्षिक व्यवस्था में जहाँ शैक्षिक और विद्यार्थी के सम्बन्ध अभी तक आदेश प्रधान हैं, कक्षा के आदर्श से होने वाली प्रत्येक लालसा एवं रुचि को दबाने की सामान्य प्रवृत्ति है। अतएव प्रतिभा के पोषण के लिए सर्वप्रथम आवश्यक कार्य यह है कि अध्यापक अध्ययन कक्ष में मुक्त अभिव्यक्ति का वातावरण उत्पन्न करे और सृजनात्मक कार्य के लिए अवसर प्रदान करे।

11.10 भारत में प्रतिभा विकास सम्बन्धी कार्य (Work in India on the Nurturing of Talent)

1. राष्ट्रीय प्रतिभा खोज योजना (National Talent Research Scheme): राष्ट्रीय शैक्षिक अनुसंधान एवं प्रशिक्षण परिषद (National Council of Educational Research and Training), राष्ट्रीय प्रतिभा खोज योजना का कई वर्षों से संचालन करती है। कुल 1000 छात्रवृत्तियों का प्रावधान है। इसमें से 150 छात्रवृत्तियां अनुसूचित जाति एवं अनुसूचित जनजातियों के छात्रों के लिए हैं।

2. छात्रवृत्तियों का प्रावधान: प्रतिभाशाली छात्रों के लिए कुछ छात्रवृत्तियों का प्रावधान कई स्तरों तथा संस्थाओं द्वारा किया जा रहा है।

3. नवोदय विद्यालयों की स्थापना: राष्ट्रीय शिक्षा नीति 1986 के सन्दर्भ में लगभग 550 नवोदय विद्यालय (प्राय: एक विधालय एक जिले में) खोले गए हैं। इन विद्यालयों में छात्रों को अनेक प्रकार की सुविधाएं प्रदान की जा रही हैं। ये विद्यालय आवसीय हैं। शिक्षा इन विद्यालयों में नि:शुल्क है।

उपसंहार: कुल मिलाकर यह कहा जा सकता है कि स्थिति में विशेष सुधारों तथा उपायों की आवश्यकता है। सामान्यतया यह देखा गया है कि प्रतिभाशाली छात्र जब विदेशों में जाते हैं तो उन्हें अपनी प्रतिभा के अनुसार अवसर मिल जाते हैं तथा वे विदेशों में ख्याति प्राप्त करते हैं। भारत में इस दिशा में ठोस कदम उठाने की अत्यन्त आवश्यकता है।

11.11 उत्कृष्ट बुद्धि तथा मन्दबुद्धि बालकों की तुलना (Comparison between the Highly Intelligent and the Mentally Retarded Children)

उत्कृष्ट बुद्धि बालक	*मन्दबुद्धि बालक*
1. प्रतिक्रिया काल शीघ्र होता है; बिना अधिक दुहराए अत्यन्त शीघ्रता से सीखते है।	1. प्रतिक्रिया काल मन्द होता है; धीमे सीखते हैं; इन्हें अधिक अभ्यास की आवश्यकता होती है।
2. तीव्र मौलिक शक्ति होती है; दूसरों पर निर्भर नहीं रहते।	2. पुरानी विधि या तकनीक से सीखते है; नई विधि से हल निकालने में असमर्थ हैं।
3. इनमें लगातार ध्यान लगाये रखने की ऐच्छिक शक्ति होती है। अपेक्षतया एक लम्बी अवधि तक ध्यान केन्द्रित कर सकते हैं।	3. इनका ध्यान-विस्तार कम होता है। विषय पर कम समय तक ही ध्यान केन्द्रित कर पाते हैं।
4. किसी कार्य को स्वयं प्रारम्भ करने की प्रवृत्ति रहती है। अमूर्त शब्दों एवं विचारों को समझने की क्षमता रखते हैं।	4. मौलिकता की कमी होती है; अमूर्त चिन्तन का अभाव; विचारों के स्थान पर वस्तुओं से कार्य करते हैं।
5. तत्परता से शब्द-भण्डार बढ़ाते हैं; अधिक साहचर्य शक्ति रखते हैं; शीघ्रता से सामान्यीकरण करते हैं।	5. क्षीण साहचर्य शक्ति होती है; सामान्यीकरण भी ठीक से नहीं कर पाते।

(क्रमश:)

उत्कृष्ट बुद्धि बालक	मन्दबुद्धि बालक
6. आत्म-आलोचन एवं अन्तःदर्शन की सापेक्षता अच्छी सामर्थ्य रखते हैं।	6. आत्म-आलोचन में कम शक्ति रखते हैं; अपनी स्वयं की भूलों का तत्परता से मूल्यांकन नहीं कर पाते।
7. विश्लेषण तत्परता से करते हैं। चिंतन में तर्क से काम लेते हैं।	7. इनमें विश्लेषण एवं तर्क-शक्ति का अभाव होता है। तथ्यों को बिना समझे केवल रटने का प्रयास करते हैं।
8. निरर्थक एवं असंगत बातों को शीघ्रता से पहचान लेते हैं।	8. निरर्थक, व्यर्थ की एवं असंगत बातों का पता लगाने मे असमर्थ रहते हैं।
9. इनकी रुचियों का प्रसार-क्षेत्र विस्तृत होता है।	9. इनकी रुचियों का प्रसार-क्षेत्र अत्यन्त संकीर्ण होता है।
10. इनमें योजना बनाने, चिन्तन करने और तत्परता से समस्या को हल करने का सामर्थ्य होता है।	10. भौतिक मूर्त्त तथा यान्त्रिक वस्तुओं से प्रभावित होते हैं।

12

धीमी गति से सीखने वाले तथा उपलब्धि में पीछे रह जाने वाले बालक
(Slow Learners and Under Achievers)

12.1 धीमी गति से सीखने वाले बालकों तथा उपलब्धि में पीछे रह जाने वाले बालकों का अर्थ
(Meaning of Slow Learners and Under Achiever Students)

प्राय: धीमी गति से सीखने वाले बालकों तथा उपलब्धि में पीछे रह जाने वाले बालकों को 'पिछड़े हुए बालक' कहा जाता है। इस सन्दर्भ में कुछ विद्वानों के विचार यहाँ दिए जा रहे हैं:

1. *बार्टन हाल* (*Barton Hall*) ने पिछड़े बालकों का अर्थ इस प्रकार दिया है, "सामान्तया पिछड़ेपन का प्रयोग उन बालकों के लिए किया जाता है जिनकी शैक्षिक उपलब्धि उनकी स्वाभाविक योग्यताओं के स्तर से कम होती है।"

2. *शौनल* (*Schonell*) के शब्दों में , "पिछड़ा हुआ छात्र वह है जो अपनी आयु के अन्य छात्रों की तुलना में उल्लेखनीय शैक्षिक कमजोरी का प्रदर्शन करता है।"

3. *बर्ट* (*Bert*) ने इस क्षेत्र में पर्याप्त अनुसन्धान कार्य किया है। उसके विचार में, "पिछड़ा हुआ बालक वह है जो स्कूली जीवन में अपनी आयु स्तर की कक्षा से एक श्रेणी नीचे की कक्षा का कार्य करने में असमर्थ है।"

वैसे यदि हम गौर से विचार करें तो धीमे गति से सीखने वाले तथा उपलब्धि में पीछे रह जाने वाले दोनों प्रकार के बालकों को एक ही श्रेणी में रखना उपयुक्त प्रतीत नहीं होता है। धीमी गति से सीखने वाले बालक प्राय: मन्दबुद्धि बालक होते हैं। मन्दबुद्धि होने के कारण कक्षा में जो कुछ पढ़ाया जाता है वह सामान्य छात्रों की भान्ति सीख नहीं सकते। उनकी सीखने की गति धीमी होती है अत: वे कक्षा में अन्य छात्रों से पिछड़े रह जाते हैं।

उपलब्धि में पीछे रहने का कारण स्कूल अथवा कक्षा में नियमित रूप से उपस्थित न होना भी हो सकता है। यदि छात्र बीमारी के कारण अथवा पढ़ाई में रुचि न रखने के कारण कक्षा में नहीं आता है, तो वह उपलब्धि में पिछड़ जाता है, भले ही वह मन्दबुद्धि न हो। परन्तु परिणाम स्वरूप वह पढ़ाई में पीछे रह जाता है।

प्रखर बुद्धि वाला छात्र भी पिछड़ा छात्र कहा जा सकता है यदि वह पढ़ाई में पर्याप्त रुचि नहीं लेता है। वह अपने स्तर के छात्रों से पिछड़ा हुआ छात्र कहा जाएगा परन्तु वह धीमी गति से सीखने वाले छात्रों की श्रेणी में नहीं आएगा।

पीछे रह जाने वाले अथवा पिछड़े बालकों (Backward Children) के विषय में शिक्षकों के मन में बहुत से भ्रम हैं। बहुत समय तक मनोवैज्ञानिक यही मानते आये हैं कि पिछाड़ापन मानसिक योग्यता से सीधा जुड़ा हुआ है किन्तु अच्छी बुद्धिलब्धि से युक्त बालकों द्वारा कुछ विषयों में बहुत खराब अंक पाने पर पिछड़ेपन और उसके कारणों पर अनुसंधान शुरू हुआ। इस अनुसंधान का फल यह हुआ कि पिछड़ेपन को शैक्षिक उपलब्धि से जोड़ा गया। *सीरिल बर्ट (Cyril Burt)* ने इस क्षेत्र में अनेक अनुसंधान किए। बर्ट ने पिछड़े बालक की परिभाषा देते हुए कहा है कि पिछड़ा बालक वह बालक है जो कि विद्यालय में पढ़ रहा है और कक्षा के कार्यों में अपनी आयु तथा कक्षा के सामान्य सहपाठियों की तुलना में पिछड़ा हुआ है। बर्ट ने इसी आधार पर एक और सम्प्रत्यय को जन्म दिया, जिसे "शैक्षिक आयु" (Educational Age) का नाम दिया गया। शैक्षिक आयु का मापन मानकीकृत उपलब्धि परीक्षणों (Standardized Achievement Tests) द्वारा मापा जा सकता है। मान लें कि एक दस वर्ष का बालक अपने से नीचे की एक कक्षा के भी कार्य नहीं कर सकता है। और वह अपने से दो कक्षा नीचे का भी आधा कार्य कर सकता है तो उसकी शैक्षिक आयु 8.5 वर्ष की हुई और उसकी शैक्षिक लब्धि (Educational Quotient)

$$E.Q. = EA/CA \times 100 = 8.5/10 \times 100 = 85$$

इस प्रकार यह बालक अपनी कक्षा में काफी पिछड़ा हुआ है।

CA = Chronological Age

12.2 पिछड़े बालकों की विशेषताएँ (Characteristics of Backward Child)

पिछड़े बालकों पर हुए अनेक अनुसंधानों के आधार पर इनकी कुछ सामान्य विशेषताएँ इस प्रकार प्रकट हुई हैं:

1. *शारीरिक विशेषताएँ (Physical Characteristics)*: सामान्य बच्चों की तुलना में पिछड़े बालकों का शारीरिक विकास निम्न कोटि का पाया गया। पेशीय सन्तुलन में कमी, प्रतिक्रिया (Slow Reaction time), ज्ञानेन्द्रियों के दोष और वाणी के दोष पिछड़े बालकों में पाएँ जाते हैं।

2. *मानसिक विशेषताएँ (Intellectual Characteristics)*: पिछड़े बालकों में मुख्य कमी मानसिक योग्यता की ही है। उनमें पर्याप्त चिन्तन तथा तर्क की योग्यता का अभाव होता है। वे किसी भी समस्या पर अधिक समय तक ध्यान एकाग्र नहीं कर पाते।

3. *सामाजिक और नैतिक विशेषताएँ* (Social and Moral Characteristics): अपने उम्र के सामान्य बच्चों की तुलना में उनका सामाजिक समायोजन निम्न कोटि का होता है। चुंकि कक्षा में अन्य बालक इन्हें अपने मित्र के नाते स्वीकार नहीं करते और उनकी आलोचना करते हैं, अत: इनमें अवांछित (Undesirable) सामाजिक विशेषताएँ विकसित हो जाती हैं। गोर्डेन (Gorden) ने एक अनुसंधान द्वारा यह निष्कर्ष निकाला कि निम्न बुद्धिलब्धि वाले बालकों में धोखाधड़ी (Cheating) करने की प्रवृति विकसित हो जाती है।

12.3 पिछड़े बालकों की पहचान (Identification of Backward Children)

उपरोक्त विशेषताओं के आधार पर पिछड़े बालकों को पहचानने के लिए निम्नलिखित तकनीकों का सहारा लिया जा सकता है:

1. शिक्षकों द्वारा निरीक्षण
2. वृद्धि परीक्षण
3. उपलब्धि परीक्षण
4. व्यक्तित्व परीक्षण
5. व्यक्ति अध्ययन (Case Study)
6. डॉक्टरी जाँच

इन सभी विधियों का सहारा लेकर बालकों के पिछड़ेपन का यथासम्भव जल्दी से जल्दी पता लगा लेना चाहिए ताकि उन्हें तत्काल उचित शिक्षा दी जा सके।

12.4 पिछड़े बालकों की पहचान के लक्षण (Indicators of Backward Children)

1. ये सिर्फ थोड़ी देर तक ही किसी एक तत्व पर ध्यान दे सकते हैं।
2. इनका प्रतिक्रिया समय अधिक होता है।
3. उनकी वस्तु-निरीक्षण की योग्यता सीमित होती है।
4. उनकी स्वयं-मार्गदर्शन की योग्यता सीमित होती है।
5. उनकी शब्दों तथा मुहावरों में सम्बन्ध देखने की योग्यता कम होती है।
6. उनकी नई परिस्थितियों में परिचित तत्त्वों को देखने की क्षमता कम होती है।
7. वे धीरे-धीरे सीखते और याद करते हैं।
8. उनमें जल्दी भूलने की आदत होती है।
9. उनका सीमित दृष्टिकोण होता है।
10. उनमें कार्य-कौशल के स्तर स्थापित करने तथा उन तक पहुँचने में असमर्थता होती है।
11. उनमें क्रियात्मकता तथा मूलता की भी कमी होती है।
12. उनमें विश्लेषण करने तथा समस्या सुलझाने में योग्यता नहीं होती।

12.4 पिछड़ेपन के कारण (Causes of Backwardness)

अनुसंधानों के आधार पर पिछड़ेपन के मुख्यतया तीन प्रकार के कारण हैं:

A. सामाजिक एवं आर्थिक कारण (Social and Economic Reasons)

1. गरीबी।
2. समुचित साधनों का अभाव।
3. गन्दे परिवेश में रहना।
4. कुसंग।
5. पारिवारिक तनाव एवं टूटे घर (Broken Homes)
6. घर का कड़ा अनुशासन
7. सौतेले माता-पिता

8. बड़े परिवार
9. परम्परा से चली आ रही पारिवारिक अपराधी वृत्ति

B. मानसिक एवं बौद्धिक कारण (Mental and Intellectual Reasons)

1. बालक की निम्न बुद्धिलब्धि।
2. अभिभावकों की निम्न बुद्धि।
3. पारिवारिक परिवेश के कारण संवेगात्मक तनाव।
4. भाई-बहन, माता-पिता से खराब सम्बन्धों के कारण कुण्ठा, निराशा एवं दुश्चिन्ताएँ।
5. भाई-बहन, माता-पिता से खराब सम्बन्धों के कारण कुण्ठा, निराशा एवं दुश्चिन्ताएँ।

C. स्कूल का वातावरण

1. स्कूल जाने के लिए प्रेरणा का अभाव
2. दोषपूर्ण शिक्षण की विधियां
3. बालकों की मानसिक परिपक्वता के स्तर से उच्च स्तर का पाठ्यक्रम
4. शिक्षकों का छात्रों के प्रति उपयुक्त दृष्टिकोण का न होना
5. स्कूलों में पढ़ाने-लिखाने के साधनों का अभाव
6. स्कूल और घर के सम्बन्धों में सहयोग का अभाव
7. दोषपूर्ण परीक्षा प्रणाली
8. स्कूल में अनुशासन की कमी

12.6 पिछड़े बालकों की शिक्षा (Education of the Backward Children)

पिछड़े बालकों की शिक्षा के सम्बन्ध में अनेक अनुसंधान हुए हैं। ये अनुसंधान पिछड़े बालकों के लिए शिक्षण विधि, पाठ्यक्रम तथा प्रशासनिक ढाँचे एवं विद्यालय संगठन पर काफी प्रभाव डालते हैं। इन पर हम एक-एक करके विचार करेंगे:

I. पिछड़े बालकों की पहचान (Identification of Backward Children)

इस पर पहले चर्चा की गई है।

II. प्रशासनिक दृष्टिकोण (Administrative Approach)

पिछड़े बालकों की शिक्षा के लिए प्रशासनिक दृष्टि से तीन प्रकार की व्यवस्था की जा सकती है:

1. *सामान्य कक्षाएँ (Normal Classes)*: पिछड़े बालकों को सामान्य कक्षाओं में ही पढ़ाया जाए। किन्तु इस प्रकार की व्यवस्था में यह देखा गया है कि ये बालक और भी पिछड़ जाते हैं तथा इनमें कई प्रकार की मानसिक ग्रंथियाँ पैदा हो जाती हैं। वे हीनता की भावना से ग्रसित हो सकते हैं या झगड़ालू प्रवृत्ति के भी बन सकते हैं।

2. *विशिष्ट कक्षाएँ (Special Classes)*: पिछड़े बालकों के लिए विशिष्ट कक्षाओं का आयोजन-पिछड़े बालकों को चुनकर अलग कर दिया जाता है और उनके लिए अलग

विशिष्ट कक्षाएँ चलायी जाती हैं। शेष समय में वे सामान्य बालकों के साथ ही रहते हैं और इस प्रकार धीरे-धीरे वे सामान्य बालकों के स्तर तक आने का प्रयास करते हैं।

3- *विशिष्ट स्कूल (Special School)*: पिछड़े बालकों के लिए विशिष्ट विद्यालय–पिछड़े बालकों के लिए एक दम अलग स्कूल चलाने की भी व्यवस्था की जा सकती हैं किन्तु इस प्रकार की व्यवस्था को अभिभावक पसन्द नहीं करते, क्योंकि वे यह नहीं चाहते कि उनके बच्चों को सामान्य बालकों से अलग रखा जाए। इस प्रकार की व्यवस्था का विरोध इस पर होने वाले अत्याधिक खर्चे के आधार पर भी किया गया है। ऐसी अवस्था में पिछड़े बालकों में अभिप्रेरणा का और प्रतियोगिता का अभाव रहेगा। अत: उनमें विकास की सम्भावनाएँ कम हो जायेंगी।

III. मनोवैज्ञानिक एवं शैक्षिक दृष्टिकोण (Psychological and Educational Point of View)

मनोवैज्ञानिक और शैक्षिक दृष्टिकोण से पिछड़े बालकों की शिक्षा में निम्नलिखित बातों की ओर ध्यान देना होगा:

1. सर्वप्रथम इन बच्चों के पिछड़ेपन का निदान (Diagnosis) करना चाहिए।
2. निदान के आधार पर उपचारात्मक शिक्षण (Remedial teaching) की व्यवस्था करनी चाहिए।
3. इन्हें मूर्त वस्तुओं एवं सहायक शिक्षण सामग्रियों (Teaching-Aids) के सहारे पढ़ाने पर जोर दिया जाए।
4. इनमें पढ़ने के लिए अभिप्रेरणा उत्पन्न करने के प्रयास किए जाएं।
5. इन्हें सरल और छोटे-छोटे पदों में पढ़ाना चाहिए।
6. इनके सही उत्तरों को तत्काल पुनर्व्यक्त कराया जाए।
7. उनको विभिन्न प्रकार के उद्दीपन और अनुभव प्रदान किए जाएं।
8. उनके लिए पाठ्यवस्तु को मूर्त और अर्थपूर्ण बनाकर प्रस्तुत किया जाए।
9. उनके किए गये कार्यों और अधिगम का परिणाम उन्हें तुरन्त बताया जाए।
10. इन्हें अभ्यास करने का पर्याप्त अवसर देना चाहिए।

IV. अध्यापकों का दृष्टिकोण (Teachers' Attitude)

इन बच्चों के साथ कार्य करने में अध्यापकों में असीम धैर्य होना चाहिए। वे छात्रों की सीमाओं तथा क्षमताओं को ध्यान में रखें। उनसे वे पूर्ण सहानुभूति रखें। छात्रों में इस प्रकार का विश्वास उत्पन्न करें कि वे उनके हितचिन्तक हैं।

V. निर्देशन सेवाओं की व्यवस्था (Arrangement for Guidance Services)

धीरे-धीरे सीखने वाले छात्रों के लिए विशेष निर्देशन सेवाओं की व्यवस्था की जाए।

VI. अभिभावकों का सहयोग (Cooperation of the Parents)

धीरे-धीरे सीखने वाले तथा पिछड़े बालकों की शिक्षा में शिक्षकों, अभिभावकों, विद्यालय परामर्शदाता, विद्यालय चिकित्सक तथा समाज सेवकों आदि सबको सम्मिलित रूप से कार्य करना चाहिए जिससे इन श्रेणियों के छात्रों के पिछड़ेपन के कारणों की सही-सही खोज की जा सके और प्रत्येक पिछड़े छात्र के उपचार के लिए उपयुक्त उपचारों का उपयोग किया जा सके।

12.7 धीमी गति से सीखने वाले तथा उपलब्धियों में पीछे रहने वाले छात्रों की शिक्षा संबंधी सामान्य दिशा-निर्देश (General Guidelines for the Education of Slow Learners and Under Achievers)

1. ऐसे बालकों की पहचान शीघ्र से शीघ्र की जानी चाहिए।
2. इन बच्चों के साथ कार्य करने में 'धीरज' शब्द प्रधान है।
3. इस प्रकार के बालकों के संबंध में अधिकाधिक जानकारी प्राप्त करनी चाहिए।
4. धीरे-धीरे सीखने वाले बालकों के लिए आवश्यकतानुसार विशेष कक्षाओं का आयोजन होना चाहिए।
5. उनके पूर्ण पृथक्करण की अपेक्षा आंशिक पृथक्करण लाभदायक है। स्कूल के अन्य कार्यक्रमों जैसे प्रार्थना-सभा, खेल-कूद आदि में उन्हें भाग लेने के लिए प्रेरित किया जाए।
6. उन्हें प्रश्न भली प्रकार समझाए जायें तथा समस्या को सुलझाने के लिए उदाहरण का प्रयोग किये जाये।
7. ऐसे बच्चों को दिया जाने वाला शैक्षिक कार्य छोटी-छोटी इकाइयों में बँटा होना चाहिए।
8. अभ्यास कार्य पर्याप्त होना चाहिए।
9. मुख्य बातों का संक्षिप्त विवरण दिया जाना चाहिए।
10. इनकी रुचियों का पता लगाना चाहिए।
11. समय-समय पर जब वे अपना कार्य अच्छी प्रकार करें, इनकी तारीफ करनी चाहिए।
12. इन्हें अच्छे उपकरण दिये जाने चाहिएं।
13. इनकी निगरानी अच्छी प्रकार होनी चाहिएं।
14. इन्हें पढ़ाने में दृश्य श्रव्य साधन प्रयोग किये जाने चाहिएं।
15. पढ़ाई के विषय कैरियर मास्टर की सहायता से बालकों को चुनने चाहिए।
16. स्कूल के अन्य कार्यक्रम जैसे मनोरंजन कार्यक्रम, खेल-कूद, ड्रामा, गायन, कला आदि सब बालकों के लिए समान रूप से होने चाहिए।
17. बालकों की भलाई में लगे हुए सभी व्यक्तियों को सहयोग की भावना से कार्य करना चाहिए।

13

अधिगम अयोग्यताओं/निर्योग्यताओं वाले बच्चे
(Children with Learning Disabilities)

13.1 अधिगम अयोग्यता/निर्योग्यता का अर्थ (Meaning of Learning Disability)

अधिगम निर्योग्यता वाले वे बच्चे होते हैं जो अधिगम सम्बन्धी गम्भीर कठिनाइयों से पीड़ित होते हैं। इस शब्द का सर्वप्रथम प्रयोग वर्ष 1960 में अमेरिका के नगर न्यूयार्क में अभिभावकों की सभा में सेम्युल किर्क (S. Kirk) ने किया। अधिगम निर्योग्यता के अधिगम के विभिन्न पक्षों को जानने के लिए आवश्यक है कि इसकी विभिन्न परिभाषाओं पर विचार किया जाए:

1. *किर्क (Kirk)*: "अधिगम निर्योग्यता से तात्पर्य है वाणी, भाषा, पठन, शब्दार्थ लेखन अथवा अंकगणित की प्रक्रियाओं में एक से अधिक विकार अथवा कठिनाई।"

2. *अधिगम अयोग्यता वाले बच्चों के अमेरिकन संघ 1967 (U.S. Association of Children with Learning Disabilities)*: "अधिगम अयोग्यता वाले वे बच्चे होते हैं जिनकी केन्द्रीय स्नायु प्रणाली (Central Nervous System) उचित रूप से काम नहीं करती है, जो मुख्य रूप से क्षतिग्रस्त अधिगम कुशलता में प्रदर्शित होती है।"

3. *विकलांगों के लिए यू.एस.ए. की राष्ट्रीय सलाहकार समिति–1969 (National Advisory Committee of the USA for the Handicapped–1969)*: "विशिष्ट अधिगम निर्योग्यता का अर्थ है, समझने में या मौखिक या लिखित भाषा में आधारभूत मनोवैज्ञानिक प्रक्रियाओं में एक या अधिक गड़बड़ी जो सुनने, सोचने, बोलने पढ़ने लिखने, शब्द-जोड़ या गणित सम्बन्धी गणना करने में प्रकट होती है।"

4. *विश्व न्यूरालोजी संघ (World Federation of Neurology)*: "परम्परागत अनुदेशन, पर्याप्त बुद्धि तथा सामाजिक-सांस्कृतिक सुअवसर के होते हुए भी अधिगम में प्रकट की गई कठिनाई को अधिगम निर्योग्यता की संज्ञा दी जाती है। यह कठिनाई मूलभूत ज्ञानात्मक निर्योग्यताओं पर निर्भर रहती है जिनकी उत्पत्ति प्रायः शरीर रचना से होती है।"

5. *कवाले तथा फॉरनेस (Kavale and Forness)*: "अधिगम अयोग्यता वाले व्यक्ति अपने समान (बराबर के) व्यक्तियों की भाँति अथवा उन जैसी कुशलता से नहीं सीखते हैं, चाहे इनमें से अधिकांश की बुद्धि सामान्य होती है। इनकी शैक्षिक उपलब्धता

अपने सहपाठियों से पिछड़ी रहती है। कुछ गणित सीखने में कठिनाई का अनुभव करते हैं परन्तु अधिकांश छात्रों को पढ़ने तथा लिखने में दक्षता एक चुनौती है।"

13.2 अधिगम निर्योग्यता छात्रों की विशेषताएँ (Characteristics of Students in the Learning Disabilities)

निम्नलिखित विशेषताएँ प्रकट होती हैं:

1. क्षमता तथा कार्यप्रदर्शन में अन्तर (Gap Between Potential and Performance)
2. केन्द्रीय स्नायु प्रणाली में दोष (Dyfunctional Central Nervous System).
3. निम्न कुशलता (Low Efficiency)
4. गम्भीर अधिगम समस्याएँ (Serious Learning Problems)
5. ज्ञानात्मक विकृतियाँ (Cognitive Disorder) जो ध्यान, चिन्तन स्मरण-शक्ति, बोध, तर्कशक्ति, सृजनशीलता आदि में प्रकट होती हैं।
6. अभिप्रेरणा का अभाव (Lack of Motivation)
7. संवेगात्मक समस्याओं से पीड़ित (Afflicted with Emotional Problems)
8. विशेष शिक्षा/प्रशिक्षण की आवश्यकता (Need for Special Education and Training)
9. कुसमायोजन (Maladjustment)
10. अधिगम व्यूह रचना का अभाव (Lack of Learning Strategy)
11. अतिक्रियाशीलता (Hyperactivity) अर्थात् गामन व्यवहार जो कि प्रतीत नहीं होते हैं परन्तु प्राय: विघटनकारी होते हैं।
12. संवेगात्मक अस्थिरता (Emotional Instability)
13. अवधान का विचार (Disorder of Attention)
14. सामान्य समन्वय का अभाव (Lack of General Co-ordination)
15. स्मृति तथा चिन्तन में विकार (Disorder of Memory and Thinking)

13.3 अधिगम अयोग्यता वाले बच्चों के अवधारणा तथा अतिक्रियाशीलता की समस्याएँ (Attention and Hyper Activity Problems of Children with Learning Disability)

1. बाह्य उद्दीपकों (Stimulus) से शीघ्र विचलित हो जाना।
2. एक कार्य अपूर्ण छोड़ कर दूसरा करने लग जाना।
3. प्राय: ज्यादा बात करना।
4. दूसरों की बात में बीच में व्यवधान उत्पन्न करना।
5. प्राय: जो कुछ कहा जाए, उसकी अनसुनी करना।
6. आवश्यक वस्तुओं को प्राय: खोना।
7. प्रश्न समाप्त होने से पहले उत्तर देने का प्रयास करना।
8. एक ही स्थान पर वांछित समय तक न बैठ सकना।

13.4 अधिगम निर्योग्यता के कारण (Causes of Learning Disabilities)

1. जैव एवं जीववैज्ञानिक कारक (Organic and Biological Factors)—मस्तिष्क की विकृत क्रिया।
2. आनुवंशिक कारक (Genetic Factors)
3. पर्यावरणीय कारक (Environmental Factors)
4. परिपक्वता विलम्ब (Maturation Delay)
5. पौषणिक न्यूनताएँ (Nutritional Deficiencies)

13.5 अधिगम निर्योग्यता का मापन (Measurement of Learning Disability)

अधिगम निर्योग्यता मापन के लिए निम्न चार विधियों का प्रयोग किया जाता है:

1. मानकीकृत उपलब्धि परीक्षण (Standardised Performance Test)
2. प्रक्रिया परीक्षण (Process Test)
3. अनौपचारिक पठन अनुसूचियाँ (Informal Reading Inventories)
4. रचनात्मक मूल्यांकन विधियाँ (Formative Evaluation Methods)

13.6 विशिष्ट क्षेत्रों में अधिगम अयोग्यताएँ (Learning Disabilities in Specific Area)

I. भाषाओं में अधिगम अयोग्यताएँ (Learning Difficulties in Languages)

भाषाओं में प्राय: निम्न प्रकार की अयोग्यताएँ दृष्टिगोचर होती है:

1. विलम्बित मौखिक भाषा (Delayed Spoken Language)
2. पढ़ने में समस्याएँ (Problems in Reading the Language)
   (i) शुद्धता में कमी (Lack of Accuracy)
   (ii) कम गति (Lack of Speed)
   (iii) समझ के साथ न पढ़ना (Lack of Comprehension)
3. लिखने में समस्याएँ (Writing Problems)
   (i) शब्द जोड़ों में बार-बार गलती करना (Repeated Spelling Errors)।
   (ii) अक्षर का नाम बताने में त्रुटियाँ (Erros in Letter Writing)
4. सुनने में समस्याएँ (Problems in Hearing)
   (i) ध्वनि की जानकारी का अभाव (Lack of Awareness in Sounds)
   (ii) छपे हुए शब्दों को सीखने तथा स्मरण करने में कठिनाई (Difficulty in Learning and Remembering Printed Words)
5. हस्तलेखन में कठिनाईयाँ (Difficulties in Handwriting)
   (i) तिरछा हस्तलेख।
   (ii) पढ़ा न जाने वाला हस्तलेखन।
   (iii) टेढ़ा-मेढ़ा हस्तलेख।

II. गणित में अयोग्यताएँ (Difficulties in Mathematics)

(i) गणना करने में कठिनाई (Difficulties in Calculations)

(ii) चरणों में क्रमबद्ध करने में कठिनाई (Difficulty in Sequance of Steps)

(iii) गलत क्रिया (Wrong Operation) छात्र जोड़ने के स्थान पर घटा देता है।

(iv) त्रुटिपूर्ण विधि विशेष (Defective Algorithm): यदि छात्र 12+16 के बिना स्थान मूल्य को जोड़ता है, तब इस प्रकार की त्रुटि होती है। वह 1+2+1+6 जोड़कर बता सकता है।

(v) अमूर्त चिन्तन की समस्याएँ (Abstract Thinking Problems)

(vi) स्मृति समस्याएँ (Memory Problems)

(vii) पठन समस्याएँ (Reading Problems)

(viii) अंकों की दूरी में कठिनाई (Spacing Problems)

13.7 पठन निर्योग्यता की विशेषताएँ अथवा पठन निर्योग्यता के लक्षण (Characteristics of Symptoms of Reading Disability)

1. बोध की कठिनाइयाँ-दिए गए गद्यांश को न समझ पाना।
2. औसत बुद्धि।
3. प्रवाह से न पढ़ सकना।
4. अपनी इच्छा से न पढ़ना।
5. लिखावट का असमान तथा बेढंगी होना।
6. बोलने में कठिनाई का होना।
7. हकलाहट, (Shuttering) तथा तुतलाहट (Lisping) का होना।
8. अक्षरों का भेद न कर पाना जैसे कि 'क' एवं 'फ' तथा 'भ एवं 'म', 'घ' एवं, 'ध' आदि।

13.8 उपचारात्मक उपाय (Remedial Measures)

1. विद्यार्थी के सम्मुख ठीक प्रकार से तेज आवाज से पढ़ना।
2. प्रत्येक दिन मौन पठन के लिए कुछ मिनट देना।
3. छात्रों को आदर्श कहानियों की पुस्तकें उपलब्ध कराना।
4. विभिन्न लेखन विधियों का उपयोग करना।
5. नए शब्द भण्डार छात्रों के सम्मुख प्रस्तुत करना।
6. कार्य-पुस्तिकाओं (Work-books) द्वारा सम्बन्धित कौशलों का अभ्यास कराना।
7. पाठ की प्रभाविकता का मूल्यांकन करना।

13.9 अधिगम निर्योग्यता बच्चों की सामान्य हस्तलेखन त्रुटियाँ (Common Handwriting Errors of Children with Learning Disabilities)

1. डॉ. हंसराज पाल तथा डा. आशा पाल ने वालेस एवं लार्सेन (1978) द्वारा दी गई निम्नलिखित हस्तलेखन त्रुटियों का उल्लेख किया है:

सामान्य हस्तलेखन त्रुटियाँ (Common Handwriting Errors)

क्रम संख्या	दोष	*कारण*
1.	बहुत ज्यादा तिरछी	(i) लिखने वाला हाथ शरीर के बहुत पास होना। (ii) अंगूठा ज्यादा चिपका होना। (iii) निबका बिन्दु अंगुलियों से ज्यादा दूर होना। (iv) पेपर की गलत दिशा होना।
2.	बहुत ज्यादा सीधी लिखाई	(i) भुजा का शरीर से ज्यादा दूर रखना। (ii) निब के अधिक पास अंगुलियाँ (iii) अकेली तर्जनी अंगुली का पेन को निर्देशित करना (iv) कागज को गलत स्थिति में रखना।
3.	ज्यादा गहरा लेखन	(i) तर्जनी अंगुली को ज्यादा दबाना। (ii) गलत आकार का पेन उपयोग करना। (iii) अत्यन्त अल्प व्यास के पेन का उपयोग करना।
4.	ज्यादा हल्का लेखन	(i) पेन का ज्यादा सीधा होना। (ii) पेन के बिन्दु का एक ओर होना। (iii) पेन का बहुत ज्यादा व्यास का होना।
5.	ज्यादा कोणीय लिखाई	(i) अंगूठे का ज्यादा चिपका होना। (ii) पेन को ज्यादा हल्का पकड़ना। (iii) अत्यन्त धीमा संचलित होना (iv) अत्यन्त धीमा संचलित होना।
6.	ज्यादा अनियमित लेखन	(i) गति में स्वतंत्रता की कमी का होना। (ii) हाथ का अत्यन्त धीमा संचालन संचलन। (iii) असुविधाजनक अथवा गलत स्थिति।

13.10 हस्तलेखन के अधिगम अयोग्यताओं को दूर करने के उपाय (Remedial Measures for Removing Learning Disabilities in Handwriting)

1. छात्रों को इस बात का अभ्यास कराया जाए कि किस प्रकार अंगूठे और बीच वाली उंगली के बीच कलम अथवा बॉल पेन अथवा पैंसिल का उपयोग किया जाए।
2. सीधी रेखाओं में लिखने का छात्रों को अभ्यास कराना।
3. छात्रों को अक्षरों के आकार की जानकारी देना तथा अभ्यास कराना।
4. छात्रों को समझाना कि जहाँ तक हो सके, लिखित कार्य में शब्द को न काटा जाए।
5. छात्रों को बताया जाए कि प्रत्येक अक्षर स्पष्टता से लिखा जाए।
6. विशेष कक्षाओं की व्यवस्था करना।
7. विशेष विद्यालयों की स्थापना करना।
8. वातावरण में सुधार कराना।

9. मांस-पेशियों को मजबूत बनाने के लिए हस्तकौशल वाले अभ्यासों का उपयोग किया जाए।

13.11 अधिगम अयोग्यताओं वाले छात्रों की चिन्तन तथा तार्किक योग्यता के सुधार के उपाए (Remedial Measures for the Improvment of Thinking and Reasoning Ability of Students with Learning Disabilities)

नीचे लिखे उपाय छात्रों की चिन्तन तथा तार्किक योग्यता के सुधार में सहायक सिद्ध हो सकते हैं:

1. सरल चिन्तन से शनैः शनैः कठिन चिन्तन सम्बन्धी सामग्री का प्रयोग करना।
2. आरम्भ में छात्रों को दी जाने वाली सामग्री पर सरल प्रश्न पूछना।
3. दी जाने वाली सामग्री की समानताओं तथा असमानताओं के अन्तरों का पता लगाने का अभ्यास कराना।
4. गलत उत्तर देने पर छात्रों को न ताड़ना बल्कि हौसला बढ़ाना।
5. दी गई सामग्री को पुरानी सामग्री से जोड़ना।
6. छात्रों को विभिन्न प्रकार की गतिविधियों चाहे वे गैर अनुदेशनात्मक हों, भाग लेने के लिए प्रेरित करना।

13.12 अधिगम निर्योग्यता वाले बच्चों सम्बन्धी उपयोग की जाने वाली शिक्षण अधिगम व्यूह रचनाएँ (Teaching-Learning Strategies to be Used in Relation to Children with Learning Disabilities)

1. *पहचान करना (Identification)*: अधिगम निर्योग्यता की पहचान करना।

2. *कार्यों की पहचान करना (Indentify Tasks)*: उपयुक्त कार्यों की पहचान करना जिन्हें अधिगम अयोग्यता वाले छात्र स्वयं पूरा कर सकते हैं।

3. *स्वःअभ्यास (Self-Practice)*: छात्रों को स्वयं अभ्यास करने के लिए प्रेरित करना तथा अवसर प्रदान करना।

4. *व्यक्ति भिन्नताओं की जानकारी (Knowldege of Individual Differences)*: प्रत्येक छात्र की व्यक्तिगत सीमाऐं होती हैं। उन्हें जानना बहुत आवश्यक है।

5. बहु-इन्द्रिय उपागम (Multi-sensory Approach): विभिन्न इन्द्रियों के प्रशिक्षण की व्यवस्था की जानी चाहिए।

6. *मूर्त पाठ्य सामग्री (Concrete* Reading Material) निर्योग्यता वाले छात्रों के लिए जहाँ तक सम्भव हो, मूर्त सामग्री प्रयेग में लायी जाए।

7. *'नमूने' (आदर्श) प्रस्तुत करना (Demonstrating Ideals)*: छात्रों को कार्य के उत्तम नमूनों से परिचित कराया जाए।

8. *सहयोग (Cooperation)* सभी छात्रों का योग्यता वाले तथा अयोग्यता वाले छात्रों को मिल-जुल कर कार्य करने के लिए प्रोत्साहित किया जाए।

9. *प्रतिबद्धता (Commitment)*: अयोग्यता वाले छात्रों के प्रति अध्यापकों की प्रतिबद्धता बहुत आवश्यक है।

10. *सतत् मूल्यांकन* (*Continuous Evaluation*): अयोग्यता वाले छात्रों के लिए प्रतिपुष्टि की निरन्तर आवश्यकता रहती है।

11. *मार्गदर्शन तथा परामर्श* (*Guidance and Counselling*): अयोग्यता वाले छात्रों के लिए विशेष मार्गदर्शन तथा परामर्श की सुविधाएँ प्रदान की जानी चाहिएँ।

13.13 अधिगम निर्योग्यताओं वाले बच्चों सम्बन्धी प्रामाणिक परीक्षण (Standardised Tests Relating to Students with Learning Difficulties)

1. *पढ़ने सम्बन्धी कैलेफोर्निया अचिवमेंट टेस्ट* (*California Achievement Test in Reading*): यह टेस्ट इन बातों का आकलन करता है: शब्द विशलेषण (ii) शब्द भण्डार (iii) शब्द बोध।

2. *आयोवा टेस्ट ऑफ बेसिक स्किल* (*Iowa Test of Basic Skill*): यह टेस्ट शब्द विश्लेषण, शब्द भण्डार तथा कार्य-अध्ययन कौशलों का अध्ययन करता है।

3. *गेटस मैक्किलिप का पठन निदानात्मक टेस्ट* (*Gates McKillop's Reading Diagnostic Test*)

4. बैट्टी मैडेन तथा गार्डनर का स्टैनफॉर्ड निदानात्मक अंकगणित टेस्ट (Stanford Diagnostic Arithmetic Test of Betty, Madden and Gardener)

5. ड्येरल का पठन कठिनाई विश्लेषण (Durrell's Analysis of Reading Difficulty)

6. मारगरित पीटर्ज को देखने समझने, लिखने, जाँच करने की विधि (Margaret's Look, Understand, Write, Check Method)

7. शर्मा तथा शुक्ला की दशमल पद्धतियों और प्रशिक्षतों में निदानात्मक टेस्ट (Sharma and Shukla's Diagnostic Test in Decimal Systems and Percentages)

14

मानसिक क्षति वाले तथा संवेगात्मक समस्या वाले बालक
(Children with Mental and Emotional Problems)

14.1 मानसिक क्षति वाले अथवा मानसिक रूप से पिछड़े अथवा मन्दबुद्धि वाले बच्चे तथा उनकी शिक्षा
(Education of Children with Mentally Impairment and their Education)

मानसिक क्षति वाले तथा मन्दबुद्धि वाले छात्रों की उपयुक्त शिक्षा के लिए आवश्यक है कि पहले उन के मर्म को जाने लिए जाए।

14.2 मन्दबुद्धि वाले बालकों से अभिप्राय
(Meaning of Mentally Challenged/Retarded Children)

मन्दबुद्धि वाले बालक ऐसे होते हैं जिनकी मानसिक क्षमताएँ और योग्यताएँ सामान्य बालकों की तुलना में इतनी कम पायी जाती हैं कि उन्हें अपने-आप से तथा अपने वातावरण के साथ समायोजित होने में काफी कठिनाईयों का सामना करना पड़ता है, उन पर विशेष ध्यान और शिक्षा-दीक्षा की आवश्यकता पड़ती है।

मानसिक क्षति वाले बच्चों को विभिन्न नामावली दी गई है। उन्हें मानसिक क्षतिग्रस्त/मानसिक मन्दबुद्धि वाले बालक तथा मानसिक रूप से पिछड़े बालक भी कहा जाता है।

14.3 मन्दबुद्धि अथवा मानसिक रूप से पिछड़े बालकों की बुद्धि-लब्धि
(I.Q. of Mentally Challenged Children)

जिन छात्रों की बुद्धि-लब्धि I.Q 90 से कम होती है, उन्हें प्राय: इस श्रेणी में रखा जाता है। इनकी बुद्धि-लब्धि 90 से जितनी कम होती चली जाती है उसी रूप में इनकी मन्दबुद्धिता या मानसिक पिछड़ापन बढ़ता चला जाता है।

14.4 मानसिक मन्दता के उत्तरदायी कारक
(Factors Responsible for Mental Retardation)

1. दुर्घटना *(Accident)*: दुर्घटनाओं के कारण मस्तिष्क में चोट लग सकती है और इस चोट के कारण बालक मन्दित हो सकते हैं। जन्म के समय भी बालक के मस्तिष्क

को चोट लग सकती है। कई बार अपरिपक्व बच्चे ही पैदा होते हैं और यह भी मन्दता का कारण होता है।

2. *संक्रमक रोग* (Infectious diseases): संक्रामक रोग जैसे–पोलियो, कुकुर खाँसी (Whooping cough), मस्तिष्क शोध (Encephalitis) आदि से पीड़ित बच्चों को भी मन्दित होते हुए पाया गया है।

3. *जनन सम्बन्धी* (Genetics): जनन संबंधी गड़बड़ियाँ भी मन्दित होने का कारण हैं।

4. *उपापचय* (Metabolism): उपापचय की गड़बड़ियाँ भी मानसिक मन्दता का कारण हो सकती हैं।

14.5 मन्दित बालकों के प्रकार तथा शिक्षा
(Types of Children with Intellectual Impairments and Education)

मन्दित बालकों को मुख्यतया चार भागों में बाँटा जा सकता है:

1. मन्द अधिगमकर्त्ता (Slow Learners)
2. शिक्षा योग्य मन्द बालक (Educable Mentally Retarded Children)
3. प्रशिक्षण योग्य मन्दित बालक (Trainable Retarded Children)
4. पूर्णतया आश्रित मन्दित बालक (Totally Dependent Retarded Children)

1. *मन्द अधिगमकर्त्ता*: सच पूछा जाए तो ऐसे बालकों को मन्दित बालक नहीं कहना चाहिए। क्योंकि वे केवल सीखने में ही मन्द हैं और प्राय: सामान्य कक्षाओं में ही सीखने में असमर्थ हैं किन्तु इनके पढ़ाने की अलग व्यवस्था और व्यक्तिगत व्यवस्था करके उन्हें सामान्य बालकों के स्तर तक लाया जा सकता है। अत: वे किसी प्रकार समाज पर भार नहीं हैं, वे पढ़-लिखकर अपने पैरों पर खड़े हो सकते हैं और समाज में अच्छा समायोजन स्थापित कर सकते हैं।

2. *शिक्षा योग्य मन्दित बालक*: इस श्रेणी में वे मन्दित बालक आते हैं जो किसी भी प्रकार सामान्य कक्षाओं में पढ़कर लाभ नहीं उठा सकते। उनके विकास के लिए अलग शिक्षा की व्यवस्था करनी पड़ेगी क्योंकि ऐसे बालकों की मानसिक आयु उसी उम्र के औसत बच्चों की मानसिक आयु की तुलना में 1/2 से 3/4 तक होती है; अत: उनकी शिक्षा में निम्नलिखित बातों की ओर विशेष ध्यान देना पड़ेगा:

(i) इनकी शिक्षा में शैक्षिक (Academic) सामग्रियों पर कम समय दिया जायेगा।
(ii) अधिगम के यांत्रिक साधनों पर अधिक समय दिया जायेगा।
(iii) शिल्प (Craft) सिखाने के लिए अतिरिक्त समय दिया जायेगा।
(iv) सामाजिक शिक्षा और समायोजन के लिए भी अतिरिक्त समय दिया जायेगा।
(v) इनकी कक्षा में कम बच्चों को रखा जायेगा।
(vi) शैक्षिक दृष्टि से इनका पाठ्यक्रम निम्नलिखित तक ही सीमित रहेगा:
  (a) पढ़ना-लिखना (बुनियादी विषय), नागरिकता का ज्ञान।
  (b) किसी साधारण व्यवसाय के लिए शिक्षा।

3. *प्रशिक्षण योग्य मन्दित बालक*: ऐसे बालकों की मानसिक आयु अपनी वास्तविक आयु से आधे से भी कम होती है, अत: इनके लिए किसी भी प्रकार का शैक्षिक (Academic) कार्यक्रम या पाठ्यक्रम रखना व्यवहारिक नहीं होगा। इन्हें तो निम्नलिखित बातों में प्रशिक्षण देना ही पर्याप्त होगा:

(i) खेलकूद में विकास।
(ii) बातचीत कर सकें, इसके लिए प्रशिक्षण।
(iii) स्वप्रेरणा से कुछ कार्य कर सकें; इसके लिए प्रोत्साहन।
(iv) समूह में रह सकें, इसके लिए प्रशिक्षण।
(v) माता-पिता का भार हल्का हो; इसके लिए प्रशिक्षण अर्थात् उन्हें ऐसे क्रियाकलापों की शिक्षा दी जाये कि घर में आसानी से वे दूसरों के साथ रह सकें।

4. *पूर्णतया आश्रित मन्द बालक*: वे ऐसे बालक हैं जिनकी बुद्धि इतनी अधिक कम है कि उन्हें किसी प्रकार का प्रशिक्षण देना भी संभव नहीं है। वे पूर्णतया आश्रित होते हैं; कुछ नहीं कर पाते; वे सामाजिक समायोजन के लिए पूर्णतया अयोग्य हैं; अतः इनके लिये एक ही कार्यक्रम हो सकता है, वह यह है कि उनको सहायता एवं सुरक्षा प्रदान की जाए।

14.6 मन्दबुद्धि बालकों की शिक्षा सम्बन्धी दिशा-निर्देश (Guidelines for the Mentally Challenged Students)

1. इन बच्चों के साथ कार्य करने में 'धीरज' शब्द प्रधान है। इनके अध्यापकों को निर्देशन का अर्थ तथा नियमादि भली प्रकार प्रतीत होने चाहिए, तभी वे इन बालकों को अच्छी तरह पढ़ा सकते हैं तथा निर्देशन दे सकते हैं। इन बच्चों को निर्देशन देने के लिए प्रत्येक स्कूल में गाइडेंस काउंसलर होना चाहिए।
2. धीरे-धीरे सीखने वाले बालकों के सम्बन्ध में अधिकाधिक जानकारी प्राप्त करनी चाहिए।
3. धीरे-धीरे सीखने वाले बालकों के लिए विशेष कक्षाओं का आयोजन होना चाहिए।
4. पूर्ण पृथक्करण की अपेक्षा आंशिक पृथक्करण लाभदायक है। स्कूल के अन्य कार्यक्रमों जैसे–प्रार्थना-सभा, खेल-कूद आदि में उन्हें भाग लेना चाहिए।
5. उन्हें प्रश्न भली प्रकार समझाए जायें तथा समस्या को सुलझाने के लिए उदाहरण प्रयोग किये जाएँ।
6. बच्चों को दिया जाने वाला काम छोटी-छोटी इकाइयों में बँटा होना चाहिए।
7. अभ्यास कार्य पर्याप्त होना चाहिए।
8. मुख्य विषयों का संक्षिप्त विवरण दिया जाना चाहिए।
9. इन बच्चों को काफी समय मिलना चाहिए जिससे वे अपने-आपको समझ सकें।
10. इनकी रुचियों का पता लगाना चाहिए।
11. इनकी समय-समय पर, जब वे अपना कार्य अच्छी प्रकार करें, प्रशंसा करनी चाहिए।
12. इन्हें अच्छे उपकरण दिए जाने चाहिए।
13. इनकी निगरानी अच्छी प्रकार होनी चाहिए।
14. पढ़ाने में दृश्य-श्रव्य साधन प्रयोग किये जाने चाहिए।
15. पढ़ाई के विषय काउंसलर की सहायता से बालकों को चुनने चाहिए।
16. स्कूल के अन्य कार्यक्रम जैसे–मनोरंजन कार्यक्रम, खेल-कूद, ड्रामा, गायन, कला आदि सब बालकों के लिए समान रूप से होने चाहिए।
17. बालकों की भलाई में लगे हुए सभी व्यक्तियों को सहयोग की भावना से कार्य करना चाहिए।

सारांश: धीरे-धीरे सीखने वाले तथा पिछड़े बालकों की शिक्षा में शिक्षकों, अभिभावकों, विद्यालय परामर्शदाता, विद्यालय चिकित्सक तथा समाजसेवकों आदि सबको सम्मिलित रूप से कार्य करना चाहिए जिससे इन श्रेणियों के छात्रों के पिछड़ेपन के कारणों की सही-सही खोज की जा सके और प्रत्येक पिछड़े छात्र के उपचार के लिए उपयुक्त उपचारों का उपयोग किया जा सके।

14.7 विशेष विद्यालयों की उचित व्यवस्था (Adequate Arrangement of Special Schools)

विशेष विद्यालयों की समुचित व्यवस्था पर भी पूरा ध्यान दिये जाने की आवश्यकता है। इन विद्यालयों की व्यवस्था का उत्तरदायित्व विशेष प्रकार की योग्यता वाले व्यक्तियों को सौंपा जाना चाहिये। शिक्षा-दीक्षा से जुड़े हुये कर्मचारियों तथा अध्यापकों की ठीक प्रकार नियुक्ति की जानी चाहिये तथा उनमें बालकों के समायोजन तथा शिक्षा-दीक्षा से सम्बन्धित सभी आवश्यक सुविधाएँ जुटायी जानी चाहिये। मन्दबुद्धि बालकों का उचित रूप से वर्गीकरण करने की ओर भी ध्यान दिया जाना चाहिये तथा बालकों को अपने कम या अधिक पिछड़ेपन के अनुसार उचित समूहों में विभक्त करके ही शिक्षा-दीक्षा का प्रबन्ध किया जाना चाहिए। अपने-अपने योग्यता समूहों में ही रहकर उनकी विकास प्रक्रिया तथा समायोजन को सही दिशा प्रदान की जा सकती है। इन समूहों तथा समूह विशेष में शामिल बालकों की आवश्यकता के अनुकूल ही इनकी दिनचर्या, अधिगम अनुभव तथा शिक्षण विधियों की योजना बनाई जानी चाहिये। जहाँ तक हो सके इन विद्यालयों में मन्दबुद्धि बालकों की शिक्षा-दीक्षा से सम्बन्धित आधुनिकतम विधियों एवं तकनीकों का ही प्रयोग किया जाना चाहिए। प्रत्यक्ष अनुभवों तथा स्थूल सामग्री के प्रयोग पर बल दिया जाना चाहिए। सैद्धान्तिक ज्ञान की अपेक्षा क्रियात्मक अनुभवों पर जोर दिया। हस्तकला तथा उद्योगों की उचित व्यवस्था करके इन बालकों को आत्मनिर्भरता की ओर अग्रसर करने के प्रयत्न किये जाने चाहिए तथा उनके सामाजिक, संवेगात्मक एवं नैतिक विकास के लिये समुचित प्रबन्ध भी किये जाने चाहिए।

14.8 माता-पिता को शिक्षित करना (Educating the Parents)

सबसे पहले मन्दबुद्धि बालकों के माता-पिता द्वारा अपने बालकों की वास्तविक स्थिति तथा मन्दबुद्धिता को स्वीकार करने के प्रयत्न किये जाने चाहिए। उन्हें यह भी समझाया जाना चाहिए कि उनके स्नेह मात्र तथा आश्रय से बालक का विशेष भला नहीं हो सकता। वह सारी उम्र उन पर आश्रित ही बना रहेगा तथा परिवार और अपने लिए एक बोझ तथा परेशानी का कारण भी बना रहेगा। अत: उन्हें अपने स्नेह पर अंकुश लगाते हुए मन्दबुद्धि बालक की शिक्षा-दीक्षा के लिये स्थापित विशेष विद्यालयों में भर्ती करा देना चाहिये।

14.9 संवेगात्मक समस्या वाले बच्चों की शिक्षा (Education of Children with Emotional Problems)

संवेग का शिक्षा व बालक के जीवन में महत्त्वपूर्ण स्थान है। अच्छी शिक्षा के लिये के लिये संवेगों का नियन्त्रण या प्रशिक्षण भी आवश्यक है। कक्षा में इसका प्रशिक्षण

अध्यापक की सफलता पर निर्भर करता है कि वह संवगों का दमन, उनका विस्थापन या उनके उध्यवसाय को दिशा प्रदान करता है।

14.10 संवेगों का बालक के जीवन में महत्त्व (Significance of Emotions in the Life of Children)

बालक के जीवन में संवेगों का महत्त्वपूर्ण स्थान है। संतुलित ढंग से विकसित संवेग बालकों की प्रसन्नता को ही केवल नहीं बढ़ाते वरन् क्रियाशीलता हेतु उन्हें प्रोत्साहित करते हैं। वातावरण से उनका समायोग बढ़ाते हैं। अनुपयुक्त संवेग कभी-कभी उन्हें स्थायी रूप से अपंग भी बना सकते हैं। पाचनक्रिया तथा निद्रा आदि में सांवेगिक तनाव के कारण गड़बड़ी उत्पन्न हो जाती है जिसका शारीरिक विकास पर बुरा प्रभाव पड़ता है।

जिन बालकों का सामाजिक समायोजन भली-भान्ति नहीं होता है, वे दु:ख तथा हीनता की भावनाओं से ग्रस्त रहते हैं।

संवेग बालक के लिए लाभप्रद होंगे या हानिप्रद, यह संवेग के प्रकार तथा तीव्रता पर निर्भर रहता है। प्रमुख रूप से भय, क्रोध, जलन की भावना आदि दुखः पूर्ण संवेग हैं। साथ-ही-साथ वे बालक के विकास के लिए हानिकारक भी हैं। इसके विपरीत स्नेह, प्रसन्नता, खुशी, उत्सुकता आदि सुखपूर्ण संवेग हैं जो बालक के विकास मे सहायक व लाभप्रद हैं।

14.11 स्कूल में संवेगात्मक कुसमायोजन के कारण (Reasons for the Maladjustment of Children in School)

स्कूल के वातावरण में निम्नलिखित तत्त्व छात्रों के संवेगात्मक विकास पर बुरा प्रभाव डालते हैं:

1. स्कूल का दोषयुक्त भौतिक वातावरण।
2. स्कूल में दोषयुक्त शिक्षण विधियाँ।
3. अनुशासन सम्बन्धी दोषयुक्त ढंग।
4. अध्यापकों का दोषयुक्त संवेगात्मक व्यवहार।
5. छात्रों के व्यक्तिगत अन्तर को न समझना।
6. स्कूल में पर्याप्त पाठान्तर क्रियाओं का अभाव।
7. निर्धन छात्रों में निर्धनता के कारण हीन भावना का होना।
8. स्कूल में भावात्मक सुरक्षा का अभाव।
9. स्कूल में भय का वातावरण।
10. स्कूल में उचित सामाजिक वातावरण का अभाव।

14.12 संवेगों का नियन्त्रण अथवा प्रशिक्षण (Training of Emotions)

शिक्षा के क्षेत्र में छात्रों के संवेग बड़ा महत्त्व रखते हैं, उनके प्रशिक्षण अथवा नियन्त्रण पर ही अध्यापक की सफलता निर्भर करती है। संवेगों के उचित नियन्त्रण से व्यक्तित्व का तीव्र विकास होता है। संवेगों के नियन्त्रण के लिए कुछ प्रमुख विधियों का विवरण दिया जा रहा है:

1. *संवेगों का दमन* (*Represession*): संवेगों के दमन का अर्थ अपने अप्रिय, दु:खद और कष्टकारी घटनाओं, विचारों, इच्छाओं तथा प्रेरणाओं आदि को चेतना से जान-बूझकर निकालना। 'जो हुआ, सो हुआ' मानकर किसी अन्य कार्य में जुट जाना।

2. *संवेग का विस्थापन* (*Displacement*): इसके अन्तर्गत किसी वस्तु या विचार से सम्बन्धित संवेग किसी अन्य वस्तु या विचार में स्थानान्तरित हो जाता है। उदाहरण के लिए अपने बच्चे पर क्रोध व्यक्त न करके अपने कुत्ते या किसी अन्य पर क्रोध व्यक्त करना।

3. *अध्यवसाय* (*Industriousness*): छात्रों के संवेगों को नियन्त्रित करने या उचित दिशा देने का यह बहुत ही उत्तम ढंग है। छात्रों को इस प्रकार कार्य में लगाए रखा जाए कि उन्हें अप्रिय संवेगों के उत्पन्न होने और व्यक्त करने का समय ही न मिले। छात्र जब अपनी रुचि के अनुसार कुछ कार्यों को करने में व्यस्त रहते हैं तब उनमें संवेग कम उत्पन्न होते हैं।

संक्षेप में विद्यालय में संवेगों को सही दशा देने के लिए निम्न उपाय प्रयोग में लाए जाएं:

1. छात्रों की संवेगात्मक शक्तियों के विकास के लिए विद्यालय में प्रचुर मात्रा में विभिन्न प्रकार की पाठान्तर क्रियाओं का आयोजन किया जाए।
2. विद्यालय में स्नेह, सहयोग तथा सहनशीलता का वातावरण बनाया जाए।
3. पाठ्यक्रम तथा शिक्षण विधियों को प्रगतिशील तथा छात्र-केन्द्रित बनाया जाए।
4. सभी स्कूलों में विकलांगों के लिए व्यावसायिक प्रशिक्षण की पर्याप्त व्यवस्था की जाए।
5. शिक्षकों, विशेष तौर से प्राथमिक कक्षाओं के शिक्षकों के प्रशिक्षण के लिए कार्यक्रमों को भी नया रूप दिया जाए ताकि वे कम उम्र के विकलांग बच्चों की कठिनाइयों को ठीक तरह से समझ सकें।
6. विकलांगों की शिक्षा के लिए स्वैच्छिक प्रयासों को हर सम्भव तरीके से प्रोत्साहित किया जाए।

15

दृष्टिदोष, श्रवण दोष तथा हड्डी दोष बच्चों की शिक्षा
(Education of Visually, Hearing and Orthopaedically Impaired Children)

15.1 संवेदनतंत्रीय: दृष्टि–दोष तथा श्रवण दोष बच्चों का निर्देशन (Education of Children with Sensory Impairments: Visual Auditory)

15.2 दृष्टि–दोष से युक्त बालकों की परिभाषा (Definition of Visually Impaired Children)

दृष्टि–दोष से युक्त वे बालक हैं जिनमें दृष्टि के दोष हैं। इनको निम्न प्रकार से बाँटा जा सकता है:

1. ऐसी दृष्टिदोष वाले बालक जिनकी दृष्टि एक्यूटी (Visual Acuity) 20/70 तथा बिल्कुल नहीं होती है।
2. जिनकी दृष्टि एक्यूटी (Visual Acuity) 6/60 or 20/200 अथवा 20/200 (तेज दृष्टि) अच्छी आँख में चश्मे के साथ अधिक नहीं।
3. दृष्टि की सीमा 20 डिगरी कोण या इससे कम।
4. ऐसे बालक जो दृष्टि सम्बन्धी गम्भीर कठिनाइयों से ग्रस्त हैं।
5. ऐसे बालक जो नेत्र सम्बन्धी रोगों से प्राय: पीड़ित रहते हैं।

15.3 दृष्टि–दोष से ग्रस्त बालक (Children with Visual Impairments)

साधारणतया निम्नलिखित लक्षणों से दृष्टिगत दोषों का पता लगाया जा सकता है:

(i) छात्र का बराबर आँखें रगड़ना।
(ii) छात्र का पलकों के बाल नोचना।
(iii) छात्र का भौंह मलना।
(iv) छात्र की आँखों का लाल या गन्दी रहना।
(v) आँखों से पानी जाना।
(vi) छोटी वस्तुओं को बहुत नजर लगाकर देखना।

(vii) पुस्तक को आँखों के अत्यन्त निकट लाकर पढ़ना।
(viii) श्यामपट्ट पर लिखा ठीक प्रकार से दिखाई न देना।
(ix) एक वस्तु के दो प्रतिबिम्ब दिखाई देना।
(x) साधारण प्रकाश से चकाचौंध होना।
(xi) रंगों की पहचान न कर पाना।
(xii) थोड़ा पढ़ने पर ही सिर-दर्द हो जाना।
(xiii) धुँधला दिखाई देना।

15.4 उपचारिक सुझाव (Remedial Measures)

1. दृष्टि-दोष के पता लगते ही नेत्र-चिकित्सक से परामर्श लेना चाहिए तथा उसी के अनुसार कार्य किया जाना चाहिए।
2. ऐसे छात्रों को कक्षा में आगे की पंक्तियों पर बैठाना चाहिए।
3. कक्षा-कक्ष में उचित प्रकाश का प्रबन्ध किया जाए।
4. ऐसे छात्रों के भोजन पर भी विशेष ध्यान दिया जाना चाहिए।
5. ऐसे छात्रों को नियमित चिकित्सा के साथ-साथ विद्यालय की साधारण गतिविधियों में सामर्थ्यानुसार भाग लेने के अवसर प्रदान किए जाने चाहिए।
6. ऐसे छात्रों में किसी प्रकार की हीन भावना न आने दी जाए।
7. ऐसे छात्रों के लिए विशिष्ट कक्षाओं का भी प्रबन्ध किया जाना चाहिए।
8. गम्भीर दृष्टि-दोषों से ग्रसित छात्रों को निर्देशन प्रदान करने के लिए विद्यालय के सामान्य संचालन में ही नियमित रूप से दृष्टि संरक्षण कक्षाओं की व्यवस्था की जाए। इस प्रकार की कक्षाओं में बीस से अधिक छात्र नहीं होने चाहिए। वर्ष में समय-समय पर आकर नेत्र-चिकित्सक दृष्टि-दोषों की जाँच करें तथा उचित परामर्श दें।

15.5 अन्धे बच्चों की शिक्षा (Education of the Blind)

अन्धे बालकों के नेत्रेन्द्रिय न होने के कारण स्पर्शेन्द्रियों से पढ़ाने की व्यवस्था की जाती है। उनके पढ़ाने के लिए ब्रेल (Braille) प्रणाली का प्रयोग किया जाता है। जिसमें वर्णमाला के स्थान पर सब अक्षर छः उभरे हुए बिन्दुओं के विभिन्न प्रकार से दर्शाने से बनाये जाते हैं। बच्चे इन बिन्दुओं की स्थिति हाथ के स्पर्श से बना कर अक्षर संकेत समझ लेते हैं। अब भारतीय ब्रेल का भी विकास कर लिया गया है और ऐसे विकलांगों की शिक्षा का प्रबन्ध विशिष्ट विद्यालयों में किया जाता है।

अब इस बात पर बल दिया जाता है कि जहाँ तक सम्भव हो साधारण स्कूल में इस प्रकार की व्यवस्था की जाए कि अन्धे बालक कई कार्यक्रम जैसे प्रातः सभा, वाद-विवाद आदि सामान्य बालकों से साथ कर सकें ताकि उनका सामान्य जीवन के साथ समायोजन हो सके।

भारतीय ब्रेल प्रणाली का विकास किया गया है और इस प्रणाली का विकास नेत्रहीन विकलांगों के राष्ट्रीय संस्थान के विशेष प्रयासों से सम्भव हो पाया है। इसी के आधार पर शिक्षक-प्रशिक्षण तथा पुस्तक-उत्पादन सम्बन्धी कार्यक्रम भी प्रारम्भ किए हैं। ये उत्पादन

सभी सुधारों सहित दृष्टि विकलांगता श्रेणियाँ
[Visual Impairment Categories (All with corrections)]

	बेहतर दृष्टि	खराब दृष्टि	विकलांगता प्रतिशत
श्रेणी डी (Category D)	6/9–6/18	6/24 से 6/36 (6/24 to 6/36)	20%
श्रेणी I (Category I)	6/18–66/36	6/60 से शून्य (6/60 to Nil)	40%
श्रेणी II (Category II)	6/60–4/60 अथवा दृष्टि क्षेत्र 110–20 (6/60 to 4/60 or Field of vision 110-20)	3/60 से शून्य (3/60 to Nil)	75%
श्रेणी III (Category III)	3/60 से 1/60 अथवा दृष्टि क्षेत्र 100 (3/60 to 1/60 or Field of vision 100)	1 फुट पर एफ.सी. से शून्य (F.C. at 1ft. to Nil)	100%
श्रेणी IV अथवा सही दृष्टि वाले व्यक्ति (Category IV or Eyed Persons)	1 फुट पर एफ.सी. से शून्य F.C. at 1 ft. to Nil दृष्टि क्षेत्र 100 6/6 (Field of vision 100) 6/6	1 फुट पर एफ.सी. से शून्य (F.C. at 1 ft to Nil)	30%

कार्यक्रम नानाविध विषयों तथा स्कूल के अंदर तथा बाहर की आवश्यकताओं को ध्यान में रखते हुए और आगे बढ़ाये जाने चाहिए।

यद्यपि गणित एवं विज्ञान के लिए ब्रेल संकेतन के विकास का कार्य प्रारंभ किया जा चुका है लेकिन इस सम्बन्ध में अभी तक कोई विशेष प्रगति नहीं हुई है। विज्ञान एवं गणित की शिक्षा पर अधिक जोर देने के कारण गणित एवं विज्ञान के क्षेत्र में उपयोग के लिए व्यापक एवं प्रभावी कोड का विकास किया जाना अपेक्षित है।

15.6 ब्रेल लिपि (Braille)

ब्रेल लिपि एक ऐसी विधि है जिसके द्वारा अंधे व्यक्ति या जिन्हें कम नजर आता है, वह अक्षरों को छू कर पढ़ तथा लिख सकते हैं। इसका आविष्कार लुईस ब्रेल (Louis Braill–1809-1852), जो कि एक फ्रेंच अध्यापक थे, उन्होंने किया। वह पेरिस (France) में नेत्रहीन की राष्ट्रीय संस्था (National Institute for Blind) में कार्य करते थे। उन्होंने यह कार्य फ्रांस के सम्राट् नेपोलियन के कहने पर किया। इस विधि में उभरे हुए बिन्दुओं का कोष्ट होता है। एक कोष्ट में 6 उभरे बिन्दु 3×2 के सरूप में होते हैं, जिसमें साधारणतया 2 अक्षर समांतर (Horizontal) तथा 3 लम्बवत् (Vertical) होते हैं जैसा कि चित्र 15.1 में दर्शाया गया है। हर कोष्ट एक अक्षर, गिनती या चिन्हों को दर्शाता है। सामान्यता ब्रेल का एक पृष्ठ 11×11.5 इंच का होता है तथा उसमें 40 से 43 ब्रेल कोष्ठ एक लाईन में होते हैं तथा कुल 25 लाईनें होती हैं।

Alphabets in Braille

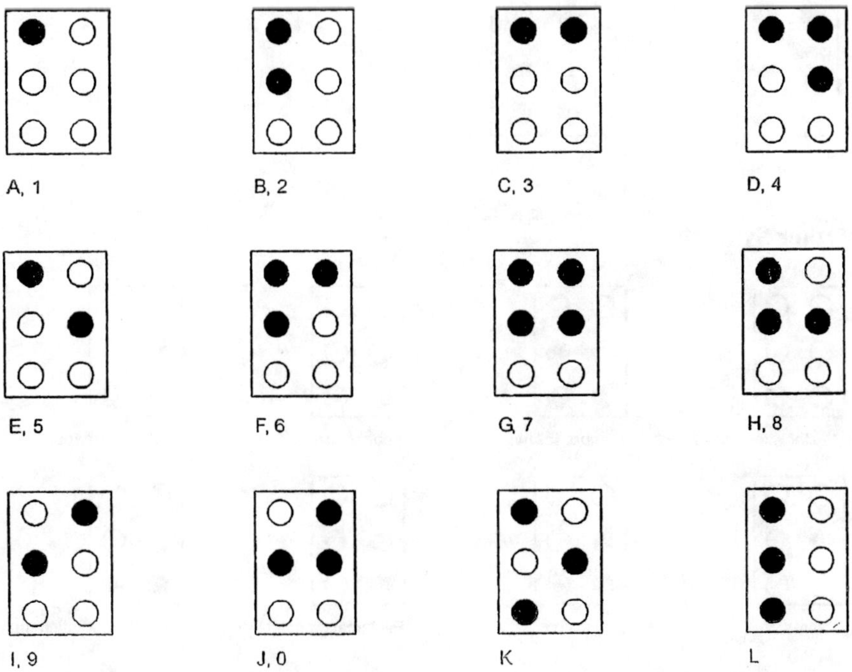

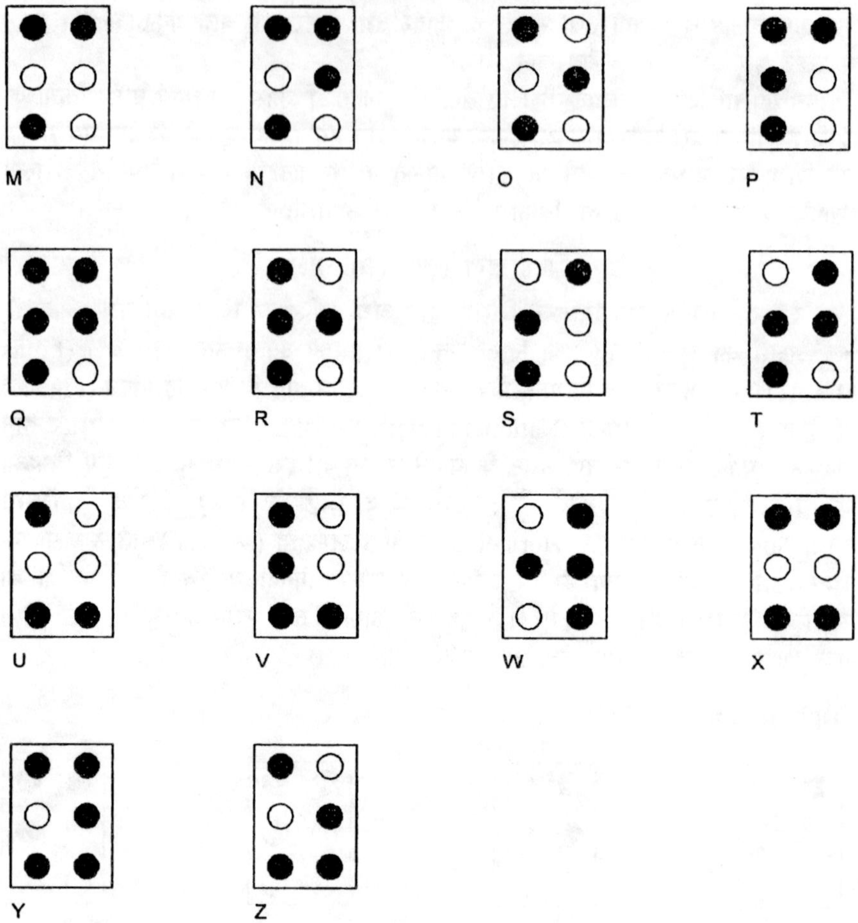

Other Symbols

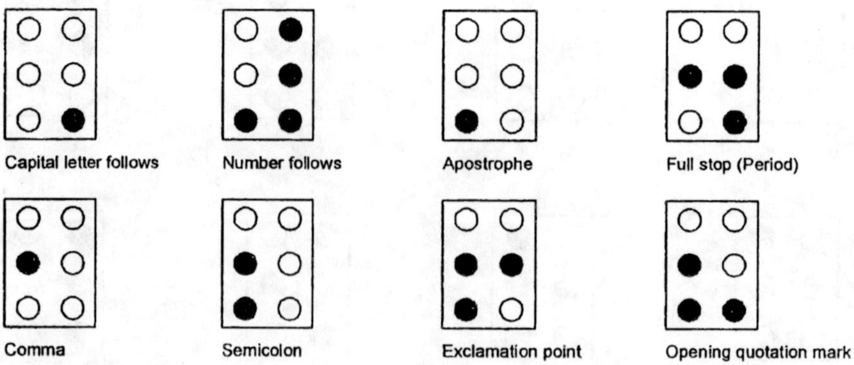

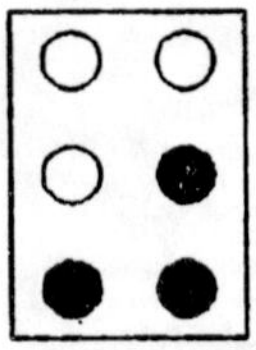

Closing quotation mark

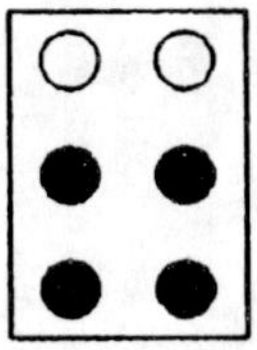

Bracket (Parentheses)

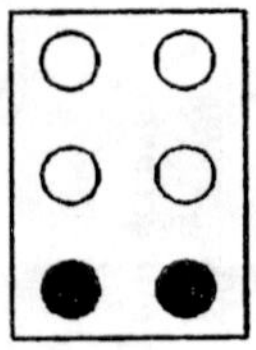

Hyphen

Sample Texts in Braille

Transliteration: "Be kind to others"

Sample Texts in Braille

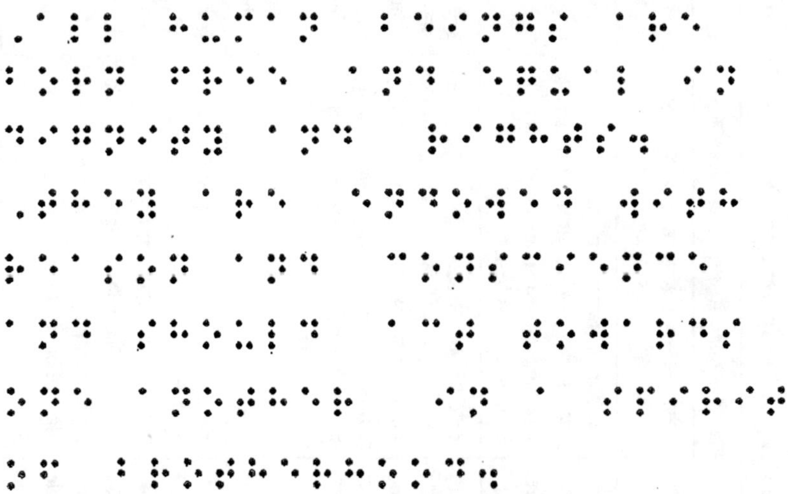

Transliteration: All human beings are born free and equal in dignity and rights. They are endowed with reason and conscience and should act towards one another in a spirit of brotherhood.

राष्ट्रीय दृष्टिहीन संस्थान, देहरादून
(National Institute of Visually Handicapped, Dehradun)

इस संस्थान की स्थापना 1971 में देहरादून में हुई। इस संस्थान में नेत्रहीनों के लिए चार इकाईयाँ हैं:

1. प्रशिक्षण विभाग (Training Department)
2. ब्रेल विभाग (Braille Department)
3. गतिशील विभाग (Mobility Department)
4. रोजगार विभाग (Employment Department)

संसाधन कक्ष के लिए उपस्कर की आवश्यकताएँ–उपस्कर तथा सामग्री की अक्षमता सूची
(Disability-wise Inventory of Equipment and Material Required for Resource Room)

अक्षमता (*Disability*)	सहायक सामग्री और उपस्कर (*Aids and Equipments*)			शैक्षिक सामग्री (*Instructional Material*)
	वैयक्तिक (*Individuals*)	स्कूल के अन्दर हिस्सेदारी (*Sharing within School*)	स्कूल के बीच हिस्सेदारी (*Sharing amongst Schools*)	
आर्थोपेडिक (Orthopaedic)	संयोजन योग्य फर्नीचर विशेष लेखन सामग्री, थिक पेन (Adjustable furniture, special writing, thick pen)	संशोधित प्राशथेटिक के विकास के लिए संयोजन योग्य फर्नीचर प्रावधान (Adjustable furniture, provision for development of improvised prosthetics)		
दृष्टि विकलांग नेत्रहीन (Visually impaired Blind)	ब्रेलस्लेट तथा स्टाइलस एबाकस, टेलर फ्रेम मोबिलिटी केंस (Braille slate and Stylus Abacus, Taylor frame, mobility canes)	ब्रेलर एबाकस, टेलर फ्रेम, कैसेट तथा टाकिंग बुक्स, मैप्स मनोरंजनात्मक सामग्री, एम्बास्ड मनोरंजनात्मक सामग्री (Brailler, Abacus, Taylor frame, Cassette and Talking books, Maps, Recreational Materials)	ब्रेल सीट्स थर्मोफार्म मशीन, इंदु ब्रेलर के लिए ब्रेलर अनुश्रवण सेवाएँ, एम्बास्ड मनोरंजनात्मक सामग्री (Braille sheets, thermo-form machine, Indu Brail on maintenance services for Brailler, Embossed recreational materials)	ब्रेल पाठ्यपुस्तक कैसेट तथा टाकिंग पर सामग्री (Braille textbooks, material on cassette and talking)
आंशिक दृष्टि तथा कम देखने वाले बच्चे (Partially sighted and low vision children)	चश्मों छोटे पठन लैंपों के साथ प्रयोग में लाए जाने वाले हैंड मैगनीफायर्स (Special adaptive equipment like hand magnifiers to be used with spectacles, portable reading lamps)	संयोजन–योग्य मैगनीफायर्स सहित विशेष रूप से तैयार किए गए डेस्क, ब्लैक बोर्ड के स्थान पर सफेद बोर्ड जैसे विशेष अनुकूलन उपस्कर (Specially designed desks with adjustable magnifiers, white boards in place of black boards)	विशाल मुद्रण सामग्री तैयार करने की विशेष व्यवस्था (Special arrangement for producing large print materials)	विशाल मुद्रण सामग्री (Large print materials)

(क्रमशः)

श्रवण विकलांगता (Hearing impaired)	वैयक्तिक श्रवण सहायक सामग्री (Individual hearing aids)	स्पीच थेरपी के लिए 3' × 6' परिमाप के मिरर, वाइस ट्रेनर, प्रत्येक कक्षा में 10' × 6' मिरर, सामूहिक श्रवण यंत्र, सहायक श्रवणयंत्र के लिए सैल्स (Voice trainer, audiometer, mirror in size of 3'×6' for training, speech therapy, facilities for hearing-aids, mirrors 10'×6' in each classroom, group hearing-aids, cells for hearing-aids)	ओडियो मीटर, अनुरक्षण सुविधाएँ	फ्लैश–चार्ट, शैक्षिक गेम्स, कक्षा कार्यकलापों के हैंडआउट जैसी विशेष अध्ययन सामग्री (Special learning materials like flash charts, educational games, handouts of classroom activities)
मानसिक रूप से विकलांग (Mentally Handicapped)	सेंसरी उपकरण तथा मारिया मॉटेसरी किट्स तथा शिशु कक्षा कार्यक्रम के लिए रा. शै. अ. और प्र. प. द्वारा तैयार सामग्री की रूपरेखा के अनुसार तैयार की गई किट्स Sensory apparatus and kits prepared on the lines of Maria Montessori kits or produced by NCERT for Early Childhood Education Programme			औसत की बजाय कम पठन स्तर पर लिखित सामग्री (Material written on a lower reading level than average)

15.7 श्रवण-दृष्टि से ग्रस्त बालक (Children with Hearing/Audio Impairments)

15.8 श्रवण क्षतियुक्त बालकों की परिभाषा (Definition of Children with Hearing Impairments)

श्रवण क्षतियुक्त वे बालक हैं जिनमें सुनने के दोष होते हैं।

15.9 श्रवण क्षतियुक्त बालकों के प्रकार (Types of Children with Hearing Impairment)

(1)	(2)	(3)	(4)
किंचित श्रवण क्षय बालक (Children with Mild Hearing Impairment)	मन्द श्रवण क्षय बालक (Children with Moderate Hearing Impairment)	गम्भीर रूप से श्रवण क्षतियुक्त बालक (Children with Severe Hearing Impairment)	गहन श्रवण क्षतियुक्त बालक (Children with Profound Hearing Impairment)

15.10 श्रवण क्षतियुक्त बालकों की विशेषताएँ (Characteristics of Children with Hearing Impairments)

कुछ प्रमुख विशेषताएँ निम्नलिखित हैं:

1. श्रवण क्षतियुक्त बालकों के बोलने का विकास नहीं हो पाता है।
2. श्रवण क्षतियुक्त बालकों में भाषा का विकास अन्य बालकों की भाँति नहीं हो पाता।
3. श्रवण क्षतियुक्त बालकों का कक्षा-कक्ष में पढ़ायी गई बातों का अधिगम अत्यन्त कठिन हो जाता है।
4. श्रवण क्षतियुक्त बालकों की शैक्षिक उपलब्धि अन्य बालकों की अपेक्षा बहुत कम होती है।
5. श्रवण क्षतियुक्त बालकों के साथ परीक्षणों का प्रयोग भली प्रकार नहीं किया जा सकता है।

15.11 श्रवण दृष्टि से ग्रस्त बालकों के लक्षण अथवा पहचान (Indicators of Children with Hearing Impairments)

(1) कान का बहना
(2) कान में दर्द की शिकायत का होना
(3) कान खुजाते रहना
(4) कान में ऊपर दिखाई देने वाली कोई कमी
(5) सुनने के लिए एक ओर सिर झुकाना
(6) श्रुतलेख में बहुत गलतियाँ करना
(7) बार-बार अध्यापक से निर्देश, प्रश्न आदि दोहराने का अनुरोध करना

(8) अध्यापक की बात सुनते समय ध्यानपूर्वक उसका चेहरा देखना

(9) बोलने में कठिनाई का अनुभव करना।

जो बच्चे ऐसा व्यवहार करते हों, उन्हें प्राथमिक स्वास्थ्य-केन्द्र या अस्पताल भेजा जाये ताकि ठीक प्रकार से उनके दोषों की जाँच हो सके। उनके माता-पिता से भी सम्पर्क स्थापित किया जाये।

15.12 श्रवण क्षतियुक्तता के कारण (Causes of Hearing Disability)

1. वंशानुक्रम कारण।
2. बीमारी।
3. दुर्घटना।
4. धमाका।
5. असन्तुलित आहार।

15.13 श्रवण क्षतियुक्त बालकों की शिक्षा तथा उपचारात्मक उपाय (Education and Remedial Measures of for the Hearing Disabled Children)

1. *उचित वातावरण (Appropriate Environment)*: इन बच्चों की समस्या यह होती है कि ठीक से न सुन पाने के कारण उनकी ग्रहण करने की क्षमता पर बुरा प्रभाव पड़ता है। ऐसे बच्चों को कक्षा में अगली पंक्ति में बैठाया जाए ताकि वे अच्छी तरह सुन सकें। अध्यापक शब्दों को बहुत धीमे न बोलें। जल्दी-जल्दी भी न बोलें। अध्यापक को चाहिए कि वह सभी सहपाठियों को आपसी सम्मान, सहायता और सहयोग के आधार पर घुलने-मिलने के लिए प्रेरित करे। उसे स्वयं किसी बच्चे की अपंगता का मजाक नहीं बनाना चाहिए और न ही उसकी कमियों के लिए उसे ताने देने चाहिए। इसके अतिरिक्त जिन बच्चों को ऐसा व्यवहार करते पाया जाए, उन्हें ऐसा करने से रोका जाए। यदि दूसरे बच्चे विकलांग बच्चे की कमजोरी को समझ लेंगे तो उन्हें आपसी मेल-जोल बढ़ाने में सहायता मिलेगी।

2. *पाठान्तर क्रियाएँ (Co-curricular Activities)*: यह भी देखा गया है कि विकलांगता के कारण स्कूल में इन बच्चों के मनोरंजन की आवश्यकता की उपेक्षा की जाती है। इस बात का पूरा ध्यान रखा जाए कि उनकी कार्यक्षमता के अनुसार उन्हें खेलों, शारीरिक क्रियाओं और मनोरंजन के लिए की जाने वाली गतिविधियों में भाग लेने के पर्याप्त अवसर दिए जायें।

3. *श्रवण सहायक सामग्री (Hearing Aids)*: श्रवण सहायक सामग्री का प्रयोग किया जाए।

4. *विशेष कक्षाएँ (Special Classes)*: अत्यन्त श्रवण क्षतियुक्त बच्चों के लिए विशेष स्कूलों की व्यवस्था की जाए।

5. *विशेष स्कूल (Special Schools)*: जिन बच्चों की श्रवण शक्ति समाप्त हो गई है उन बच्चों की शिक्षा की व्यवस्था अलग ढंग की होनी चाहिए।

6. *ओष्ठ पठन (Lip Reading)*: पठन में श्रवण विकलांगों को ओष्ठों के हिलने तथा गति के आधार पर वर्णों और शब्दों को पढ़ने की शिक्षा दी जाती है। बच्चों को इस विधि के प्रयोग के कठिन परिश्रम करना पढ़ता है क्यों सभी शब्दों को ओष्ठ गति द्वारा सुगमता से नहीं पड़ा जा सकता। (चित्र 15.1)

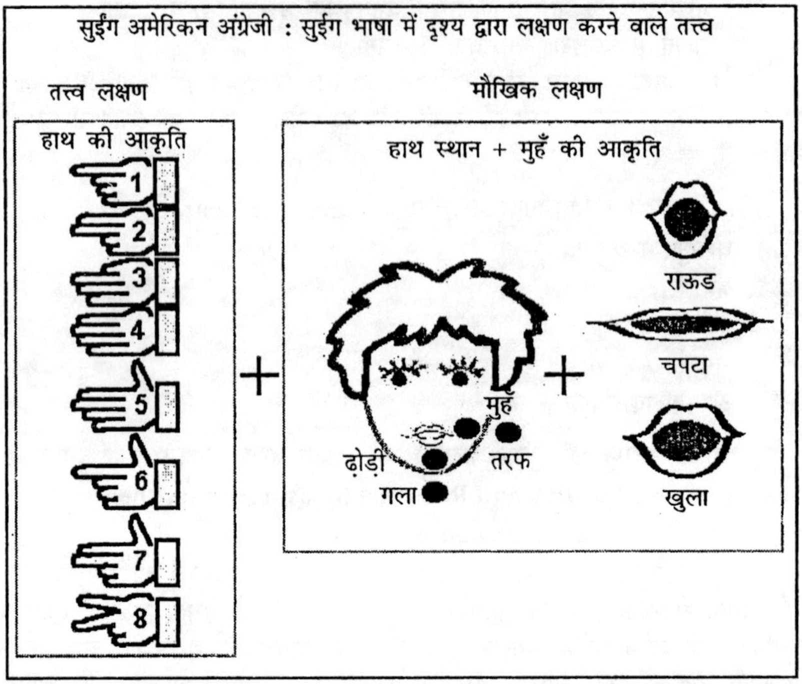

चित्र 15.1

7. *चिन्ह भाषा का प्रयोग* (*Use of Sign Language*): श्रवण विकलांगों के लिए सम्प्रेषण कौशल (Communitication Skill) का विकास करने के लिए चिन्ह भाषा का प्रयोग किया जाता है। अंगुलियों तथा हाथों के प्रयोग द्वारा छात्रों को वर्ण तथा गिनती सिखाई जाती है। (चित्र 15.2)

8. *शिक्षण सहायक सामग्री का प्रयोग* (*Use of Teaching Aids*): श्रवण बाधिक बच्चों की शिक्षा के लिए विभिन्न प्रकार की श्रव्य दृश्य (Audio-Visual) सामग्री का प्रयोग किया जाए।

अलीयावर जंग राष्ट्रीय बधिर संस्थान, मुम्बई (*Ali Yavar Jung National Institute of Hearing Handicaped, Mumbai*): इस संस्थान की स्थापना 1962 में हुई। ये संस्थान इस क्षेत्र में निम्नलिखित कार्य करता है:

(i) श्रवण बाधित पर शोध, (ii) प्रशिक्षण, (iii) मार्गदर्शन के लिए, (iv) अन्य सुविधाएँ बधिरों के लिए।

9. *व्यावसायिक प्रशिक्षण* (*Vocational Training*): जिन लड़के और लड़कियों की श्रवण शक्ति में सुधार की सम्भावनाएँ न रही हों उन्हें आर्थिक दृष्टि से आत्मनिर्भर बनाने के लिए विशेष प्रकार के व्यावसायिक प्रशिक्षण देने की व्यवस्था की जानी चाहिए। व्यावसायिक प्रशिक्षण व्यवसायोन्मुखी हो और बधिर बच्चों की क्षमताओं और योग्यताओं के अनुरूप पहले से चालू ड्राइंग, पेंटिग, सिलाई कार्य, कसीदाकारी, जिल्दसाजी आदि जैसे थोड़े से व्यावसायिक प्रशिक्षण कार्यक्रमों से बिल्कुल भिन्न प्रकार के कार्यक्रम आयोजित किए जाने चाहिए। इन बहुविध व्यवसायों में शीट मेटल कर्म, प्रिटिंग, टर्निंग, फिटिंग, वेल्डिंग, बिजली का कार्य, बढ़ईगिरी आदि जैसे औद्योगिक कार्य शामिल किए जाने चाहिए।

The Fingerspelled Alphabet

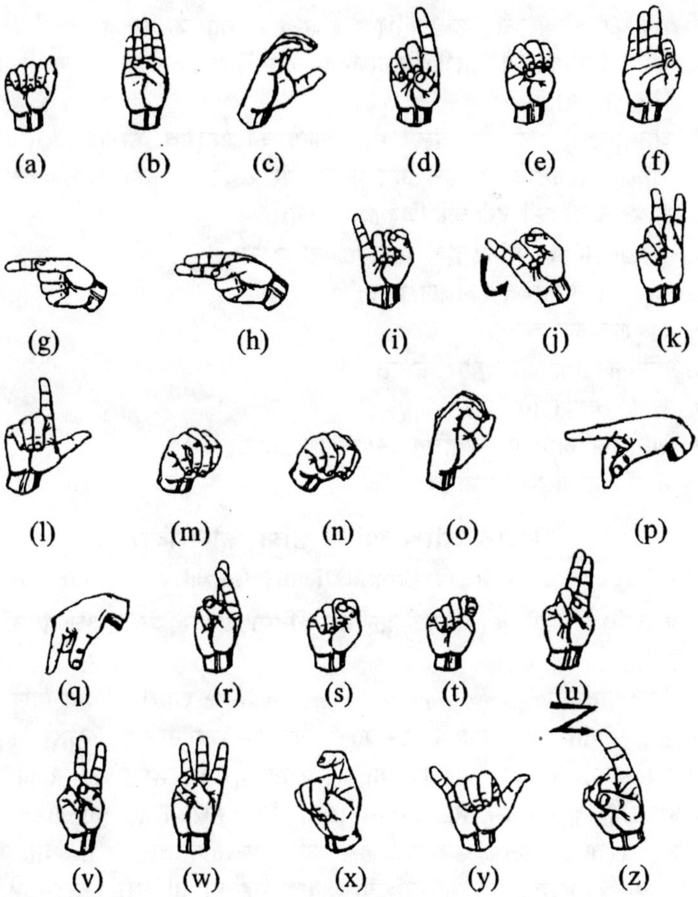

चित्र 15.2

10. *समेकित शिक्षा* (*Integrated Education*): जिन बच्चों से भावोत्प्रेरक, ज्ञान बोधक, सामाजिक एवं भाषायी विकास की क्षमताएँ हों उनके लिए समेकित शिक्षा कार्यक्रम आयोजित करने चाहिए।

15.14 अस्थिबाधित बालक (Orthopaedically Impaired Children)

अस्थिबाधित बच्चों का अर्थ
(Meaning of Orthopadically Imapired Children)

अस्थिबाधक बालक वे बालक होते हैं जिनकी हड्डियाँ, हड्डियों के जोड़ अथवा शरीर में विभिन्न मांसपेशियाँ सुचारू रूप से काम नहीं कर पाती हैं।

15.15 अस्थिबाधित बच्चों की पहचान
(Indentification of Orthopaedically Impaired Children)

अस्थिबाधित बच्चों की पहचान भिन्न लक्षणों से की जा सकती है:

1. स्पष्ट दिखाई देने वाली विकलांगता–गर्दन, हाथ, उँगलियों, कमर आदि की विकलांगता।
2. बैठने, खड़े होने और चलने में परेशानी का अनुभव करना।
3. चीजों को उठाने, पकड़ने और जमीन पर रखने में कठिनाई का होना।
4. प्राय: जोड़ों की दर्द की शिकायत होना।
5. लिखने में पैन पकड़ने में कठिनाई का होना।
6. अंगों में अवांछित हलचल होना।
7. लड़खड़ाकर चलना।
8. नकली अंगों का प्रयोग करना।
9. चलते-चलते गिर जाना।
10. शारीरिक अंगों पर समुचित नियन्त्रण न होना।
11. अंगों का असमान्य होना।

15.16 अस्थि बाधित छात्रों की शिक्षा
(Education of the Orthopaedically Impaired Children)

अस्थि बाधित छात्रों की शिक्षा के लिए निम्न प्रकार के प्रावधानों की अत्यन्त आवश्यकता है:

1. *उचित वातावरण* (*Appropriate Environment*): शारीरिक दोष वाले छात्रों को अंग-संचालन में कठिनाई होती है। इसका सम्बन्ध मांसपेशियों या जोड़ों से होता है। इसका प्रभाव हाथ, पैरों और बाहरी अंगों पर पड़ता है। इन छात्रों को चलने-फिरने में कठिनाई होती है। वैसे उनमें भी सामान्य छात्रों जैसी ही सीखने की क्षमता होती है। हालाँकि उनकी कुछ विशेष समस्याएँ तथा आवश्यकताएँ होती हैं। उदाहरणार्थ यदि किसी छात्र की अंगुलियों की मांसपेशियाँ जकड़ गई हों तो उसे लिखने में कठिनाई होगी। कुछ छात्र ठीक प्रकार से उठनें-बैठने या खड़े होने में परेशानी अनुभव करते हैं और वे जल्दी थक जाते हैं। इसके अतिरिक्त कक्षा की अन्य गतिविधियों में भागीदारी सीमिति रह जाती है। ऐसे छात्रों का दूसरे छात्र कभी-कभी मजाक उड़ाते हैं और उनसे अलग-अलग रहते हैं जिससे इन छात्रों को अपने पर्यावरण के अनुकूल ढालने में कठिनाई होती है। ऐसे छात्रों की पहचान करना आसान है क्योंकि उनकी विकलांगता स्पष्ट दिखाई देती है। यह आवश्यक है कि शिक्षक स्वयं ऐसे छात्रों को स्वीकार करे। उसे स्वयं किसी बच्चे की विकलांगता का मजाक नहीं उड़ाना चाहिए। यदि अन्य छात्र विकलांग बच्चों का मजाक उड़ायें तो उन्हें ऐसा करने से रोका जाये। अध्यापक को चाहिए कि वह सभी सहपाठियों को परस्पर सम्मान, सहयोग तथा सहायता के आधार पर घुलने-मिलने के लिए प्रेरित करे। जब दूसरे छात्र विकलांग छात्रों के दोष को समझ लेंगे तो उन्हें आपसी मेल-मिलाप बढ़ाने में सहायता मिलेगी। कक्षा में बच्चों की विकलांगता के अनुसार उन्हें बैठाने का प्रबन्ध होना चाहिए।

2. *अभिभावकों का सहयोग (Cooperation of Parents)*: अध्यापक को चाहिए कि वह छात्रों के अभिभावकों के सहयोग से छात्रों की इन कमियों को दूर करने के लिए उचित कदम उठाये तथा उनका मार्गदर्शन भी करें।

3. *बैठने की उचित व्यवस्था (Appropriate Seating Arrangement)*: कक्षा में बच्चों की विकलांगता के अनुसार उन्हें बैठने का स्थान दिया जाए। उदाहरण के तौर पर बैसाखी वाले बच्चों को आगे दायीं ओर बैठाया जाए ताकि अन्य बच्चों के आने जाने में बाधा न पड़े।

4. *पाठान्तर क्रियाओं में भागेदारी (Involvement in Co-Curricular Activities)*: इस बात का पूरा-पूरा ध्यान रखा जाना चाहिए कि ऐसे बच्चों को उनकी कार्यक्षमता के अनुसार खेलों, शारीरिक क्रियाओं तथा मनोरंजन के लिए की जाने वाली गति विधियों में भाग लेने के पर्याप्त अवसर दिए जाएँ।

5. *सामान्य स्कूल में विशेष प्रावधान (Special Provision in Normal School)*: सामान्य स्कूल में अस्थि बाधित बालकों के लिए आवश्यकतानुसार विशेष कक्षा की व्यवस्था की जाए।

6. विशेष अध्यापक (*Special Teacher*): अशिक्षा बाधित बालकों के लिए विशेष प्रशिक्षण प्राप्त अध्यापकों की व्यवस्था की जाए ताकि वे ऐसे छात्रों की मनोस्थिति को समझकर उनके लिए उचित कार्यक्रमों की व्यवस्था करें।

7. *विशेष स्कूल (Special Schools)*: जिन छात्रों में अस्थि बाधिता बहुत अधिक हो तथा वे सामान्य स्कूलों में शिक्षा प्राप्त न कर सकते हों, उनके लिए विशेष स्कूल स्थापित किए जाएँ।

8. *शारीरिक उपचार कक्ष (Physio-Therapy Room)*: उन सामान्य स्कूलों में शारीरिक उपचार कक्ष स्थापित किया जाएँ जिनमें अस्थि बाधित बच्चों की संख्या अधिक हो। कुछ स्कूल मिलकर ऐसे उपचार कक्ष की व्यवस्था भी कर सकते हैं। शारीरिक उपचार कक्ष में इस प्रकार के प्रावधान होने चाहिए। मालिश करना, गर्म पानी से सेंक करना, बिजली से उद्दीपन पैदा करना आदि।

9. *फर्नीचर (Furniture)*: अस्थि बाधित के लिए उनकी आवश्यकतानुसार विशेष फर्नीचर का प्रबन्ध किया जाए।

10. *संसाधन कक्ष (Resource Room)*: अस्थि बाधित बच्चों के लिए एक संसाधन कक्ष स्थापित किया जाए जो उनकी विशेष आवश्यकताओं की पूर्ति कर सके।

11. *कार्यशाला (Workshop)*: अस्थिबाधित बच्चों को व्यावसायिक शिक्षा देने के लिए विशिष्ट प्रकार की कार्यशाला की स्थापना की जाए।

राष्ट्रीय अस्थिरोग विकलांग संस्थान, कोलकत्ता (National Institute of Orthopadically Handicapped, Culcutta)

यह राष्ट्रीय संस्थान 1981 में स्थापित किया गया। इसके प्रमुख कार्य इस प्रकार हैं:

1. उपकरणों का निर्माण करना।
2. विकलांगों के लिए कृत्रिम अंगों की व्यवस्था करना।
3. तीन पहिओं की साईकल उपलब्ध कराना।
4. शिक्षा तथा व्यावसायिक प्रशिक्षण की व्यवस्था करना।

16

विशिष्ट बच्चों के लिए शिक्षण–अधिगम चक्रव्यूह तथा विशेष शैक्षिक प्रावधान
(Teaching Learning Strategies and Special Educational Provision for Special Children)

16.1 पाठ्यक्रम समायोजन तथा अनुकूलन (Curriculum Adjustment and Adaptation)

16.2 पाठ्यक्रम का अर्थ (Meaning of Curriculum)

पाठ्यक्रम की परिभाषा करते हुए कनिंघम (Cunnigham) ने सुन्दर शब्दों में इस प्रकार लिखा है, "पाठ्यक्रम अध्यापक रूपी कलाकार (Artist) के हाथ मे वह साधन (Tool) है जिसके माध्यम से वह अपने पदार्थ (Material) रूपी छात्र को अपने कलागृह (Studio) अर्थात् स्कूल में अपने उद्देश्य के अनुसार ढालता (Mould) है।" प्रसिद्ध शिक्षाविद् ड्यूवी (Dewey) के अनुसार, "पाठ्यक्रम केवल अध्ययन की योजना या विषय सूची ही नहीं बल्कि कार्य और अनुभव की सम्पूर्ण श्रृंखला है। पाठ्यक्रम समाज में कलात्मक ढंग से परस्पर रहने के लिए अर्थात् समायोजन के लिए बच्चों को प्रशिक्षण का शिक्षकों के पास एक साधन है।"

माध्यमिक शिक्षा आयोग (1952–53) ने पाठ्यक्रम की रूपरेखा इस प्रकार दर्शायी है, "पाठ्यक्रम का अर्थ केवल उन विषयों से नहीं, जिनको छात्र स्कूल, कक्षा तथा पुस्तकालय में पढ़ते हैं, अपितु इन सभी तत्वों से है जो वे प्रयोगशाला, वर्कशॉप और खेल के मैदान तथा शिक्षकों और छात्रों के अनगिनत अनौपचारिक सम्पर्कों से प्राप्त करते हैं। इस प्रकार स्कूल का सम्पूर्ण जीवन पाठ्यक्रम हो जाता है, जो छात्रों के जीवन के सभी पक्षों को प्रभावित करता है और उनके सन्तुलित व्यक्तित्व के विकास में सहायता देता है।"

ऊपर दिए गए विवरण से स्पष्ट है कि पाठ्यक्रम की यही अवधारणा विशिष्ट शिक्षा पर भी लागू होती है। अर्थात् विशिष्ट बच्चों के लिए स्कूल की सारी गतिविधियाँ पाठ्यक्रम के रूप में उन के समायोजन तथा अनुकूलन के लिए हैं।

16.3 विशिष्ट बच्चों की शिक्षा के लिए पाठ्यक्रम निर्माण करने के निर्देशक सिद्धांत (Guiding Principles for Formulating the Curriculum for Special Children)

1. *नये दृष्टिकोण की आवश्यकता* (*Need of New Attitude*): असाधारण बालकों की शिक्षा का सर्वप्रथम निर्धारक सिद्धांत तो यही होगा कि ऐसे बालकों को इस प्रकार की शिक्षा दी जाए कि उनके जीवन में एक नया अर्थ, एक नया अनुभव और एक नया विश्वास विकसित हो। उन्हें यह अनुभव होने लगे कि वे समाज के लिये आवश्यक हैं। और समाज में उन्हें भी सम्मान की दृष्टि से देखा जाता है। ऐसी शिक्षा में कुछ इस प्रकार की व्यवस्था करनी होगी कि प्रत्येक बालक कोई-न-कोई व्यवसाय करने के लिए सक्षम हो जाए और इसके साथ-ही-साथ उन बालकों का सांस्कृतिक और सामाजिक विकास भी हो सके।

2. *व्यक्तिगत अध्ययन* (*Individual Study*): असाधारण बालकों की शिक्षा प्रत्येक बालक के व्यक्तिगत अध्ययन (child study) के आधार पर होना चाहिए। दूसरे शब्दों में हम यह कहेंगे कि प्रत्येक बालक की अपंगता या असाधारणता को भली-भाँति समझने के पश्चात् ही उसकी शिक्षा की व्यवस्था की जाए।

3. *शिक्षा का समान अवसर* (*Equality of Opportunity*): शिक्षा का समान अवसर असाधारण बालकों की शिक्षा का महत्त्वपूर्ण सिद्धांत है। समानता का सिद्धांत इस बात की ओर संकेत करता है कि इन बालकों को केवल कुछ कौशल सिखा देना मात्र पर्याप्त नहीं होगा। व्यावसायिक शिक्षा के साथ-साथ इनके व्यक्तित्व के सर्वांगीण विकास की ओर भी ध्यान देना होगा।

4. *नागरिकता का विकास* (*Development of Citizenship*): असाधारण बालकों में अच्छी नागरिकता का विकास करना, इनकी शिक्षा का मुख्य उद्देश्य होगा।

5. *सरल जीवन* (*Simple Life*): उन्हें ऐसी शिक्षा देनी होगी कि उनका जीवन सरल बन सके। जीवन को सरल बनाने के लिये यह आवश्यक है कि बालकों में ऐसी योग्यता विकसित की जाए कि वे अपने दृष्टिकोण के साथ-साथ दूसरे के दृष्टिकोणों को भी समझ सकें।

6. *जीवनयापन क्षमता* (*Livelihood Capacity*): विकलांग तथा अपंग बालकों की शिक्षा के लिए ऐसा प्रशिक्षण आवश्यक होगा जो उनकी अपंगता को दूर कर सके तथा जीवनयापन में उनकी सहायता कर सके।

लोचदार शैक्षिक तंत्र (Flexible Educational Machinery)

विकलांग क्षतिग्रस्त बच्चों के लिए शैक्षिक तंत्र लोचदार होना चाहिए। इस तंत्र में विभिन्न प्रकार की शिक्षा देने की व्यवस्था होनी चाहिए—जैसे ऐसे बच्चों के लिए विशेष स्कूलों की व्यवस्था जो सामान्य स्कूलों में शिक्षा पाने में असमर्थ हैं, सामान्य स्कूलों में विशेष कक्षाएँ लगाई जाएं, विकलांग बच्चों के लिए पहले से चालू किस्म की समेकित शिक्षा, शिक्षा तंत्र में विभिन्न विकल्प होने चाहिए यथा औपचारिक, अनौपचारिक, ओपन स्कूल, होम डे स्कूल, व्यवसायिक केन्द्र आदि।

16.4 राष्ट्रीय शिक्षा नीति (1986 तथा 1992) एवं विकलांगों की शिक्षा [National Policy of Education (1986 and 1992) and Education of the Handicapped]

राष्ट्रीय शिक्षा नीति में निम्न प्रकार निर्देश दिए गए हैं:

विकलांगों की शिक्षा का उद्देश्य (Objective of Education of the Handicapped)

विकलांगों को शिक्षा देने का उद्देश्य यह होता है कि वे पूरे समाज के साथ संकलित होकर रह सकें उनकी उन्नति भी आम लोगों की तरह हो। वे पूरे भरोसे और हिम्मत से जीवन जिएं।

विकलांगों की शिक्षा के उपाय (Measures for the Education of the Handicaped)

शिक्षा नीति में इस सम्बन्ध में निम्नलिखित उपाय दर्शाए गए हैं:

1. विकलांगता अगर चलने-फिरने की या मामूली सी हो, तो ऐसे बच्चों की शिक्षा आम बच्चों के साथ हो।
2. गम्भीर रूप से विकलांग बच्चों के लिए छात्रावास वाले स्कूलों की आवश्यकता है। जहाँ तक सम्भव हो, इस प्रकार के स्कूल जिला मुख्यालयों में बनाए जाएँ।

क्षतिग्रस्त बच्चों की शिक्षा में प्रौद्योगिकी का प्रयोग (Use of Technology in the Education of the Handicapped)

विकलांगों के लाभ के लिए प्रौद्योगिकी के अनुप्रयोग के क्षेत्र में काफी विकास हुआ है। विकलांगों के लिए पहले ही अनेक उपकरण उपलब्ध हैं उदाहरण के लिए जर्मन संघीय गणराज्य में तैयार किया गया ब्रेलेक्स यंत्र जिसके द्वारा सम्पूर्ण विश्वकोश को कैसेट मे रिकार्ड किया जा सकता है, बातचीत को मुद्रित करने वाला टेक्टाकोन यंत्र जिसके द्वारा नेत्रहीनों के पढ़ने की सुविधा के लिए विब्रो-टेक्टाइल रूप में सामग्री मुद्रित की जा सकती है; नेत्रहीन व्यक्तियों के लिए चलने-फिरने में सहायक उपकरण आदि भी पहले से ही उपलब्ध है। विकलांग बच्चों की आवश्यकताओं सम्बन्धी उपलब्ध तकनीकी यंत्र एवं उपकरणों की समीक्षा करने की तो आवश्यकता है। साथ ही साथ यंत्रों/उपकरणों से सम्बन्धित सूचना के प्रचार-प्रसार की भी आवश्यकता है।

शोध कार्य (Research Work)

शारीरिक रूप से क्षतिग्रस्त बच्चों की आवश्यकताओं को ज्ञात करने के लिए दीर्घकालीन अनुसंधान किए जाने चाहिए और इन की समस्याओं को हल करने के लिए तकनीकी उपकरणों का उत्पादन किया जाना चाहिए। भारतीय प्रौद्योगिकी संस्थान तथा उच्च शिक्षा क्षेत्र के अन्य प्रौद्योगिकी संस्थानों को ऐसे अनुसंधान कार्यों को सम्पन्न करने की विशेष जिम्मेदारी दी जानी चाहिए।

व्यावसायिक पाठ्यक्रम (Vocational Curriculum)

क्षतिग्रस्त बच्चों के लिए व्यावसायिक स्कूल अधिक नहीं हैं। ऐसे बच्चों को परिरक्षित कारखानों, फार्मों, तथा उद्योगों में काम दिया जाना चाहिए।

16.5 क्षतिग्रस्त बच्चों के सन्दर्भ में कक्षा-कक्ष प्रबन्ध (Classroom Management Relating to Children with Disabilities)

क्षतिग्रस्त बच्चों की शिक्षा में अध्यापक की अहम् भूमिका है। इस सन्दर्भ में शिक्षक के निम्नलिखित उत्तरदायित्व हैं:

1. *क्षतिग्रस्त बच्चों की पहचान* (*Identification of Children with Disabilities*): अध्यापक का पहला कार्य है कि वह उन बच्चों की पहचान करे जिनमें किसी न किसी प्रकार का दोष है ताकि उसी के अनुसार उनके शिक्षण-अधिगम की व्यवस्था की जा सके।

2. *क्षतिग्रस्त बच्चों के बैठने का प्रबन्ध* (*Seating Arrangement for the Disabled*): क्षतिग्रस्त बच्चों की पहचान के पश्चात् अध्यापक उनको जहाँ तक सम्भव हो अगली पंक्तियों में स्थान देने का प्रावधान करे ताकि ऐसे बच्चों को कक्षा में देखने-सुनने आदि में परेशानी न आए।

3. *दोषग्रस्त बच्चों के सामर्थ्य की पहचान* (*Identification of the Potential of the Disabled*): अध्यापक का कर्त्तव्य है कि क्षतिग्रस्त बच्चों में जो सामर्थ्य हैं उसके प्रति उन्हें सचेत कर उनके गुणों को विकसित करने का प्रयास करें।

4. *छात्रों में दोषग्रस्त बालकों के प्रति उचित दृष्टिकोण* (*Appropriate Attitude Towards Disabled Children*): अध्यापक इस बात पर बल दे कि कक्षा के अन्य छात्र उन पर तरस के स्थान पर उनकी क्षमताओं को समझें तथा उन्हें तिरस्कार तथा हीनता की दृष्टि से न देखें।

5. *दोषग्रस्त बच्चों में आत्मसम्मान तथा आत्मविश्वास की भावना को जागृत करना* (*Development of Self-respect and Self-confidence*): अध्यापक इस बात का ध्यान रखे कि दोषग्रस्त बच्चों के दोषों को बढ़ा-चढ़ा कर देखने या संवेदना व्यक्त करने के स्थान पर ये देखें कि वे क्या कर सकते हैं।

6. *समकक्ष तथा शिक्षण* (*Peer Education*): अध्यापक कक्षा में इस बात पर बल दें कि क्षतिग्रस्त बच्चों के समकक्षों का उनसे बर्ताव अच्छा हो तथा वे अपना कर्त्तव्य समझकर क्षतिग्रस्त बच्चों की सहायता करें।

7. *माता-पिता की सहभागिता* (*Cooperation of the Parents*): क्षतिग्रस्त बच्चों के अभिभावकों से अध्यापक सम्पर्क स्थापित करें तथा उनमें इस प्रकार के भावों का विकास करें कि आपसी सामन्जस्य से ही ऐसे बालकों का उचित प्रकार से समायोजन हो सकता है। अभिभावक विशेष रूप से जागरूक रहें कि प्रत्येक बच्चे को पूर्ण विकास क्षमता प्राप्त करने का अधिकार है। इसी प्रकार दोषग्रस्त बच्चों को देखभाल, सुरक्षा समन्वय और विकास प्रक्रिया में शामिल होने का अधिकार है।

8. *समाज से सम्पर्क* (*Coordination with Society*): शिक्षकों को इस ओर समाज का भी प्रेरक रुख स्थापित करना चाहिए कि क्षतिग्रस्त बच्चे सामान्य बच्चों के साथ बैठकर जीवन के विभिन्न पक्षों पर विचार आदि करें।

16.6 समुदाय साधनों अथवा स्त्रोतों की पहचान तथा दोषग्रस्त बच्चों की शिक्षा में उनका उपयोग (Identification of Community Resources and Their Utilisation for the Education of the Children with Disabilities)

समुदाय के स्त्रोत: दोषयुक्त छात्रों की शिक्षा निर्देशन तथा परामर्श के लिए आवश्यक है कि समुदाय में विद्यमान सभी प्रकार के साधनों का पूरा-पूरा उपयोग उठाया जाए। दोषयुक्त बच्चों की शिक्षा तथा विकास का उत्तरदायित्व केवल स्कूल पर ही नहीं है। बिना समुदाय के अभिकरणों के सहयोग से इस कठिन कार्य में सफलता प्राप्त करना अत्यन्त कठिन है।

जन सम्पर्क के तीन उद्देश्य होते हैं–(1) ज्ञान बोध, (2) सहानुभूति, (3) क्रियाशीलता। यद्यपि विद्यालय में उचित रूप से चल रहे कार्यक्रम के ज्ञानबोध से समुदाय के जागरूक व्यक्ति स्वत: विद्यालय की सहायता करते हैं परन्तु, यह आवश्यक है कि समुदाय के निम्नलिखित साधनों का उपयोग किया जाए:

1. स्वास्थ्य या मानसिक क्लीनिक्स।
2. श्रम तथा उद्योग विभाग।
3. स्थानीय स्वशासन संस्थाएँ।
4. विशेष प्रकार के सामाजिक अभिकरण।
5. विभिन्न क्षेत्रों में कार्यरत विशेषज्ञ।
6. अभिभावक।
7. रोजगार मंत्रालय।
8. व्यापारिक तथा औद्योगिक संस्थाएँ।
9. पुर्नस्थापन सेवाएँ।
10. चिकित्सा सेवाएँ।
11. दानी संस्थाएँ।

16.7 विकलांग/क्षतिग्रस्त बच्चों के लिए प्रस्तावित कार्यक्रम (Proposed Programme for the Education of the Children with Disabilities)

I. सामान्य स्कूलों में समेकित शैक्षिक कार्यक्रम (Integrated Education Programme in Normal Schools)

इसके मुख्य तत्व इस प्रकार हैं:

(1) सामान्य स्कूल पद्धति में प्रशासकों तथा शिक्षकों के लिए समर्थन (एडवोकेसी) कार्यक्रम आयोजित करना।

(2) शिक्षकों के विशाल सेवाकालीन प्रशिक्षण कार्यक्रम में बच्चों के इस वर्ग के प्रबन्ध पर प्रशिक्षण घटक शामिल करना।

(3) प्रशासकों के लिए अनुस्थापन कार्यक्रम तथा इन्हें सुदूर अध्ययन चैनल के माध्यम से पूरक बनाना।

(4) बच्चों के इस वर्ग की देखभाल करने वाले शिक्षकों के लिए पर्यवेक्षी सेवाएँ प्रदान करने हेतु राज्य शैक्षिक अनुसंधान तथा प्रशिक्षण परिषद् आदि संस्थाओं पर विशेषज्ञता का विकास।

(5) इन बच्चों की देखभाल में विकल्पी अध्ययन सामग्री, शिक्षक पुस्तिका का विकास तथा मार्गदर्शन का प्रावधान।

(6) सामान्य स्कूलों में अतिरिक्त उपस्कर मुहैया करना/व्यावसायिक पूर्व तथा व्यावसायिक पाठ्यक्रमों को अनुकूल बनाना।

(7) विकलांगता के मूल्यांकन के लिए जिला स्तर पर मनोवैज्ञानिक सेवाओं का विकास।

(8) जहाँ भी आवश्यक हो स्वास्थ्य तथा कल्याण मंत्रालय से सहायता लेना।

(9) श्रम मंत्रालय को, विकलांगों के लिए औद्योगिक प्रशिक्षण संस्थानों में कर्मचारियों के प्रशिक्षण हेतु सुविधाओं में वृद्धि/संशोधन आरम्भ करना होगा।

(10) प्रोत्साहन सहित इन व्यवस्थाओं का प्रावधान करना–(i) साधन तथा उपकरणों की व्यवस्था, (ii) परिवहन भत्ते की अदायगी के लिए पर्याप्त व्यवस्था, (iii) ग्रामीण क्षेत्र में उस संस्था को जिसमें कम-से-कम 10 विकलांग बच्चे हैं, स्कूल रिक्शा खरीदने के लिए पूंजीगत लागत की व्यवस्था, (iv) उन स्कूलों में जहाँ कम-से-कम 10 विकलांग बच्चे दाखिल हैं, स्कूल भवनों में वास्तुशिल्पीय अवरोधों को दूर करना, (v) नि:शुल्क पाठ्यपुस्तकें तथा वर्दियाँ मुहैया करना जैसे कि अनुसूचित जातियों तथा अनुसूचित जनजातियों के बच्चों को दी जाती हैं, (vi) लड़कियों तथा अनुसूचित जनजातियों के बच्चों के समान अन्य विशेष वर्गों की तरह उपस्थिति प्रोत्साहन, (vii) स्कूल में शिक्षा के लिए शिशु केन्द्रों में इन बच्चों की तैयारी के लिए व्यवस्था।

(11) केन्द्र द्वारा प्रायोजित विकलांगों के लिए समेकित शिक्षा योजना के प्रति राज्य सरकारों की प्रतिक्रिया बहुत उत्साहजनक नहीं रही है। अन्य बातों के साथ-साथ इस विशेष वर्ग के लिए प्राथमिक शिक्षा के सर्वसुलभीकरण के लक्ष्य को प्राप्त करने के लिए इस योजना के कार्यान्वयन की गति तेज करने हेतु, मानव संसाधन विकास मंत्रालय को यह मामला राज्यों से तय करना होगा।

(12) राष्ट्रीय शिक्षा नीति को ध्यान में रखते हुए, विकलांगों के लिए समेकित शिक्षा की चालू योजना में संशोधन की जरूरत है। मानव संसाधन विकास मंत्रालय को इस योजना के पुनरीक्षण हेतु तुरन्त एक समिति स्थापित करनी होगी और इसका संशोधन करना होगा।

(13) इन बच्चों की व्यावसायिक शिक्षा की व्यवस्था अन्यों के साथ सामान्य स्कूल में +2 स्तर पर अथवा औद्योगिक प्रशिक्षण संस्थानों में करने का प्रावधान करना होगा।

(14) मनोवैज्ञानिक-शैक्षिक मूल्यांकन तथा निदान के लिए और अध्ययन समस्याओं की पहचान के उपकरणों का स्पष्ट रूप से विकास क्षेत्रीय भाषाओं में भी करना।

II. विशेष विद्यालयों में शिक्षा (Education in Special Schools)

(1) जिला एवं उप-जिला स्तरों पर विशेष विद्यालय स्थापित करना होगा। संयुक्त विशेष विद्यालयों में भिन्न-भिन्न रूप से विकलांग बच्चों को भिन्न-भिन्न विभागों/समूहों/कक्षाओं

में शिक्षा का प्रावधान करना होगा। विशेष विद्यालय में एक व्यावसायिक प्रशिक्षण केन्द्र का विकास करना होगा।

(2) लड़कों और लड़कियों के लिए पृथक्-पृथक् छात्रावास की व्यवस्था करना। बाल-छात्रावास में 40 छात्रों की तथा बालिका-छात्रावास में 20 बालिकाओं की क्षमता होनी चाहिए।

(3) विशेष विद्यालयों की स्थापना राज्य द्वारा कार्यान्वित एक केन्द्रीय योजना हो।

(4) प्रत्येक विशेष विद्यालय में 8-10 विशेष शिक्षकों के आधार पर चालू योजना के दौरान लगभग 3500-4000 विशेष शिक्षकों की आवश्यकता होगी। इन अध्यापकों के प्रशिक्षण का कार्य मानव संसाधन विकास मंत्रालय, कल्याण मंत्रालय द्वारा विश्वविद्यालय अनुदान आयोग, राष्ट्रीय शैक्षिक अनुसंधान और प्रशिक्षण परिषद् क्षेत्रीय शैक्षिक महाविद्यालयों, राष्ट्रीय विकलांग संस्थानों और चुने हुए विशेष शैक्षिक विश्वविद्यालय विभागों के माध्यम् से करना होगा।

(5) विकलांग बच्चों के लिए विशेष शिक्षकों तथा व्यावसायिक शिक्षकों को मूल वेतन के 20 प्रतिशत की दर से अतिरिक्त विशेष वेतन दिया जाए।

(6) शिक्षकों के अतिरिक्त विकलांग बच्चों के मूल्यांकन और पुनर्वास के कार्य हेतु प्रत्येक जिले में 400 मनोवैज्ञानिक और कम-से-कम दो चिकित्सकों की विशेष रूप से रखने की आवश्यकता होगी। विकलांग बच्चों के मूल्यांकन का कार्य करने के लिए उपलब्ध होने पर वर्तमान सलाहकार संवर्ग को 4-6 सप्ताह का सेवाकालीन प्रशिक्षण दिया जाए। इसी प्रकार चिकित्सा-कर्मचारियों के लिए दो सप्ताह का अनुस्थापन-कार्यक्रम चलाया जाए। इसके अतिरिक्त, शरीर-चिकित्सक, व्यावसायिक चिकित्सक, वाक्-चिकित्सक जैसे अन्य स्टाफ की आवश्यकता होगी।

(7) स्वास्थ्य मंत्रालय और कल्याण मंत्रालय इन व्यावसायिकों के प्रशिक्षणार्थ कार्यक्रम विकसित व समन्वित करें। इस कार्य के लिए भारतीय पुनर्वास परिषद् के माध्यम से समन्वित प्रयास किए जाएँ।

(8) राष्ट्रीय संस्थानों और क्षेत्रीय शैक्षिक महाविद्यालयों द्वारा व्यावसायिक शिक्षकों के लिए क्षेत्रीय आधार पर अनुस्थापन प्रशिक्षण आयोजित करना होगा।

(9) इन विशेष विद्यालयों की पाठ्यचर्या की विशिष्ट समस्याओं को दृष्टिगत रखते हुए संशोधित करना होगा।

(10) विकलांग बच्चों के लिए परीक्षा में लचीलापन अनिवार्य है। शैक्षिक-मूल्यांकन के लिए इन विद्यालयों को मूल्यांकन-दिग्दर्शिकाएँ एवं उपकरण उपलब्ध कराने होंगे। राष्ट्रीय शैक्षिक अनुसंधान एवं प्रशिक्षण संस्थान के पास इस प्रकार के उपकरणों के विकास की प्रौद्योगिकी के विशेषज्ञ हैं तथा राष्ट्रीय संस्थानों के पास विकलांगता के विशेषज्ञ है अत: वे इस सामग्री के उत्पादन में सहयोग दें।

(11) विशेष शिक्षा में प्रौद्योगिकी के प्रयोग की ओर ध्यान देना होगा। इलेक्ट्रानिकी विभाग, मानव संसाधन विकास मंत्रालय तथा कल्याण मंत्रालय विकलांगों के लिए सीखने के अवसर में सुधार के लिए ऐसी सामग्री तैयार करने में सहयोग दें। उदाहरणार्थ अन्धों के लिए संगणकों, लिपियुक्त टेलीविजन तथा विडियो आदि बनाए जाने की आवश्यकता है ताकि विकलांग व्यक्ति भी अन्य बच्चों के लिए उपलब्ध अवसरों का उपयोग कर सकें।

(12) भारतीय सामाजिक-सांस्कृतिक वातावरण में विकलांगों की शिक्षा अनुसंधान तुरन्त शुरू करने की आवश्यकता है। राष्ट्रीय शैक्षिक अनुसंधान परिषद्, तथा राष्ट्रीय विकलांग संस्थान अनुसंधान कार्य में विकास करें।

(13) विकलांगों के शिक्षा सम्बन्धी आधार आँकड़े बहुत ही कम हैं। सूचना पद्धति सुदृढ़ करने के लिए कदम उठाए जाएँ। कल्याण मन्त्रालय तथा मानव संसाधन विकास मन्त्रालय क्रमशः विशेष विद्यालयों और सामान्य विद्यालयों में विकलांगों की शिक्षा की प्रगति की मानीटरिंग करें।

इसमें कोई सन्देह नहीं कि विकलांग/क्षतिग्रस्त की शिक्षा के लिए प्रस्तावित कार्यक्रम युक्तियुक्त है। विकलांगों के लिए विशिष्ट विद्यालयों की योजना पर विस्तार से प्रकाश डाला गया है। यह कार्यक्रम चालू करने के लिए बड़े पैमाने पर प्रशिक्षितों, अध्यापकों तथा उपयुक्त संसाधनों की आवश्यकता होगी।

17

स्कूल की मुख्य धारा में विशिष्ट बच्चों की व्यवस्था करना
(Main Streaming or Integration of Special Children)

17.1 विशिष्ट बच्चों की शिक्षा का मुख्य धारा की व्यवस्था का अर्थ (Meaning of Main Streaming or Integration of Special Education with Normal Classroom Teaching)

उन विशिष्ट बच्चों के लिए जिनमें कम निर्योग्यता के लक्षण प्रतीत होते हैं, उनके लिए सामान्य शिक्षा पद्धति में व्यवस्था करना साथ ही उन की विशेष आवश्यकताओं की पूर्ति के लिए कुछ विशेष व्यवस्था करना जैसे संसाधन कक्षा-कक्ष की स्थापना करना। गैर-अनुदेशनात्मक क्रियाओं में भाग लेने के लिए विशेष अथवा विशिष्ट बच्चों को प्रोत्साहित करना भी इसी व्यवस्था का अंग है।

17.2 एकीकरण अथवा मुख्या धारा अवधारण का मूल आधार (Basis of Main Streaming or Integration)

ऐसा माना जाता है कि सभी बच्चों को वास्तविक जीवन के अनुभवों से परिचित कराया जाए। स्थितियाँ सभी के लिए समान हैं। वास्तविक जीवन के अनुभव तभी प्रदान करने के अवसर मिल सकते हैं जब सभी प्रकार के बच्चे कुछ समय उसी प्रकार के वातावरण में व्यतीत करें। कुछ क्रियाएँ ऐसी होती हैं जिन्हें कम योग्यता वाले बच्चे भी सुगमतापूर्वक कर सकते हैं। उन की विशेष कमियों को पूरा करने के लिए विशेष व्यवस्था भी साथ साथ की जाती है।

17.3 एकीकरण के मुख्य पक्ष (Chief Aspects of Integration or Main Streaming)

1. सामान्य स्कूल में विशिष्ट सेवाओं की व्यवस्था करना।
2. सामान्य अध्यापकों तथा प्रशासकों को सहायता उपलब्ध कराना।
3. सामान्य अथवा नियमित अध्यापकों को विशिष्ट बच्चों की विशेषताओं सम्बन्धी जानकारी बढ़ाना।

4. निर्योग्य बच्चों को अनेक अनुदेशनात्मक तथा गैर अनुदेशनात्मक गतिविधियों में भागीदार बनाना।
5. निर्योग्य बच्चों के लिए स्कूल पुस्तकालय, खेलने का मैदान तथा अन्य सुविधाओं के प्रयोग के अवसर देना।
6. सभी सामान्य बच्चों को प्रेरित करना कि वे निर्योग्य बच्चों से समानता का व्यवहार करें न कि उन पर तरस खाकर कार्य करें।
7. निर्योग्य बच्चों के लिए समुदाय में उपलब्ध वातावरण के उचित उपयोग की व्यवस्था की जाए।
8. नियमित कक्षा-कक्ष में सामान्य बच्चों के साथ एक ही प्रकार के निर्योग्य बच्चों की शिक्षा की व्यवस्था हो। अर्थात् कमदृष्टि तथा बधिर दोनों प्रकार के बच्चे सामान्य कक्षा में न हों।
9. विशिष्ट संसाधन कक्षा-कक्ष की व्यवस्था की जाए।
10. व्यक्तिगत क्रियाओं को बढ़ावा दिया जाए।

यहाँ पर विशेष बच्चों के लिए कुछ शिक्षण प्रशिक्षण व्यवस्थाओं के बारे में संक्षिप्त विवरण दिया गया है।

17-4 विशिष्ट बालकों के अधिगम के लिए छात्र-केन्द्रित प्रविधियाँ (Student-Centred Teaching Learning Techniques for Special Children)

प्रो. के.सी. पाण्डा (Prof. K.C. Panda) ने अपनी पुस्तक '*Education of Exceptional Children*' (2000) में विकलांगता की प्रकृति तथा प्रबलता के अनुसार विशिष्ट बालकों के लिए निम्न प्रकार की शिक्षा/शैक्षिक सेवाएँ प्रदान करने के सुझाव दिए हैं:

1. *नियमित कक्षा-कक्ष गौण कक्षा सहायता के साथ (Regular Classroom with Minor In-Class Support)*: विशिष्ट बच्चों की सामान्य रूप से सामान्य कक्षा-कक्ष में शिक्षा होनी चाहिए। आवश्यकता अनुसार कुछ (Minor) विशेष सहायता भी दी जाए।

2. *परिभ्रामी साप्ताहिक सेवाओं के साथ* सामान्य (*नियमित*) *कक्षा-कक्ष (Regular Classroom with Weekly Itinerant Services)*: विशिष्ट बच्चों के लिए सप्ताह में एक दिन विशिष्ट अध्यापक की सेवाओं का प्रयोग किया जाए।

3. *संसाधन कक्षा-कक्ष में संबंधित कार्यक्रम सहित सामान्य कक्षा-कक्ष (Regular Classroom with Resource Room Supplementing Programme)*: सामान्य कक्षा-कक्ष में शिक्षण अधिगम के साथ संसाधन कक्षा-कक्ष की सामग्री का प्रयोग किया जाए।

4. *नियमित कक्षा-कक्ष शिक्षण के साथ संसाधन कक्षा-कक्ष का कई घण्टों तक दैनिक* प्रयोग (*Resource Room with Several Hours of Daily Regular Classroom Instruction and Non-Instructional Activities*): प्रतिदिन कई घण्टों के सामान्य कक्षा अनुदेशन तथा गैर-अनुदेशनात्मक क्रियाकलापों के साथ-साथ संघान कक्ष का उपयोग किया जाए।

5. *संसाधन कक्षा-कक्ष के साथ सामान्य बच्चों के संग साप्ताहिक सीमित घण्टों के गैर-अनुदेशात्मक क्रियाएँ (Resource Room with Limited Hours of Weekly Non-Instructional Activities with Regular Classmates)*: सामान्य बच्चों के साथ विशिष्ट बच्चे सप्ताह में गैर-अनुदेशनात्मक क्रियाओं में कुछ घण्टे सप्ताह में व्यतीत करें।

गौण कक्षा सहायता के साथ नियमित कक्षा-कक्ष
(Regular Classroom with Minor In-class Support)

परिभ्रामी साप्ताहिक सेवाओं के साथ सामान्य कक्षा-कक्ष
(Regular Classroom with Weekly Itinerant Services)

संसाधन कक्षा-कक्ष में संवर्धित कार्यक्रम सहित सामान्य कक्षा-कक्ष
(Regular Classroom with Daily Resource Room Supplemental Programming)

सामान्य कक्षा-कक्ष सहित संसाधन कक्षा-कक्ष का कई घण्टों तक प्रयोग
(Resource Room With Several Hours Of Daily Regular Classroom Instruction And Non-instructional Activities)

संसाधन कक्षा-कक्ष के साथ सामान्य बच्चों के संग साप्ताहिक सीमित घण्टों की गैर-अनुदेशात्मक क्रियाएँ
(Resource Room with Limited Hours of Weelky Non-instructional Activities with Regular Classmates)

पूर्ण रूप से सुसज्जित विशिष्ट कक्षा-कक्ष
(Self Contained Special Classroom)

विशिष्ट दिवा स्कूल (Special Day School)

घर में शिक्षण की व्यवस्था अथवा अस्पताल में भर्ती रहने पर
(Home-bound or Hospitalization)

आवासी स्कूल (Residential School)

चित्र 17.1:; विशेष शिक्षा सेवाओं की क्रम व्यवस्था
(Continuum of Special Education Services)

6. *पूर्ण रूप से सुसज्जित विशिष्ट कक्षा-कक्ष (Self-Contained Special Room)*: विशिष्ट कक्षा-कक्षा की व्यवस्था की जाए जिसमें हर प्रकार के विशेष प्रावधानों-उपक्रमों की व्यवस्था हो।

7. *विशिष्ट दिन स्कूल (Special Day School)*: सामान्य स्कूल की भान्ति विशिष्ट बच्चों की आवश्यकताओं के लिए विशिष्ट स्कूलों की स्थापना की जाए।

8. *घर में शिक्षण की व्यवस्था या अस्पताल में भर्ती रहने पर (Home Bound or Hospitalisation)*: विशिष्ट बच्चों के लिए घर की सीमा के भीतर या अस्पताल में रहते हुए शिक्षा/प्रशिक्षण की व्यवस्था की जाए।

9. *आवासीय स्कूल (Residential School)*: विशेष बच्चों के लिए आवासीय स्कूलों की स्थापना की जाए। जिसमें बच्चों को सामूहिक तथा सामाजिक जीवन में रहने का प्रशिक्षण प्राप्त हो सके।

17.5 संसाधन कक्ष (Resource Room)

विशिष्ट बच्चों के कार्यक्रम में संसाधन कक्ष का विशेष महत्त्व है जबकि विशिष्ट बच्चे एक ही वर्ग (Category) के हों। संसाधन कक्ष की सामान्य स्कूल में व्यवस्था की जाती है। विशिष्ट बच्चे स्कूल की मुख्य धारा (Maim Stream) में ही रह कर शिक्षा प्राप्त करते हैं। कुछ कार्यक्रम उनके लिए विशेष प्रकार के भी होते हैं। वे सामान्य कक्षा-कक्ष में अन्य बच्चों के साथ अधिक समय व्यतीत करते हैं। कुछ समय के लिए वे विशिष्ट कक्ष में जाते हैं जहाँ पर विशेष अध्यापक रहता है। अध्यापक विशिष्ट बच्चों का उनकी विशेष अनुदेशन तथा गैरअनुदेशक क्रियाओं में मार्गदर्शन करते हैं।

संसाधन कक्ष तीन स्तरों का हो सकता है:

1. संसाधन कक्ष जिसमें विशिष्ट बच्चों के साथ सामान्य बच्चे गैर-अनुदेशात्मक क्रियाओं में भाग लेकर सप्ताह में कुछ घण्टे बिताएँ।
2. दैनिक कई घण्टे सामान्य कक्षा-कक्ष में अनुदेशात्मक कार्य तथा गैर-अनुदेशात्मक क्रियाएँ के पश्चात् संसाधन कक्षा-कक्ष के प्रयोग की व्यवस्था करना।
3. सामान्य कक्षा-कक्ष तथा संसाधन कक्ष जिसमें सहायक क्रियाएँ की जा सकें।

नोट: नियमित कक्षा-कक्ष अध्यापकों को विशिष्ट बच्चों के प्रशिक्षण तथा शिक्षा सम्बन्धी मूलभूत तथ्यों की जानकारी दी जाए तथा संसाधन कक्षा-कक्ष की विशिष्ट सामग्री के प्रयोग से परिचित कराया जाए।

17.6 भारत में विकलांग बच्चों के लिए समेकित योजना (Integrated Educaton for Disabled Children in India)

यह योजना 1974 में केन्द्रीय सरकार की ओर से समाज कल्याण मंत्रालय, कल्याण विभाग ने शुरू की। बाद में 1982-83 में यह योजना शिक्षा विभाग भारत सरकार को हस्तांरित कर दी गई। वर्ष 1992 में इस योजना में कुछ संशोधन किए गए।

यह योजना विकलांग बच्चों को सामान्य स्कूलों में शिक्षा के अवसर प्रदान करती है ताकि वे टिककर अध्ययन करते हुए अपने-आपको योग्य बना सकें।

आंशिक रूप से विकलांग बच्चे शैक्षिक और मनोवैज्ञानिक रूप से बेहतर प्रगति कर सकते हैं, यदि वे सामान्य बच्चों के साथ रहकर एक ही स्कूल में अध्ययन करें। विशेष

आवश्यकता वाले या विकलांग बच्चों के लिए समेकित शिक्षा की योजना स्कूलों में भारत सरकार द्वारा चलाई जा रही है। आवश्यक सुविधाओं के सृजन के लिए राज्य सरकारों/संघ शासित क्षेत्र प्रशासनों तथा स्वैच्छिक संगठनों को 100% वित्तीय सहायता प्रदान की जाती है। पाठ्य-पुस्तक और लेखन-सामग्री भत्ता, परिवहन भत्ता, पोशाक भत्ता, पाठक भत्ता (दृष्टिहीन बच्चों के लिए), मार्गरक्षण भत्ता, न्यूनतम असमर्थताओं सहित शारीरिक रूप से विकलांग बच्चों के लिए। उपस्कर भत्ता (Escort Allowance), और जहाँ कहीं आवश्यक हो, छात्रावास शुल्क आदि दिए जाते हैं। इसके अतिरिक्त इस स्कीम में शिक्षकों के वेतन और प्रेरकों, संसाधन कमरों की स्थापना, अपंग बच्चों के मूल्यांकन को पूरा करने, शिक्षकों के प्रशिक्षण, स्कूलों में शिल्पगत अवरोधों (Architectural barriers) को दूर करने, अपंग बच्चों के लिए विशेष-सामग्री के उत्पादन और विकास आदि का व्यय प्रदान करने का प्रावधान है। अपंग बच्चों के शिक्षकों के लिए विशेष शिक्षा के प्रशिक्षण के लिए कुछ चुने हुए विश्वविद्यालयों तथा संस्थानों को विश्वविद्यालय शिक्षा आयोग के माध्यम से सहायता दी जाती है। राष्ट्रीय शैक्षिक अनुसंधान एवं प्रशिक्षण परिषद् तथा चार क्षेत्रीय शिक्षा कॉलेजों द्वारा प्रशिक्षण सुविधाएँ भी प्रदान की जाती हैं।

इस समय यह योजना अण्डमान और निकोबार द्वीप समूह, आंध्र प्रदेश, बिहार, दमन और दीव, दिल्ली, गोवा, गुजरात, हरियाणा, हिमाचल प्रदेश, जम्मू व कश्मीर, कर्नाटक, केरल, मध्य प्रदेश, महाराष्ट्र, मिजोरम, नागालैण्ड, उड़ीसा, पंजाब, राजस्थान, सिक्किम, तमिलनाडु और उत्तर प्रदेश के कुछ स्कूलों में लागू है। वर्तमान में 600 स्कूलों के लगभग, 28,000 अपंग बच्चे इस योजना का लाभ उठा रहे हैं।

अपंगों के लिए समेकित शिक्षा की यूनिसेफ द्वारा सहायता प्राप्त एक परियोजना है, जो सामान्य स्कूलों में अपंग बच्चों की शिक्षा के लिए विशिष्ट रणनीतियों के सन्दर्भ के विकास पर बल देती है।

दसवीं पंचवर्षीय योजना में लगभग 200 करोड़ रुपये के बजट का प्रावधान किया गया।

अभ्यास प्रश्न

अध्याय 1: अधिगम तथा शिक्षण के प्रत्यय तथा प्रकृति

A. निबन्धात्मक प्रश्न

1. अधिगम की क्या आवश्यकता है? इस का अर्थ लिखें। इसे किस प्रकार प्रभावी बनाया जा सकता है।
2. अधिगम की परिभाषाओं पर प्रकाश डालें। आप किस परिभाषा पर जोर देगें। इसके कारण भी लिखें।
3. सीखने की प्रकृति की विशेषताओं का उल्लेख करें।
4. सीखने कितने प्रकार का होता है? संक्षिप्त नोट लिखें।
5. शिक्षण का अर्थ लिखें। इस की विभिन्न परिभाषाओं का विश्लेषण करें।
6. शिक्षण की कौन-कौन सी विशेषताएँ हैं?
7. शिक्षण तथा अधिगम के सम्बन्ध को स्पष्ट करें।
8. शिक्षण की क्या आवश्यकता है?

B. लघु उत्तरात्मक प्रश्न

1. शिक्षण-अधिगम के तत्त्व लिखें।
2. अधिगम की कोई एक परिभाषा दें।

अध्याय 2: अधिगम को प्रभावित करने वाले कारक

A. निबन्धात्मक प्रश्न

1. अधिगम का अर्थ लिखें। इसे प्रभावित करने वाले कारकों की व्याख्या करें।
2. अधिगम को प्रभावित करने वाले अध्यापक सम्बन्धी कारक लिखें।
3. अधिगम को प्रभावित करने वाले कौन-कौन से वातावरण सम्बन्धी कारक हैं।

B. लघु उत्तरात्मक प्रश्न

1. अच्छे वातावरण का क्या अर्थ है? वह किस प्रकार अधिगम को प्रभावितकरता है।

2. अभिप्रेरणा का अधिगम पर क्या प्रभाव पड़ता है।
3. अध्यापक की शिक्षा विधियों का अधिगम को प्रभावी बनाने में क्या स्थान है?

अध्याय 3: अधिगम के अध्ययन के उपागम अथवा अधिगम के सिद्धान्त

A. निबन्धात्मक प्रश्न

1. अधिगम उपागमों का अधिगम में क्या अर्थ तथा महत्त्व है।
2. थॉर्नडायक के अधिगम सम्बन्धी 'प्रयास तथा त्रुटि' सिद्धान्त का अर्थ तथा महत्त्व लिखें।
3. थॉर्नडायक प्रयोग के शैक्षिक निष्कर्ष लिखें। इस सन्दर्भ में लियमों का उल्लेख करें।
4. थॉनर्डायक के सिद्धान्तों का शिक्षण अधिगम पर क्या प्रभाव पड़ा है? इसकी कौन-कौन सी सीमाएँ है।
5. 'सूझ' अथवा 'अर्न्तदृष्टि' द्वारा सीखने का अर्थ लिखें। इस का शिक्षण अधिगम में क्या क्या स्थान है?
6. 'अनुबन्धन' द्वारा शिक्षण से क्या अभिप्राय: है? इसकी उपभोग्यता पर प्रकाश डालें।
7. स्थिर के प्रयोग का उल्लेख करके उसकी शैक्षिक उपयोग्यता लिखें।
8. शास्त्री अनुबन्धन सिद्धान्त तथा सक्रिया अनुबन्धन सिद्धान्त की तुलना करें।

B. लघुउत्तरात्मक प्रश्न

1. 'प्रयास तथा त्रुर्टि' सिद्धान्त तथा 'सूझ सिद्धान्त' में क्या अन्तर है?
2. कोहलर का प्रयोग लिखें।
3. 'अभ्यास' का सिद्धान्त क्या है?
4. पेवलोव के प्रयोग पर प्रकाश डालें।
5. खरगोश पर प्रयोग किस ने किया। इस का शैक्षिक उपयोग क्या है।

अध्याय 4: नैपुण्य अधिगम

A. निबन्धात्मक प्रश्न

1. नैपुण्य अधिगम का क्या अभिप्राय है? इसकी क्या प्रक्रिया है? इसके सिद्धान्त लिखें।
2. नैपुण्य अधिगम में बाल केन्द्रित अधिगम का महत्त्व है।
3. 'बाल केन्द्रित अधिगम' के बिना नैपुण्य अधिगम का उद्देश्य प्राप्त नहीं किया जा सकता?
4. बाल केन्द्रित अधिगम का क्या अर्थ है? इस का महत्त्व लिखें।
5. बाल केन्द्रित अधिगम की कौन-कौन सी विशेषताएँ हैं?
6. मास्टरी अधिगम तथा सतुत् एवं व्यापक मूल्यांकन का सम्बन्ध लिखें।
7. प्रणाली उपगम का अर्थ लिखें। इस के कौन-कौन से पग हैं?
8. अनुदेशन प्रणाली पर प्रकाश डालें।

9. शिक्षण अधिगम के सिद्धान्तों को संक्षिप्त व्याख्या करें।

B. लघु उत्तरात्मक प्रश्न

1. ज्ञानेन्द्रिय प्रशिक्षण का क्या सिद्धान्त है?
2. नैपुण्य अधिगम का क्या महत्त्व है?
3. स्व अधिगम का क्या अर्थ है?
4. बच्चों की प्रकृति तथा अधिगम सम्बन्धी कोई से चार तत्व लिखें।

अध्याय 5: अधिगम के निर्धारक: परिपक्वता, अभिप्रेरणा तथा तत्परता

A. निबन्धात्मक प्रश्न

1. अधिगम के कौन-कौन से निर्धारक हैं? प्रत्येक पर संक्षेप चर्चा करें।
2. परिपक्वता का क्या अर्थ है? अधिगम में इस का क्या स्थान है?
3. अधिगम तथा परिपक्वता में अन्तर स्पष्ट करें।

B. लघु उत्तरात्मक प्रश्न

1. अभिप्रेणा का क्या अर्थ है? अधिगम में इस का क्या महत्त्व है?
2. तत्परता नियम का क्या अर्थ है? अधिगम में इस का योगदान लिखें।

अध्याय 6: अभिप्रेरणा

A. निबन्धात्मक प्रश्न

1. अधिगम के सन्दर्भ में अभिप्रेरणा का अर्थ तथा महत्त्व लिखें।
2. "घोड़े को पानी के पास तक तो ले जाया जा सकता है। परन्तु पानी पीने के लिए उसे मजबूर नहीं किया जा सकता।" इस कथन की अधिगम के सन्दर्भ में अभिप्रेरणा पर प्रकाश डालें।
3. अधिगम में अभिप्रेरणा को प्रभावित करने वाले कारकों का उल्लेख करें।
4. अध्यापक के अभिप्रेरणात्मक कार्यों की व्याख्या करें।

B. लघु उत्तरात्मक प्रश्न

1. अधिगम में अभिप्रेरणा का क्या स्थान है?
2. कक्षा के छात्रों को किस प्रकार अधिगम में प्रेरित किया जा सकता है।

अध्याय 7: धारण तथा विस्मृति

A. निबन्धात्मक प्रश्न

1. स्मृति का अर्थ तथा महत्त्व लिखें।
2. स्मृति के प्रकारों की व्याख्या करें।
3. अच्छी स्मृति के लक्षण लिखें। इसे प्रभावित करने वाले कारक लिखें।
4. पूर्ण तथा खण्ड स्मरण विधियां लिखें।
5. धारण का अर्थ लिखें। इस के मापन की कौन-कौन सी विधियाँ है?

6. विस्मृति के क्या कारण हैं। इसे किस प्रकार कम किया जा सकता है।

B. लघु उत्तरात्मक प्रश्न

1. अल्पकालिक स्मृति तथा दीर्घकालिक स्मृति में अन्तर स्पष्ट करें।
2. स्मृति को प्रभावित करने वाली मितव्ययी विधियाँ लिखें।
3. स्मृति को प्रशिक्षण का अर्थ लिखें।
4. 'धारण' का क्या अर्थ है? धारणा को प्रभावित करने वाले कारक लिखे?
5. विस्मृति का अर्थ तथा महत्त्व लिखें।

अध्याय 8: प्रशिक्षण अथवा अधिगम का स्थानान्तरण

A. निबन्धात्मक प्रश्न

1. प्रशिक्षण का स्थानान्तरण में क्या अर्थ है? क्या इसके बिना अधिगम प्रभावी बन सकता है? इसके महत्त्व पर प्रकाश डालें।
2. अधिगम में स्थानान्तरण कितने प्रकार का होता है? प्रत्येक प्रकार पर नोट लिखें। इसके सिद्धान्त लिखें।
3. अधिगम में स्थानान्तरण की क्या उपदेयता है? अध्यापक के इस सन्दर्भ में कार्यों का उल्लेख करें।
4. अधिगम में स्थानान्तरण को कैसे प्रभावी बनाया जा सकता है?

B. लघु उत्तरात्मक प्रश्न

1. प्रशिक्षण में स्थानान्तरण की क्या आवश्यकता है?
2. प्रशिक्षण में स्थानान्तरण के कोई दो उदाहरण लिखें।
3. अधिगम में स्थानान्तरण की स्थितियाँ लिखें।

अध्याय 9: विशेष अथवा विशिष्ट आवश्यकताओं वाले अधिगमकर्त्ताओं की अवधारणा

A. निबन्धात्मक प्रश्न

1. विशिष्ट बालकों के क्या लक्षण होते हैं? उनके शिक्षण/प्रशिक्षण की क्या आवश्यकता होती है। उन की शिक्षा का विशेष कारण क्या है।
2. विशिष्ट बच्चों को किस प्रकार परिभावित किया जा सकता है? सामान्य बालकों से किस प्रकार भिन्न है?
3. क्या विशिष्ट बालकों के अलग शैक्षिक संस्थाएँ होनी चाहिए अथवा अलग कार्यकर्म? इस पर अपने विचार प्रकट करें।
4. असाधारण बच्चों की शिक्षा के निर्देशक सिद्धान्तों का उल्लेख करें।
5. विकालांगों का क्या अर्थ है? वे कितने प्रकार के हैं? उनकी सुविधायों के लिए कौन-कौन से कार्य किए जा रहे हैं।

B. लघु उत्तरात्मक प्रश्न

1. शारीरिक तौर से विकलांग बच्चों के कौन-कौन प्रकार हैं।

2. विशिष्ट बचचों के प्रकार लिखें।
3. विशिष्ट आवश्यकता वाले बच्चों की जनतन्त्र के सन्दर्भ में क्या अवधारणा है।
4. राष्ट्रीय शिक्षा नीति में विशिष्ट बच्चों की शिक्षा सम्बन्धी क्या अनुदेश दिए गए हैं?
5. विकलांग अधिनियम 1953 पर प्रकाश डालें।
6. भारतीय पुनर्वास परिषद् के कार्य लिखें।
7. विकलांगों के दो में राष्ट्रीय संस्थान लिखें।
8. विकलांगों के क्षेत्र में गैर सरकारी संस्थान किस प्रकार के कार्य करते हैं।
9. नियोग्यताओं वाले व्यक्तियों की राष्ट्रीय शिक्षा 2006 के विशषे तत्व लिखें।

अध्याय 10: विशेष आवश्यकताओं वाले बच्चों की पहचान तथा विभिन्न वर्गों का उत्तरदायित्व

A. निबन्धात्मक प्रश्न

1. विशेष आवश्यकताओं वाले बच्चों की व्याख्या करें। उनके प्रति समाज के विभिन्न वर्गों का क्या उत्तरदायित्व हैं।
2. विशेष आवश्यकताओं वाले बच्चों को किस प्रकार पहचाना जा सकता है?
3. प्रश्न तथा अवलोकन का विशिष्ट बच्चों की स्थान का क्या स्थान है?
4. विशेष बच्चों के लिए विशेष स्कूलों का किस प्रकार प्रबन्ध किया जा सकता है। अध्यापकों का इस सन्दर्भ में क्या उत्तरदायित्व है?
5. क्षतिग्रस्त वर्गों की अनेक विशेष समस्याएँ होती हैं? उन्हें दूर करने के लिए समाज के विभिन्न वर्गों के कार्य लिखों।
6. समुदाय किस प्रकार से क्षतिग्रस्त बच्चों के प्रति अपने उत्तरदायित्व को निभा सकता है?

B. लघु उत्तरात्मक प्रश्न

1. क्षतिग्रस्त बच्चों की आवश्यकताओं की पूर्ति में कौन-कौन से उत्तरदायित्व हैं?
2. क्षतिग्रस्त बच्चों की शिक्षा की क्या आवश्यकता है?

अध्याय 11: प्रतिभाशाली बच्चों की शिक्षा

A. निबन्धात्मक प्रश्न

1. प्रतिभाशाली बच्चों का क्या अर्थ है। उनके लक्षण लिखें। उन की किस प्रकार से शिक्षा उचित प्रबन्ध किया जा सकता है?
2. प्रतिभाशाली छात्रों की विशेषताएँ लिखें। उनकी किस प्रकार से पहचान की जाती हैं?
3. प्रतिभाशाली छात्रों की शिक्षा में क्या महत्त्व है? क्या उनके लिए विशेष स्कूलों की स्थापना की जानी चाहिए? अपने पक्ष में तर्क दें।
4. प्रतिभाशाली बच्चों की समस्या पर चर्चा करें।

B. लघु उत्तरात्मक प्रश्न

1. प्रतिभा क्या शिक्षा के क्षेत्र नकटी सीमित है? इन विचारों की व्याख्या करें।
2. प्रतिभाशाली बच्चों के लिए समृद्ध पाठ्यक्रम का क्या अर्थ हैं?
3. प्रतिभाशाली बच्चों के लिए ग्रीष्म स्कूलों की क्या अवधारणा है?
4. भारत में प्रतिभा को बढ़ाने के लिए कार्यक्रमों का उल्लेख करें।

अध्याय 12: धीमी गति से सीखने वाले तथा उपलब्धि में पीछे रह जाने वाले बालक

A. निबन्धात्मक प्रश्न

1. धीमी गति से सीखने वाले तथा उपलब्धि में पीछे रहने वाले छात्र किसे कहते है? उनकी पहचान किस प्रकार से की जाती है?
2. पिछड़े बालकों से क्या अभिप्राय: है? उनके पिछड़ेपन के क्या कारण हैं?
3. अध्ययन में पीछे रहने वाले बालकों के क्या लक्षण हैं? उनकी शिक्षा किस प्रकार की जानी चाहिए?
4. बालक पढ़ाई में क्यों पीछे रह जाते हैं? उनकी पढ़ाई की व्यवस्था किस प्रकार की होनी चाहिए?

B. लघु उत्तरात्मक प्रश्न

1. पिछड़े बालक की परिभाषा दें?
2. पिछड़े बालक की पहचान की तीन तकनीकें लिखें?
3. पिछड़े बालक के शिक्षण में अध्यापक की क्या भूमिका है?
4. बालक के पिछड़ेपन में घर का क्या स्थान है?
5. क्या धीमीगति से सीखने वाले छात्रों के लिए विशेष स्कूलों की व्यवस्था करना एकमात्र साधन है? संक्षेप में उत्तर दें?
6. शिक्षा में पीछे रहने का कारण क्या केवल मन्दबुद्धि है? संक्षेप में उत्तर दें?

अध्याय 12: धीमी गति से सीखने वाले तथा उपलब्धि में पीछे रह जाने वाले बालक

A. निबन्धात्मक प्रश्न

1. धीमी गति से सीखने वाले छात्रों का क्या अथ्र है? उनकी विशेषताएँ लिखें। उन को किस प्रकार से प्रभावी शिक्षा दी जा सकती है?
2. बालकों के पिछड़े पन के क्या कारण हैं? उसे किस प्रकार दूर किया जा सकता है?
3. धीमी गति से सीखने वाले छात्रों की पहचान किस प्रकार की जा सकती है? उन की शिक्षा के प्रोग्राम लिखें।

B. लघु उत्तरात्मक प्रश्न

1. धीमी गति के छात्रों की किस प्रकार से पहचान की जा सकती है।
2. पिछड़े बालकों की किस प्रकार पहचान की जा सकती हैं।

अध्याय 13: अधिगम अयोग्यताओं/निर्योग्यताओं वाले बच्चे

A. निबन्धात्मक प्रश्न

1. अधिगम निर्योग्यता का अर्थ स्पष्ट करें। इस क्षेत्र में छात्रों की क्या विशेषताएँ हैं। इसके कारणों का उल्लेख करें।
2. विभिन्न अधिगम क्षेत्रों में किस प्रकार की कठिनाईयां होती हैं?
3. भाषा में किस प्रकार की अधिगम निर्योग्यताएँ रहती हैं? उन्हें कैसे दूर किया जा सकता है।

B. लघु उत्तरात्मक प्रश्न

1. हस्त लेखन में किस प्रकार की अर्योग्यताएँ हो सकती हैं। उन्हें किस प्रकार दूर किया जा सकता है?
2. अधिगम निर्योग्यताओं वाले बच्चों सम्बन्धी किन्हीं तीन पराक्षतों के नाम लिखें।

अध्याय 14: मानसिक क्षति वाले तथा संवेगात्मक समस्या वाले बालक

A. निबन्धात्मक प्रश्न

1. मन्दबुद्धि बालकों से क्या अभिप्राय: है? उनकी किस प्रकार पहचान की जा सकती है। उनकी शिक्षा की क्या आवश्यकता है?
2. मन्दित बुद्धि वाले बालकों की क्या पहचान है? उनकी शिक्षा सम्बन्धी दिशा निर्देश लिखें।
3. मन्द बुद्धि वाले कौन होते हैं? उनकी शिक्षा के लिए दिशा निदेर्श लिखें।
4. संवगात्मक समस्या बालकों की क्या पहचान हैं? उनकी समस्याओं के क्या कारण हैं? उन्हें किस प्रकार दूर किया जा सकता है।

B. लघु उत्तरात्मक प्रश्न

1. मन्दित बुद्धि के बच्चों के प्रकार लिखें।
2. मन्दित बुद्धि बालकों की शिक्षा क्या अलग से होनी चाहिए। उत्तर स्पष्ट करें।
3. मन्द बुद्धि बालकों के सम्बन्ध में अभिभावकों का क्या उत्तरदायित्व है।

अध्याय 15: दृष्टिदोष, श्रवण दोष तथा हड्डी दोष बच्चों की शिक्षा

A. निबन्धात्मक प्रश्न

1. दृष्टिदोष से मुक्त बच्चों के क्या लक्षण हैं? उन की शिक्षा तथा प्रशिक्षण का क्या महत्त्व है।
2. दृष्टिहीन बच्चों की किस प्रकार पहचान की जा सकती है? उन को शिक्षा की टाप-रेपा लिखे।
3. श्रवण क्षतियुक्त बालकों की शिक्षा पर नोट लिखें।
4. श्रवण क्षतियुक्त बालकों की शिक्षा सम्बन्धी उपचारातमक उपाए लिखें।
5. अस्थिबाधित बालकों की शिक्षा पर नोट लिखें इन की शिक्षा किस प्रकार दी जा सकती है।

B. लघु उत्तरात्मक प्रश्न

1. ब्रेल लिपि पर नोट लिखे?
2. दृष्टिगत क्षेगिया लिखें।
3. विशेष कक्ष की क्या आवश्यकता है? इस में किस प्रकार की सामग्री रखी जानी चाहिए।
4. ब्रेल लिपि तथा साधरण लिपि में क्या अन्तर है?
5. श्रवण क्षतियुक्त बालकों की शिक्षा किस प्रकार दी जा सकती है।

अध्याय 16: वशिष्ट बच्चों के लिए शिक्षण-अधिगम चक्रव्यूह तथा विशेष शैक्षिक प्रावधान

A. निबन्धात्मक प्रश्न

1. पाठ्यक्रम का क्या अर्थ है? विशिष्ट बच्चों के लिए किस प्रकार के पाठ्यक्रम की आवश्यकता होती है?
2. विशिष्ट बच्चों की शिक्षा के लिए विशेष प्रकार के अनुभवों तथा क्रियाओं का कार्यक्रम उपयुक्त रहता है?
3. विशिष्ट प्रकार के बच्चों के लिए किस प्रकार के सिद्धान्तों पर पाठ्यक्रम बनाया जाना चाहिए।
4. विकलांगता की शिक्षा के प्रकार के उपाय लिखें।
5. सतिग्रात बच्चों की शिक्षा के लिए कक्षा-कक्ष में किस प्रबन्ध की आवश्यकताओं की पूर्ति की जानी चाहिए?
6. समुदाह में कौन-कौन से ऐसे साधन हो सकते हैं जिन का प्रयोग दोष से ग्रस्त बच्चों की शिक्षा में किया जा सकता है?

B. लघु उत्तरात्मक प्रश्न

1. दोषग्रस्त बच्चों की शिक्षा तथा प्रशिक्षण में समुदाय के प्रमुख साधनों का उल्लेख करें।

अध्याय 17: स्कूल की मुख्य धारा में विशिष्ट बच्चों की व्यवस्था करना

A. निबन्धात्मक प्रश्न

1. स्कूल की मुख्य धारा तथा विशिष्ट धारा में क्या अन्तर है?
2. सामान्य स्कूलों में क्या विशिष्ट बच्चों का प्रावधान लिया जाना चाहिए। उत्तर के पक्ष में उदाहरण दें।
3. विशिष्ट बालकों के अधिगम के लिए छात्र-केन्द्रित प्रविधयों का किस प्रकार प्रावधान किया जाए।

B. लघु उत्तरात्मक प्रश्न

1. विशिष्ट बच्चों के लिए संसाधन कक्ष का क्या महत्त्व है?
2. भारत में विकलांग बच्चों के समेकित कार्य की रूपरेखा का वर्णन दें।